明帝国的新技术战争

李湖光 著

台海出版社

图书在版编目（CIP）数据

明帝国的新技术战争 / 李湖光著 . -- 北京：台海
出版社 , 2017.7
　ISBN 978-7-5168-1486-4

　Ⅰ . ①明… Ⅱ . ①李… Ⅲ . ①火器 - 技术史 - 研究 -
中国 - 明代 Ⅳ . ① E92-092

　中国版本图书馆 CIP 数据核字 (2017) 第 159604 号

明帝国的新技术战争

著　　者：李湖光

责任编辑：王　萍　　　　　　　　策划制作：指文文化
视觉设计：胡小琴　　　　　　　　责任印制：蔡　旭

出版发行：台海出版社
地　　址：北京市东城区景山东街 20 号　　　邮政编码：100009
电　　话：010 - 64041652（发行，邮购）
传　　真：010 - 84045799（总编室）
网　　址：www.taimeng.org.cn/thcbs/default.htm
E - mail：thcbs@126.com

经　　销：全国各地新华书店
印　　刷：重庆大美印刷有限公司
本书如有破损、缺页、装订错误，请与本社联系调换

开　　本：787mm×1092mm　　　　　1/16
字　　数：352 千　　　　　　　　印　　张：20.5
版　　次：2017 年 7 月第 1 版　　　印　　次：2017 年 7 月第 1 次印刷
书　　号：ISBN 978-7-5168-1486-4

定　　价：79.80 元

目录
/CONTENTS

引子

杀人利器

明朝末年，一位饱读诗书的文人投笔从戎，在前线中写下"多了从前学杀人"这句诗，他便是明末抗金将领袁崇焕，这句隐隐透露出一股杀气的诗出自其所作的《遇河林寺口占》。古代能够杀人于无形的，莫过于火器。铳、炮等火器与刀、枪、剑、戟等冷兵器相比，一是杀人速度快，很多受害者只听耳边轰隆一声响，还没弄明白是怎么一回事儿，就已经一命呜呼了，根本没有机会看清楚如闪电一般的弹丸穿入自己体内的轨迹；二是射程远，铳一般比弓的射程远，而一些大炮的射程更是达到数里，任何弓弩都望尘莫及；三是火力猛、覆盖范围广，特别是那些可发射一百几十个弹丸的火炮，能在刹那之间杀伤数人甚至数十人，而形成的空气冲击波，同样能对生命造成威胁，让对手防不胜防；四是威力大，能够以排山倒海之势对坚固的要塞进行摧枯拉朽式的毁灭性攻击。1626年（明天启六年，后金天命十一年）正月，袁崇焕凭着威力巨大的火器——红夷大炮，在宁远城上打死了众多骑射娴熟的后金士兵，甚至江湖传闻，历史上威名显赫的清太祖努尔哈赤即是死于此炮之下。

铳炮类远程火器射出的弹丸，令人防不胜防，套用一句成语，叫作"迅雷不及掩耳"，所以，从其诞生之日起便开始取代弓弩等传统冷兵器的位置。而种类繁多的火炮，更是火器中的佼佼者，现在被人们誉为"战争之神"，它威力如此巨大，在古往今来的历次战争中尽显英雄本色。第二次世界大战后，尽管核武器、导弹等新式武器得到了飞速的发展，然而，火炮仍然在一场接一场的局部战争中风采依旧。火炮的历史源远流长，在我国古代，"炮"的最初意思是指"抛石机"。抛石机与火炮相比落后很多，但也曾经令很多守城的军人闻风丧胆。它是利用杠杆原理，以机械力抛射石块来打击目标的。远在春秋战国时期，人们就开始使用这种武器了。从两汉、三国、两晋、南北朝，一直到唐以后的宋、元朝，抛石机稳占了重型摧毁型兵器的霸主地位，成了攻击坚城的主角。

13世纪初，蒙古人以蒙古草原为中心向世界全面扩张时，就非常倚重抛石机，1252年（南宋淳祐十二年），蒙古大汗蒙哥的同母兄弟旭烈兀率大军西征西亚，一路势如破竹，曾经多次利用抛石机攻克穆斯林戒备森严的各类城堡。各种抛石机中最负盛名的当算"襄阳炮"[1]，这种新式抛石机，其长长的炮梢放置在两个炮架之间的横轴上面，可以绕着横轴一上一下地转动。炮梢好像一把在市场上做买卖的秤杆——前端悬挂着一块巨石（或铁砣），与吊在秤杆头部的秤砣非常相似；而炮梢后端系着一个用来放置石弹的"甩兜"，仿佛是拴在秤杆尾部用来装盛货品的吊盘。通常，炮梢前端的巨石（或铁砣），其重量比后端"甩兜"里面的石弹重十二倍左右，当发射时，只需将钩住炮梢后端的活钩从炮架上突然松开，悬挂在炮梢前端的巨石（或铁砣）会迅速下坠，致使其后端向反方向骤然升起，结果是"甩兜"中的石弹受离心力的作用而被抛掷出去。

继蒙哥之后任蒙古大汗的忽必烈在 1273 年（元朝至元十年，南宋咸淳九年）派军南下攻打襄阳时，就动用了能够抛射一百五十斤巨石的襄阳炮，布置于城的东南隅，每抛一次石都声震天地，所击之物无不糜碎、入地数尺。宋朝襄阳守将吕文焕面对巨大的军事压力，感到异常恐惧，不得不献城投降。接着，该炮又在攻破谭州（今湖南长沙）、静江（今广西桂林）之战中出尽风头。

火炮既与抛石机同被古人称之为"炮"，就注定要在战场上担负起与抛石机同样艰巨的任务，而且还要干得更好。火炮的横空出世，完全得益于火药的发明。这个伟大的发明与古代的炼丹家们炼制丹药有关。炼丹家们进行烧炼时，经过不知多少次的反复试验，终于获得了包括硝、硫磺、炭等三种药料在内的配方，这种能够着火的配方虽然不能令人延年益寿，却可以在经过不断的改进后应用于战争，提升部队的战斗力。由此可知，火药从距今一千多年前的诞生之日起，就意味着一场伟大的军事革命即将来临。

火药最早应用于军事是在唐末藩镇

铁砣

木架

活钩

底座

甩兜

▲ 襄阳炮

---

① 襄阳炮本叫"回回炮"，又叫"西域炮"，是一位名叫"亦思马音"的西域人设计制造的，后来因攻打南宋的襄阳而声名大噪，因此而称之为襄阳炮。

割据的战事中，《九国志》记载904年（唐天复四年）发生了豫章（今江西南昌）之战，吴王杨行密的军队在攻城时使用了当时称为"飞火"的火器。他们将火药捆绑在箭镞上面，射向城中，同时，还抛掷了用纸包裹的火药，这种球状物的易燃品燃起的熊熊烈火，能够焚毁一切。可见，火药在战场上的首次亮相，就与攻城紧密地联系在一起，并走上了最终取代抛石机的第一步。

10世纪，北宋建立，结束了唐帝国灭亡之后的长期分裂局面，可是紧接着又和辽、西夏等国家发生了长期的战争，在风云变幻的时代背景里，火药顺理成章地进一步发展起来。1044年（北宋庆

▲ 襄阳炮攻城图

历四年），北宋在官修的《武经总要》一书中记载了世界上最早的三个军用火药配方，在这三个配方里，硝、硫磺、炭的含量占了总量的八成以上，表明其配置更加合理。这促使火箭、火炮（一种球状抛射兵器）等火器的性能得到增强。那时的火药武器除了火箭、火炮外，还有火鹞、火蒺藜、火罐、火油柜等林林总总的燃烧性及爆炸性火器，而其后产生的管形火器尤其引人注目。

管形火器，就是将火药放入管子里发射的武器。说起管形火器，人们的脑海里就不由自主地浮现出影视作品里常见的机关枪扫射、大炮轰鸣的画面，其实，管形火器刚被创制出来的时候，不可能有后来那么风光。说来话长，当北宋灭亡后，偏安一隅的南宋继续与入侵中原的金国对峙。《德安守御录》记载宋人陈规在出任德安知府时，制成了世界上第一支管形火器——火枪，用来保卫国土。据研究，火枪是用巨大的竹筒制成，作战时点燃竹筒里的火药，可以喷射出火焰攻击目标。类似的火器，还有北方金国人发明的飞火枪及火枪等等，《金史》记载赤盏合喜、蒲察官奴等将军曾用这类兵器装备部队。说到这，疑问就产生了，北方缺竹，金国人用什么制造圆筒呢？是用铜、铁等金属吗？当然不是，那个时候的工匠们还没有用金属造枪管的先进意识，金国人用来代替竹子的不过是由多重厚纸卷成的圆筒而已。

上述这些火器都是依靠喷射出来的火焰焚烧目标，而从各类枪管喷出的火焰也不是很远，要想在更远的距离杀伤敌人，那必须要开发出能够发射弹丸的枪支。

茅竹为筒坚木为柄

1259 年（南宋开庆元年），南宋寿春军民研制出了世界上最早可以发射弹丸的枪，《宋史·兵志》记载枪名叫"突火枪"，它发射的弹丸名叫"子窠"。突火枪的射击原理是点燃枪管里的火药，利用火药迅速燃烧产生的气体膨胀力，推动弹丸射向目标。突火枪同样用巨竹制成，而它所发射的"子窠"究竟是用何种材料制成，至今仍然是一个谜。而竹与木制成的火枪，一直到明代仍有使用，例如明代军事家茅元仪编著的《武备志》中就收录了一些竹木枪炮，可供参考。

▲《武备志》中的竹制火筒，采自《武备志》卷一百二十九

说了这么多，下面该轮到金属制造的管形火器出场了，世界上最早的金属管形火器实物，是我国 1970 年 7 月在黑龙江省阿城县半拉城子出土的单兵使用火铳。该火铳用铜制成，由发射弹丸的前膛、填充火药的药室以及能够安装上长木柄的尾銎这三部分组成，它的重量为 3.55 公斤，全长为 34 厘米，口径为 2.6 厘米。考古学者认为，该火铳的铸造时间是在 13 世纪末至 14 世纪初，即是元代中期的产品。

枪要有弹才好用，有了金属管形火器，那么，金属弹丸是什么时候出现的呢？有关这方面的记载，最早出现在明朝人徐勉之的《保越录》中，据书中记载，元末天下大乱，群雄并起，朱元璋与张士诚于 1359 年（元朝至元十九年）在绍兴交战，当时朱元璋的部队就使用过铁弹丸、火箭等武器。不过，金属管形火器发射石弹的历史可能比发射金属弹丸的历史要早一些，就像前文所说的，炮这种金属管形火器既与抛石机同被古人称之为"炮"，那么，金属管形火器与抛石机一样发射石弹，又有什么值得大惊小怪的呢？当然，无论哪种金属管形火器发射的石弹，都比襄阳

炮这种抛石机抛射的一百五十斤的巨石要小得多。

用金属管形火器发射金属弹丸，标志着我国古代火器应用已经渐趋成熟，而这个阶段发生在元代。的确，元朝已经产生了有模有样的枪炮，而各类金属管形火器也形成了大、中、小之分，应用的范围也比以前广泛。例如，《元史》记载1363年（元朝至正二十三年），一位名叫达礼麻识理的大臣在上都组建

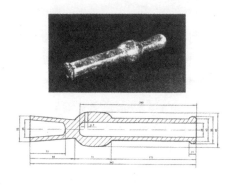

▲ 阿城县半拉城子出土的元代铜火铳

了一支以"什"（十人为"什"）、"伍"（五人为"伍"）为建制的部队并装备了火铳。不过，元军使用金属管形火器作战的例子比较少，相反，四处造反的群雄使用火器作战的例子比较多，特别值得一提的是灭亡元朝、建立明朝的朱元璋，他的军队多次大规模使用各种火器作战，是火器作战史上的亮点。

1366年（元朝至正二十六年），平江（今江苏苏州）爆发了大规模的攻防战。朱元璋派遣军队围攻困守于城里的张士诚时，动用了大、小将军筒等火器与襄阳炮等抛石机，由于火器在轰击城池时有出色表现，故抛石机不再独领风骚。而火器彻底取代抛石机是在其后的明朝，那时，国产火器得到大力发展，外国的新技术也陆续引进，致使各种火器琳琅满目，可以攻坚的火器有大将军炮、发熕、佛朗机、攻铳、红夷大炮等等。特别是红夷大炮，在我国火炮发展史上具有重要的地位，它作为新科学技术的成果，是以口径为基数，按一定比例倍数而设计的，而且在铸造时强调让精通数理的人来操作（在那之前，制炮的炮匠基本靠经验来设计炮的长度与口径），显得更加规范。因为采用先进的模铸法浇铸，使得红夷大炮的炮管没有铸缝，承压力强，所以射程更远、威力更大。用该炮来攻击由砖块筑成的一些城池关隘，往往令城墙破损不堪，甚至崩塌。随着这些新一代重型摧毁型利器的出现，古老的抛石机终于离开了战争的舞台。

明代种类繁多的火器不但可以攻坚，还可以用来防御及野战，当时明军无论是陆军还是水师，均装备了大批火器，还成立了专业的火器部队。明代中期，使用火器的军人在军队编制中的比例从明初的10%发展到1/3。而到了明代中后期，在一些步兵营中，使用火器的军人竟占了编制的50%。这类步兵营就驻扎在蓟北长城一

带，领导者是中国历史上的名将戚继光。以枪炮等火器为例，那时候除了竹制、木制之外，还有由铜、铁等金属铸制而成的；而口径从数十毫米到数百毫米不等；长度从数百毫米到数米不等；重量从数斤到数吨不等；发射的弹丸有大有小，分别有石弹、铁弹、铅弹、铜弹等等。根据古籍记载，射程从十步到数十里都有。[①]

明代，各类火器的区分界限尚不明确，而称呼也不规范。"铳"（又叫"筒"，相当于枪）、"枪"、"炮"等称呼互相混淆。例如"炮"，不但可以用来称呼管形火器，也能够用来称呼一些地雷、火箭。后来，《明史·兵志》对明代火器进行总结时，只是将各类火器含糊地划分为："大者发用车，次及小者用架、用桩、用托。大利于守，小利于战。随宜而用，为行军要器。"

看来，口径与重量比较小、能够用手持着作战的管形火器，一般称作"枪"或"铳"。据不完全统计，明代比较著名的枪铳有手铳、神机铳、三眼铳、六合铳、鸟铳、快枪、噜密铳、西洋铳、掣电铳等。而口径与重量比较大、需要放在各种炮架与车辆上作战的管形火器称为"炮"。比较著名的炮有盏口炮、碗口炮、大小将军炮、发熕、佛朗机、虎蹲炮、飞山神炮、提心铳炮、攻戎炮、叶公神铳车炮、灭虏炮、百子连珠炮、铅弹一窝蜂、红夷大炮、西洋炮、龙贡满天星、混江龙等。此外，还有喷火的喷筒类火器、埋在地下引爆的地雷类火器，以及各种炸弹、火箭等等。

明代军用火药也得到了较大的发展，产生了近百计不同的火药配方以提供给燃烧、爆炸等不同类型的火器使用。仅就枪炮的发射火药而言，硝、硫磺、炭的三种成分组合分配比例，有的已经非常接近近代或现代标准的黑火药成分。因此，用枪炮攻击目标时就显得越来越轻松，只需将火药点燃即可，可以重复多次。相比之下，普通士兵射箭时不停地拉硬弓会气喘如牛。至于弩，大多数在射击时都比较麻烦，就以拉弦为例，有的人要用脚踏，有的要靠腰力拉扯，还有的要拿铁钩、木棒等工具协助操作，甚至有时需要几个人互相配合才能将弦拉开，弄不好随时都得使出吃奶的劲儿来回折腾。正因为种种便利，军队渐渐用枪炮代替了弓弩。不过，回顾一下历史，就会发现明代的枪炮长期存在着难以克服的缺点，例如装填弹药的速度慢、发射程序繁琐、长时间射击时枪管会发热等，所以还远未能完全取代刀、枪、剑、戟、弓弩等冷兵器。

---

① 需要指出的是，古人所谓的射程数十里有点夸大其词。

从盘古开天地，到鸦片战争为止，我国改朝换代频繁，不知有多少个政权兴亡交替。政权是维护统治阶级利益的暴力机构，军队是统治阶级的柱石。军人们赖以作战的兵器，从赤手空拳到石块，到青铜，到铁与钢，直到火器，而其中的明朝，正是火器获得空前大发展的时代。这种颇具威力的兵器在明朝开国时发挥了不少作用，在明代中后期抵抗外侮时也厥功至伟。然而，这类东西一旦被帝国的敌人所掌握，必定会带来不测的后果。可见火器是一把能伤人伤己的"双刃剑"，它与明朝的盛衰息息相关，从中可以对风云激荡的明代军事史起到"窥一斑而知全豹"的作用。

第一章　建功立业

一 连续射击

古代枪炮在实战中的缺点是装填弹药的速度慢、发射程序繁琐，打完一发弹丸后，重新装配弹药要消耗太多的时间，这个难题深深地困扰着枪炮手，因为如果对手是骑兵，早就挥刀跃马奔驰过来了。故此，枪炮必须要迅速连续射击才能在战斗中摆脱被动局面并威慑对手。可是，初期的简陋火器肯定不能与具有连续射击功能的现代精良枪械相比，那么古人是如何解决这一难题的呢？其实，我们不应该低估古人的智商，这个难题在大约元末明初金属管形火器出现后不久就解决了。这当然要从灭掉元朝的明太祖朱元璋说起。

朱元璋于1328年（元致和元年，天顺元年，天历元年）9月出生于濠州（今安徽凤阳），自幼家境贫困，却天赋异质、聪明过人。他胸怀大志，在元末天下大乱之时毅然从军，投靠濠州的义军将领郭子兴，从普通一兵干起，很快便步步高升，成为独当一面的军政要员。在长江以北地区转战的过程中，他注意招纳人才，使自己的实力不断得到扩充。1355年（至正十五年）郭子兴病死时，朱元璋已经羽翼渐丰。同年6月，朱元璋率军渡过天险长江，南下开拓根据地。在残酷的战斗中，军中不少高级将领相继阵亡，而他作为幸存者，最终如愿以偿地成为这支部队的最高统帅，占领集庆（今江苏南京）这个传统上虎踞龙蟠的形胜之地，收降军民五十余万，奠定了争霸江南的基础。

言归正传，该谈到朱元璋与火器的

▲ 朱元璋之像

联系了。朱元璋打天下必然离不开火器，他最早与火器打交道是在南渡长江的前夕，当时他驻军于江北的和州，正多方招兵买马以等待时机，在此期间，一个名叫焦玉的匠人前来求见并献上几十条"火龙枪"。《火龙经》记载军中将领徐达奉命派人试射，证实这种武器能够洞穿一层皮革，朱元璋非常高兴，认为拥有这种犀利的兵器，取天下更加容易。遗憾的是，火龙枪的样式及具体构造如今已经失传，后人无从知晓。但是从元末明初保存至今的大批火器实物表明，朱元璋及他的对手装备得更多的枪铳类火器是"手铳"。

手铳的各种型号不一，据保存至今的实物，其长度一般为 4.2 至 4.5 厘米，口径 2 厘米左右，重约 5 至 9 斤，由发射弹丸的前膛、填充火药的药室以及尾銎三部分组成。其中，尾銎可供将士们在作战时插入长木柄，这样，两手抓紧木柄就可以将手铳举起来射击。如果在铳身加固 4 至 5 道的横箍，还可以起到防止爆膛的作用。作战时只要点燃手铳药室外面的引信（通常是左手持铳，右手点引信），弹丸会迅速射出。但是，那时候的手铳还没有准星及照门，因而射击的准确度比较差，在不瞄准的情况下想射中目标主要依靠运气。朱元璋军队南征北战，处处可以看到手铳的身影。

朱元璋首次使用火器作战是在与张士诚争霸的时候，当时朱元璋已经攻下集庆（改名为"应天"），接下来便与盘踞在浙西的一代枭雄张士诚发生了摩擦。寻根究底，张士诚也是元末造反的群雄之一，他出身盐贩子，乘局势动荡之机崛起于江北淮东，不久渡江南下，占领以平江（今江苏苏州）为中心的浙西一带地区，与随后南下的朱元璋毗邻而居。一山难容二虎，两人由摩擦发展成大规模的武装冲突，动用火器拼了个你死我活。

1359 年 2 月发生的绍兴之战是两军动用火器交锋的一大体现。据《保越录》记载，张士诚的手下吕珍坚守于城内，顽强地抵抗朱元璋所部的进攻，他指挥部属冒着枪林弹雨，以火筒、火箭、炮石从城上往下射击，接着又出奇兵冲出城外反击。为了确保击中敌人，他下令部属以数十条火筒对着目标同时开火，因而取得了一些战果，把对方的将领蔡元帅打得倒地不起。不过，这样的齐射是一次性的，射击完便难以为继了，那时还没有办法保持连续射击，做到用优势的火力长时间地压制着对手。尽管如此，张士诚所部的火器还是给对手造成不小的威胁。

不久，朱元璋的部将胡大海也以牙还牙，使用了火筒、铁弹丸、石炮等火器，在弓箭等冷兵器的配合下进攻，然而始终拿不下绍兴，并在反复较量的过程中付出

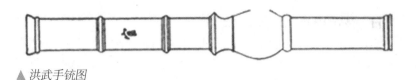

▲ 洪武手铳图

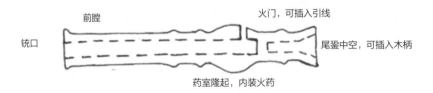

前膛

火门，可插入引线

铳口

尾銎中空，可插入木柄

药室隆起，内装火药

▲ 洪武手铳剖面图，作者绘画

了一定的伤亡，不得不撤走。虽然攻城受挫，但胡大海所部在此战中首次使用了金属弹丸——铁弹丸，这具有历史性的意义，值得在战史上记下浓墨重彩的一笔。

朱元璋的军队用火器攻城，也必定会用火器守城，这叫"风水轮流转"。1362年（元至正二十二年）3月，张士诚令其弟张士信、吕珍率军万余反击朱元璋，包围了诸暨。守将谢再兴抵抗了29天之后，援军在胡德济的带领下终于赶到了。当时到处传闻朱元璋又派出了新的援军，正在日夜兼程赶来。张士信、吕珍所部害怕遭到守

▲ 胡大海之像

军与援军的内外夹击，从而军心不稳。胡德济、谢再兴两人决定乘隙出击，他们事先让将士们饱食一顿，等到夜深人静时，再一齐出城高声呐喊以虚张声势。他们一边敲锣打鼓，一边用铳炮射击，装作大批援军已经到的样子。张士信、吕珍果然大惊失色，争路而逃，部属自相蹂躏，惨败而归。

这些战例表明火器已经在陆战中广泛使用，那么水战又如何呢？历史记载朱元璋确实在水战中大规模动用过火器，而且过程非常精彩，下面会详细介绍。不过，有胆量与朱元璋进行水战的不是老对手张士诚，而是野心勃勃的陈友谅。

陈友谅，沔阳人（今湖北仙桃），渔民出身，乘天下乱成一锅粥的机会浑水摸鱼，投靠湖广起义军徐寿辉部，没过多久，他便削尖脑袋费尽心机钻入了领导层，做了领兵元帅。按照这个升官速度顺利发展下去，下一步必是弑主自立，另起炉灶了。果然，他经过精心策划，在1360年（元至正二十年）闰五月杀死了徐寿辉，称帝于长江边的采石五圣庙中，国号"汉"，地盘横跨湖广、河南、江浙与江西的部分地区。但他还不满足，企图顺着长江而下，一口吞掉朱元璋所部。然而骄兵必败，汉军在应天城下中计受挫，顶不住朱元璋强大的反攻，接连丢掉了太平、安庆、江州，一直倒退回了武昌。

陈友谅虽败，但实力犹存，他利用朱元璋主力回师江北之际，在1363年4月倾巢而出，以号称"八十万"的水陆大军包围了重要的战略枢纽地点——鄱阳湖边的洪都（今江西南昌），同时，顺势攻取了吉安、临江、无为州。

此战成败的关键在于能否迅速攻克洪都。庞大的汉军水师经长江口进入鄱阳湖，集结于洪都周围。这支水师有丰富的攻坚经验，但他们不是凭着当时的先进武器——火器来攻城，而是依靠巨舰。巨舰攻城不是天方夜谭，1360年闰五月，陈友谅在进攻长江边的太平城时，动用舰只乘水涨之机紧挨在太平城西南边的墙垣而停泊，就这样，一群群的水兵们轻而易举地从高大的舰上跃上城墙，一举破城。

汉军的巨舰巨大到了什么程度？据《明实录》《纪事录》诸书所载，它高达数丈，上下分成三层，楼层与楼层之间互相听不见说话，每一层都放置了走马栅，可容得下三千余人。这类记载虽然夸张，但巨舰的体积远超于同类船只的事实却是毋庸置疑。

这一刻，陈友谅打算故技重施，力图以巨舰强行停靠在鄱阳湖边的洪都城墙，再重演攻克太平城的一幕。谁知，巨舰怎么也靠近不了城墙，原来守军吸取了太平之战的教训，事先已经将俯瞰湖泊的城墙重新改建，向后移了三十步。

鄱阳湖里的汉军水师面对着可望而不可即的城墙，望洋兴叹，只好以步兵强攻。汉军步兵携带着箕形的竹盾登上岸，如蚂蚁一般向洪都城抚州门拥来，有几处城墙在汉军不惜代价的进攻之下坍塌了，城池眼看就要失守。在这个关键时刻，洪都守将邓愈率领一支装备着火铳的军队及时出现在城墙破损口处，集中所有的火力进行猛烈的反击，立即打了对方一个措手不及。

疲惫的汉军，其竹盾在防备利箭与石块时已经残破不堪，现在难以再抵挡火铳射出的如电光石火般的弹丸，只好暂时撤退。

邓愈抓紧时间，试图在城墙的破损之处竖立起一排排的木栅以加强防御。汉军不甘心功亏一篑，又舍命上前，踏着尸体来攻城。守军只好一边用火铳射击，一边立栅，连洪都城里最大的官——都督朱文正也亲自赶来督战，经过一个通宵的苦斗，守军终于粉碎了汉军的袭扰，筑好了排栅，成功堵塞了防御阵线上的缺口。不久，激烈的争夺战又转移到新城门一带，出任指挥之职的薛显同样击退了来犯之敌。

洪都守军既然已经使用火器，攻城一方理应同样用火器还击。可是，汉军在随后发动的攻势中仍然主要靠冷兵器，这说明他们装备的火器不多，归根结底，是陈友谅漠视火器，根本没有大量使用这种新武器的意识。

汉军接连攻城失利，便重新补充竹盾等攻城器械，集中力量转而进攻水关，企图破栅而入。他们抓住守军的火铳装填弹药时比较慢以及不能够快速连续射击等弱点，以破釜沉舟的气势，不惜伤亡地冲来。在城内督战的朱文正眼看光用火器已经难以制止对方凭着人多势众而发起的进攻，便果断改用冷兵器，命令将士们把手中的长槊伸出木栅外面，不断刺杀蜂拥而至的汉军。栅外的汉军没有退缩，前面的人大胆地伸出手来抢夺长槊，后面的人继续拼命突进。朱文正见形势不利，立即要求守军改用铁戟、铁钩等兵器向外猛刺。这些武器的枪尖旁边都有横向伸出的铁钩，难以用手抢夺。伸手抢夺的汉军全部被铁戟及铁钩划得鲜血淋漓，在无隙可乘的情况下又一次退了回去。

就这样，洪都守军在守城的 85 个日日夜夜里，不知击退了多少次汉军的疯狂进攻，终于盼来了援兵。

当洪都被围的消息传回后，朱元璋不敢怠慢，纠集了二十万大军赶来增援，同年 7 月，到达长江至鄱阳湖的入口处。他首先部署军队封锁了这一带，再浩浩荡荡地开入鄱阳湖。陈友谅不得不暂时停止对洪都的围攻，转而全力对付朱元璋。

汉军的战舰首尾相连，全部涂成了红色，分为大、中、小三种，按照史书夸张的记载，这支部队除了拥有可容三千人的巨舰之外，据说还有可容两千五百人的中舰与两千人的小舰。而涂成白色的朱元璋军队的战舰尽管体积比较小，但是机动灵活，也有一定的优势。

双方水战的战术既有相同之处，也有差异。相同之处是他们都鼓励"接舷战"[①]。不同之处是汉军自恃战舰巨大，可以任意横冲直撞，力图将对手的小舰撞毁击沉；而朱元璋军队的小舰则充分利用反应敏捷的特点，擅长布置各种火器伺机出击。

这里需要特别提一提朱元璋水师装备的大量火器，《纪事录》记载在参战的火器当中，有火铳、大小将军筒、大小铁炮、大小火枪、火箭、神机箭、火蒺藜以及燃烧性火器"没奈何"等。下面先对枪炮等管形火器的性能做一介绍：

火铳，比较有代表性的是"手铳"。前文已提到，不再赘述。

大小将军筒，即大小将军炮，因威力比较大，因此冠以"将军"之名。根据保存至今的一种大将军炮，炮身长约80厘米，口径22厘米，重34.8公斤；另一种小将军炮长约55厘米，口径7.3厘米，重约20公斤。

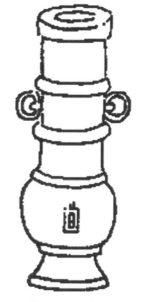

大小铁炮，炮型类似于将军炮。元代的炮多用铜制造，后来进一步发展为铁制，仅就成本而言，铁炮比铜炮便宜得多。古代最先使用铁炮的是朱元璋军队，根据保存至今的文物，大铁炮的炮身长约100厘米，口径21厘米，尾长10厘米。在这里要指出的是，这类炮为长条形的直筒状，炮口不再像盏口炮及碗口炮那样呈喇叭状敞开，因此比盏口炮及碗口炮的膛压要大，射程更远。为了防止爆膛，炮管外面有四五道横箍，两侧还各有一根炮轴，方便运输。

上述所有的枪炮全没有准星及照门，不能精确瞄准射击。不过，这些枪炮在近距离发射时还是很容易射中汉军体形超级巨大的战舰。

▲ 大将军炮，采自《四镇三关志》之《建置》

---

① "接舷战"是指双方将士在战舰互相靠近时以短兵相接的方式决定胜负。

朱元璋的军队除了管形火器以外，还有用来焚毁对手战舰的燃烧性火器。例如：

火枪，是指在冷兵器长枪的枪头一侧绑上一两个火药喷筒，筒子外面有引信，点燃引信后，筒子喷出火焰，可达几丈远。

火箭，是在箭镞的侧边绑上火药筒，点燃筒后的引信，筒里的火药燃烧喷射，产生反作用力推动火箭射向目标。

神机箭，属于多发性齐射型火箭，在一个大竹筒内装入两至三支箭，每支箭的箭杆上都绑着火药筒，筒外面有引信，点燃引信，射程可达百步之外。

火蒺藜，一般为圆形，还有数个凸起的角形器，体内装有火药，体表开有一个小口子放置引信，点燃后即可爆炸。

最后说明一下燃烧性火器"没奈何"，它的制法是先把火药及各种火器放在芦席里面，再将芦席卷成宽五尺、长七尺的圆圈，糊上一层纸或布，外面接上引信。将它用绳子绑在竹竿中，悬挂于船的头桅之上，当碰到敌船时，便点燃引信，斩断悬索，让"没奈何"落入敌船中爆炸，可以燃烧起熊熊烈火。

为了让各种火器长时间快速地连续射击，朱元璋绞尽了脑汁。《明实录》记载了他命令将士们把各类火器、弓弩"以次而列"，并指示"近寇舟，先发火器，次弓弩，及其舟，则短兵击之"，

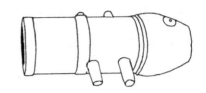

▲ 洪武年间十年铁炮

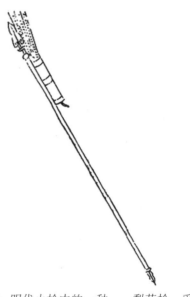

▲ *明代火枪中的一种——梨花枪，采自*
《武备志》卷一百二十八

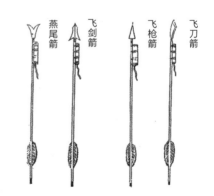

▲ *多种多样的明代火箭，采自《武备*
志》卷一百二十六

也就是说，军中士卒应该将各种火器与弓弩等远程冷兵器组成几层叠阵，轮番射击；作战时，先发射火器，再发射弓弩，以此达到快速连续射击的效果。当靠近敌舟时，则用冷兵器展开白刃战。

朱元璋把各种冷热兵器布置在同一阵中协同作战，也算是一个史无前例的创举。但是，稍微不足之处在于这一种叠阵里面，枪炮是与弓弩等冷兵器混合在一起轮流射击的，那时还未有能力让枪炮等火器单独组成叠阵轮番射击。尽管如此，由火器而催生的新颖战术，肯定会在水战时有一番出色的表现。而在分为十一队的舟师中，每一队均配备了适量的火器与弓弩，表明这种战术在军中已得到广泛的推广，战前的准备工作已经做足。

两军较量开始，首先交战的地点是在鄱阳湖中的康郎山。此前，朱元璋告诫将士们要注意服从命令，那么，用什么来传达指挥信号呢？白天是用旗帜、晚上用灯笼、远处听信炮、近处听金鼓。7月21日两军开战后，双方水师如犬牙交错般混战在一起。朱元璋的得力助手徐达身先士

▲ 神机箭射击图，作者绘画

卒，带领壮士闯入敌阵，杀敌一千五百人，俘获一艘巨舰而还，极大地鼓舞了士气。另一将领俞通海乘风发射火炮，焚毁汉军舰只二十余艘。出乎意料的是，随着风向的飘忽不定，火势竟然向徐达的舟师中蔓延过来，然而这不过是虚惊一场，火最终被扑灭，汉军也被击退。朱元璋的楼船在这次混战中因遭到汉军的堵截而一度搁浅，不过在常遇春等骁将的救援之下安然无恙。

首战结束，朱元璋基本上已经摸清了陈友谅水师的底细，他克敌制胜的信心十足，甚至放心地命令徐达率领部分将士离开鄱阳湖返回应天，防止另一位劲敌张士诚趁火打劫。

两军在湖中择日再战。朱元璋亲自布阵，利用小船灵活机动的优势围绕着汉军的巨舰进退自如，轮番进攻。汉军战死及溺毙者无算。同时，朱元璋军队的伤亡也很严重，院判张志雄因所乘的船只因折断了桅杆而失控，他为了避免被手持铁钩攻到面前的汉军活捉，毅然自刎。最奇怪的是一位名叫丁普郎的将领，死时身上有数十个伤口，他那失去了脑袋的身体仍然扶持着兵器摆出战斗姿势，屹立不倒。激烈的战斗一直在进行，不知不觉间吹起了东北风，朱元璋不失时机，指挥敢死队员驾驶着七艘装满火药与芦苇的船只（船中放满了身披盔甲、插上兵器的稻草人，伪装成进攻的模样）闯进汉军的水寨，焚烧了数百艘首尾相连的舰只，还烧死了陈友谅的两个弟弟及一批将领。朱元璋指挥军队乘胜进攻，又斩首两千余级。

就这样，鄱阳湖上杀声震天，双方全都打红了眼，尸浮水面，血染湖赤，便宜了水中的鱼虾鳖蟹。朱元璋的军队经常驾驶着白船，满载着铳炮、弓弩，轮流仰射汉军高大而转动不便的红船。经过反复较量，汉军形势渐渐不利，欲退往鞋山（今大孤山），但遭到朱元璋水师的阻挡，陈友谅只得敛军自守，高挂免战牌。

至此，战局逐渐明朗，朱元璋突然在夜间将水师移至左蠡（今江西都昌县西北），汉军发觉后也跟着将水师移泊潴矶（今星子南70里）。双方相持数日，陈友谅军心不稳，两员得力大将在此期间投降了朱元璋，朱元璋乘机派军队加强封锁鄱阳湖至长江的出口，力图扼住陈友谅的归路，并出兵攻克了蕲州及兴国两地，俘获了数十艘巨舰。

成了瓮中之鳖的陈友谅，粮食基本已经吃完，只好出动五百艘舰只前往湖畔的都昌抢掠，刚抢了一点粮还没来得及分吃，不巧又被洪都的朱文正秘密派出的军队放火烧光了。

穷途末路的汉军，只有突破朱元璋军队封锁住的长江口才有活路。陈友谅迫于形势，只能孤注一掷地于 8 月 26 日发起攻击。最后决战的时刻来临，朱元璋下令将所有战舰的门钉死，楼船也要撤掉上下的梯子，使参战将士毫无退路，他命令士兵们顺着西风出力摇橹，舰队好像山洪暴发一样飞速向汉军水师冲了过来。《纪事录》记载当朱元璋军队的白船距离汉军的红船三百步左右时，便开始用远程兵器进行投射，越接近时火力越猛烈，各种火铳、将军筒、弓箭，甚至标叉等轮番交替而上，如倾盆大雨般射出。火力处于劣势的汉军，有的以板牌遮身，有的伏下，有的躲藏起来，有的转身逃跑，但是，在陈友谅的严厉监督下，一些人还是继续勉强撑下去。

各种大小战舰穿梭往来，你中有我，我中有你，难解难分，大家都伤亡惨重。连朱元璋的坐舰也在混战中被汉军的炮弹击碎，不得不赶紧换船。陈友谅就没有那么好的运气了，他被乱箭射中，一箭从眼睛穿入，透过脑袋而出，神仙也救治不了。战斗到此，可谓尘埃落定，不过陈友谅虽死，还是有部分汉军残余人马拼了老命冲出朱元璋设在长江口的封锁线，垂头丧气地沿着长江一路撤回武昌。

36 天的鄱阳湖大战终于结束，朱元璋没有就此罢休，而是对汉军残部进行穷追猛打，因为陈友谅的残部又在武昌拥立陈友谅的儿子陈理称帝，两军的战事一直持续到 1364 年（元至正二十四年）2 月陈理投降为止。

在这一次空前的鄱阳湖大战中，朱元璋恐怕动用了数以千计的火器参战，不过具体数据现在已经难以考究。而有确切数据证明朱元璋在一场战事中动用过数以千计的火器的战例，则是随后发生的平江（今江苏苏州）之战。平江是张士诚的老巢，朱元璋消灭了陈友谅的势力之后，很快就将矛头转而对准了张士诚，决定与对方新账旧账一起算。

1365 年（至正二十五年），已经自立为吴王的朱元璋以徐达为大将军、常遇春为副将，率兵横扫张士诚在长江以北的地盘。接着，他们渡江南下，纠集二十万重兵，连克湖州、杭州等地，经南浔、吴江而兵锋直指平江。

1366 年（元至正二十六年）11 月 25 日，徐达在平江城南鲇鱼口击败张士诚部将窦义，在此期间，另一将领康茂才的部队也在尹山桥获胜，烧毁敌军千余艘战舰以及一批物资。至此，平江已陷入包围。

不甘束手待毙的守军一度从平江城的一个城门——娄门出击，虽然未能解围，但是却用箭射死了徐达辖下将领武德卫指挥副使茅成。种种迹象显示张士诚决意顽抗到底。

鉴于戒备森严的平江城难以骤然攻下，徐达明智地选择长期围困的办法，他亲自驻军于平江的葑门之外，有条不紊地指挥部属排兵布阵。命常遇春驻军于虎邱，郭兴驻军于娄门，华云龙驻军于胥门，汤和驻军于阊门，王弼驻军于盘门，张温驻军于西门，康茂才驻军于北门，耿炳文驻军于城东北，仇成驻军于城东南，何文辉驻军于城西南。

据统计，围城的部队共有48卫。每一卫大约5000人，装备了50余门大、小将军筒，另外还有5座襄阳炮（前文提到的一种配重式抛石机）、50座七梢炮（一种依靠人力发射的抛石机）。这说明，参战部队共有2400多门大、小将军筒，这一大批火器将在240多座襄阳炮以及2400多座七梢炮的协助之下攻城。

▲ 徐达之像

徐达又下令在城的四周挖建工事，掘起了互相连接的长壕，并修筑很多堡垒。同时搭起了高达四丈的敌台，站在敌台的最顶层，可以远眺城中动静，起到很好的侦察作用。而城中往来的男男女女都有成为靶子的可能，因为分为三层的敌台，每一层都安置了弓弩、火铳。

将士们把数以千计的攻城器械布置在城的周围，日夜轰个不停，铳炮之声不绝于耳，把平江城轰了个千疮百孔。然而，那时候的火器还没有击塌城墙的能力，它们主要的任务是对城上的守军进行火力压制。

附近一带的松江、嘉定、大仓、昆

▲ 七梢炮，采自《武备志》卷一一三

山、崇明等城先后投降了朱元璋，致使平江更加孤立。张士诚不会坐以待毙，任由徐达日复一日地在城外发射铳炮，他决定出击。那么，出击方向选在哪里好呢？城东门外是徐达的防区，平日军容整肃，稍有常识的人都知道从这里出击肯定占不了便宜，选来选去，张士诚选中了西门作为出击方向，以图一逞。他在1366年六月初四派遣徐义、潘原绍等将领潜出西门，但是仍未找到突破口，因为周围全是星罗棋布的长壕、堡垒以及敌台，在严密的火力网的拦截之下可谓插翅难飞。不得已，这股试图突围的人马只好改向城西北的阊门进军，竟然闯进了常遇春的驻地，然而左冲右突，不但未能越雷池一步，而且连北壕方向的后路也被对手截断了，处于进退失据的状态。

此时，在后面压阵的张士诚得知徐义、潘原绍等将处境不妙，便采取救援措施，先是派遣一个参将带着千余兵前往增援，无奈是杯水车薪，于事无补，最后只好自己亲自出马，率大队前往。双方仿佛进行一场集结兵力的竞赛，看看谁的主力能够抢先到达。

出乎意料的是，张士诚仓促之间神差鬼使般犯了错误，走进一条狭窄而崎岖的小道，大批人马挤在一起，举步维艰。

常遇春命令从盘门赶来增援的猛将王弼前往阻击张士诚。王弼马不停蹄地挥舞着双刀闯进那条小道，一路披荆斩棘，风风火火地杀入张士诚军中。此刻，张士诚虽然人多，可是堵塞在窄路里面毫无用武之地，不得不稍为退却，以致士气受到影响，越来越多的人面面相觑，恨不得早点撤回城里，局面亦渐渐失控。终于，在常遇春乘势发起的总攻之下，张士诚军队全线崩溃，到处都是乱窜的残兵败将，遗尸枕藉。张士诚本人在仓皇撤离时，因战马受惊而落水，差点儿淹死，幸好被下属及时捞起，抬回城里。

回到城里的张士诚缓过气后，仍不死心，过了三日，再次率兵从胥门出击，没想到这次的运气比上次更糟糕，出门不久便遇上了克星常遇春，未等交手，已经怯场。张士诚的弟弟张士信在城楼上观战，见势不妙，大声乱嚷了起来："将士们累了，暂停，暂停！"并鸣金收兵。得势不饶人的常遇春猛冲猛打，一路打到西城门外，他一不做二不休，干脆将堡垒也修到了城门之下。

围城的部队既然将堡垒修到了城门之下，那么城门就危机四伏，待在这地方的守军性命朝不保夕。火器不长眼睛，对多大的官都不留情面，即使是张士信也难免不中招，《纪事录》《铁崖乐府》诸书记载当他有一天肆无忌惮地登上城楼，优哉游哉地坐在银椅子里品尝桃子时，被围城部队用铜将军炮发射的石弹击中面颊，脑壳破碎而死。

死了弟弟的张士诚已是"泥菩萨过江，自身难保"。他两次出击失败，丝毫改变不了被围城军队用火器、抛石机压着打的被动状态，为了打破僵局，他斟酌再三，采纳了熊天瑞的建议，打算制造一批抛石机进行反击。在制造抛石器械的过程中，平江城里的木头石块竟被囊括一空，甚至连祠堂、庙宇以及和尚、尼姑的居舍都拆毁了做弹丸，可是仍然供不应求。

为了对付张士诚的抛石机，徐达下令军中用木架制成一种会移动的屋子，屋顶铺上可以防御箭矢飞石的竹笆，攻城将士伏在下面，便能化险为夷。

经过长期的围困，平江城终于在1367年（元至正二十七年）9月8日被攻破，徐达首先从葑门进入，常遇春接着打开了阊门新寨的通道。平江城里的将士纷纷出降，精疲力竭的张士诚困兽犹斗，集合二三万残兵败将进行巷战，却又在万寿东街惨败，最后只得单枪匹马逃回家中，看见妻妾已经登楼自焚，便上吊自尽，谁知命不该绝，又被尾随而至的追兵救活，送到应天面见朱元璋，然后糊里糊涂地死了。有人说他因为态度恶劣而死于乱杖之下，也有人说他是自缢而死，总之从此人间蒸发。

回顾历史，朱元璋当初在长江与陈友谅及张士诚互相对峙时，夹在这两个对手中间——陈友谅在西边，张士诚在东边，双拳难敌四手，形势似乎不是很有利。但是，朱元璋却最终将两人各个击破，展现了过人的领导才华，给下一步逐鹿中原，进而问鼎天下创造了极为有利的条件。而在与陈友谅、张士诚进行的一系列战事之中，朱元璋所部装备的火器，发挥了不容忽视的作用，在未来的日子里必将受到更多的重视。

▲ 厚竹圈蓬，采自《武备志》卷一百九

1368 年（元至正二十八年，明洪武元年），一个以应天为首都的新兴国家成立了，国号"大明"。正式称帝的朱元璋从此变成了明朝的开国皇帝明太祖。此前一年，他为了谋求统一天下，已经着手发动结束分裂的南征北伐，同时分遣军队多路出击，命令汤和为征南将军、吴祯为副将军，进攻江浙的方国珍；徐达为征虏大将军、常遇春为副将军，北伐中原；胡廷瑞为征南将军、何文辉为副将军，夺取福建；湖广行省平章杨璟、左丞周德兴、参政张彬夺取广西。其中，北伐中原的战略攻势是统一战争中的重中之重，而统兵二十五万的徐达，即将面对的对手除了元朝的正规军之外，还有实力雄厚的王保保、李思齐、张思道等地方军阀。

　　徐达与常遇春等将士以不可阻挡之势横扫山东、河南、河北，攻克大都，灭亡了元朝，把元朝的末代皇帝元顺帝逐出塞外，元顺帝不久因染上痢疾而亡。接着又进军山西、陕西等省，先后歼灭了主要对手王保保、李思齐、张思道等人的大量精兵猛将，赢得了一个又一个的辉煌胜利。

　　在这里有一个问题，就是明军在长达三四年的北伐战事中，枪炮发挥了多大的作用？事实的真相令人失望，枪炮的作用并不大，因为这些火器过去主要用于攻城、守城以及水战，在北方的平原进行大规模的野战还是要靠冷兵器。

　　这段时间，明军在野战时的远程兵器主要使用弓、弩。《明史·兵志》称1373 年（明洪武六年），朱元璋要求将领在训练时，用弓射出的箭要到 160 步[①]，而士兵的要求就低一点儿，但也要达到 120 步（186 米左右）；另外还要射得准，要在 50 步（77 米左右）之内射中靶子。至于弩，要求也很严格，例如，蹶张弩射出的箭要达到 80 步（124 米左右），要在 40 步（62 米左右）之内射中靶子，而划车弩射出的箭要达到 150 步（233 米左右），要在 60 步（93 米左右）之内射中靶子。

　　显然，明军在北方不大量使用枪炮的原因之一就是其射程比不上弓弩，理由是当时的枪炮还比较落后，使用的主要是石弹与铁弹，通常弹丸要比口径小得多，点燃火药发射时会泄气，对射程有不利的影响；而同时发射多枚小弹丸时，每个小弹丸底面承受的压强不一样，导致射程也不一样。另一个重要原因是枪炮在实战中可能还没有广泛使用"木马"。木马又叫"铳马"，是一种放置在火药与弹丸之间的附件，它由硬木制成，塞入管形火器药室里面能够压实火药。由于其体积的大小与

---

　　① 古代一步大约等于5尺，明制一尺相当于公制31.10厘米，160步即248米左右。

枪炮的口径差不多，故发射时底面承受的压强一样，能够防止泄气，致使射程得到增加。这附件要在后来才得到重用。

那么，是不是明军在北方作战时没有用过枪炮等火器呢？不是，1369年（明洪武二年），薛显、韩政等将奉徐达之命到山西平定各处地方势力修筑的山寨（相当于一个个独立王国），他们进攻尾尖寨时就使用了包括将军筒在内的一些铳炮。不过，这些战事都是小打小闹，不值得过分关注，而明军在野战时大规模使用枪炮等火器，已经是北方基本平定之后的事了。

在徐达、常遇春席卷中原的同时，南方的江浙、福建、两广这些地方也相继被胡廷瑞、杨璟、汤和诸将平定，唯有四川、云贵等处仍然处于割据状态。为了完成统一事业，朱元璋不惜继续大动干戈，尤其是他特别感兴趣的四川。

当时，四川已经有一个名叫夏国的割据政权，创建者是出生于随州（今湖北随县）的明玉珍，此人于元末天下大乱时参加起义，受到南方红巾军领袖徐寿辉的提携，以统兵大元帅的身份带领一路兵马打下了四川，形成了自己的势力范围。后来，明玉珍得知徐寿辉被弑杀，便拒绝听命于篡位的陈友谅，并于1362年（元至正二十二年）在重庆创建夏国，无异于地方上的土皇帝。五年后明玉珍死去，其子明升继位。

明升不可避免地要与朱元璋打交道，他在1371年（明洪武四年）春收到了朱元璋要求借道四川征讨云南的书信，当即予以拒绝。这样一来，四川便首当其冲成了明军的攻击目标。

朱元璋打算兵分两路入川：一路叫作"东路军"，由中山侯征西将军汤和、江夏侯左副将军周德兴、德兴侯右副将军廖永忠、荥阳侯杨璟、都督金事叶升等率领京卫、荆、湘水师，经天险瞿塘关进军重庆；另一路又叫"北路军"，由颍川侯

▲ 汤和之像

前将军傅友德、济宁侯左副将军顾时、都督佥事何文辉等率领河南、陕西等步骑大军，从秦陇进军成都。

汤和等东路军连取龙伏隘、覃垕、温阳关，沿途还扫荡了归州、桑植等地的一些地方割据势力的山寨，浩浩荡荡地于同年闰三月到达瞿塘关。

瞿塘关在长江三峡中，地势雄伟险峻。两岸是高山峻岭、悬崖峭壁，中间的滔滔大江在深谷里日夜奔流，真是"一夫当关，万夫莫开"。奉明升之命扼守此地的将领布置了三道工事：

第一道工事是凿开两岸石壁，用绳索横贯南岸与北岸，制成悬挂在半空的桥，桥上面再铺上木板，布置着铁铳、炮、石、木杆等武器，形成了居高临下的火力网。这样的桥名叫"飞桥"，共有三道。

第二道工事是在两岸设立大炮。

第三道工事是用铁索拦截江口。

如果敌人的水师从瞿塘关畔的长江驶过，首先，正面会遭到铁索的拦截；其次，头顶会受到弹丸与炮石的打击，而这些致命的东西是横架空中的飞桥上射下来的；最后，他们的左右两翼还会遭到大炮猛轰。虽然明军不少将士已是久经沙场，但他们从来没有遇到过这么多的火器。而这么厉害的立体的火力，也让此地变成了难以逾越的鬼门关。

明军东路军从这一年的闰三月起向瞿塘关发动进攻，历时三月没有取得实质性的进展，无奈只得暂时退兵返回归州休整。

然而，夏国将主力集结在东线的瞿塘关，北面的防务就不可避免地变得空虚。由于这个原因，傅友德的北路军进展还算顺利，经陈仓、阶州、文州，攻取了青川果阳关，接着渡过白水沟，又连克江油、彰明、龙州、绵州，一路凯歌向成都进军。虽然在途中一度受阻于波涛汹涌的汉水，但傅友德没有却步，而是积极组织人员砍伐树木，制造上百艘船只，准备抢渡，并下令制造了数千个木牌，上面写着攻克阶州、文州的日期，投入汉水之中，希望这些木牌能够乘江水暴涨之机顺流而下，汇入长江，流经瞿塘，从而达到与东路军的水师互通消息的目的。

巧合的是，东路军的水师正此期间也卷土重来，已取道归州，到达了大溪口。先头将领廖永忠在江水中捞到木牌，得知北路军进展飞速，因此士气大振，于六月初七自百盐山、纸牌坊、溪径击破守军的阻拦，重新推进到瞿塘关，与傅友德遥相呼应。

由于成都受到傅友德的威胁，瞿塘关部分驻军不得不紧急回援，从而让廖永忠有机可乘。廖永忠不再一味强攻，而是决定智取，他暗中命令数百名壮士身披着青蓑衣等伪装，携带干粮、水筒并抬着小船，翻山越岭，秘密绕到瞿塘关的后面，潜伏在碧绿的茂林中，准备配合正面进攻的队伍，夹击瞿塘关的留守部队。

总攻的时刻到了，廖永忠兵分两路，在夜间五鼓时分出发，同时从正面强攻瞿塘关的陆寨与水寨，到了天亮的时候，已经拿下了陆寨，而水寨附近的战斗仍在继续。明军水师的战船皆裹着铁皮，船上的将士发射着火筒、火炮，冒着头顶上弹丸、利箭、石块的威胁，击断了横贯长江的铁索。这时，潜伏在敌后的数百名壮士已经从上流扬旗鼓噪而下，像尖刀一般插向瞿塘关的软肋。遭到两路夹击的守军大败而逃，守将邹兴被火箭射死。悬挂在半空的三道"飞桥"也彻底毁于熊熊战火。

明军乘胜攻克夔州。不久，中山侯汤和率后继部队赶到与廖永忠会师，明军水陆两路并进，共同向重庆进军。他们沿江而上，所过州县纷纷归附。当明军到达铜锣峡（今重庆江北区附近）时，坐镇重庆的明升眼见大势已去，已经准备放弃抵抗。6月22日，明升向兵临城下的汤和与廖永忠投降。

北路军在傅友德的率领下，虽然渡过了汉水并攻克汉州，可是由于夏国残余部队在文州的暴乱，不得不回师平定，故延误了时间，直到7月间才到达成都。

成都守将戴涛、向大亨在城外严阵以待，他们别出心裁地把大象排列于阵前，而大象上面骑着全身披挂上盔甲的壮士，准备在野战时以居高临下之势打击明军步骑兵。

这些大象虽然可以在战场上横冲直撞，可是它们庞大的体积很容易成为火铳与弓箭的靶子。傅友德对此了然于胸，他命令前锋指挥李英率部用弓箭、火器为武器，毫不畏惧地向前突击，果然，受伤的大象转身四处乱撞、左冲右突，从而直接导致成都守军的阵线崩溃，被迫撤回城里。尽管在混乱中傅友德也被流矢所伤，但还是赢得了这一场轰轰烈烈的野战。而明军所布的阵，应该就是鄱阳湖之战中使用过的叠阵，即将部队分为几层，每层均配备了弓弩与火器，轮流发射。区别在于鄱阳湖之战是水战，而这次是陆战。

这时，明升在重庆投降的消息传到了成都，守将皆无斗志，第二天便向明军投降，至此，四川正式归明。

四川之战，东、北两路明军均使用了大量火器。那么，明初的明军究竟装备了多少火器呢？可以参考一下1380年（明洪武十三年）明政府的规定，据《明太祖实录》

记载，每一个 100 多人的"百户"，要有 10 人使用火铳、20 人使用刀牌、30 人使用弓箭、40 人使用长枪。按照这个比例，火铳占了"百户"这个明代基层军事单位武器装备总数的 1/10。[①]到了十二年后的 1392 年（明洪武二十五年），明军扩编到了 121 万余人，那么，理论上应该有 11 万左右的将士装备了火铳，甚至更多。原因是明军在其间的 1388 年（明洪武二十一年）终于有能力用枪炮进行连续射击了——这件事造成的直接后果必然是在军队中增加枪炮的装备数量。

明军首次用枪炮进行连续射击的战斗，是发生在什么地方呢？这要从朱元璋出兵云南说起，1381 年（明洪武十四年），傅友德、蓝玉、沐英等将领率三十万大军，从湖广、四川等地兵分两路进入云南，一路上势如破竹，迅速攻克了昆明，元宗室梁王自杀。接着，他们又顺利攻取大理，并设立土司等管理机构，招抚诸地方上的少数民族。云南平定后，傅友德、蓝玉班师回朝，沐英奉命率领数万将士镇守边疆。沐英是朱元璋的养子，理应肩负重任。

但是，云南的一些少数民族却叛服无常，与镇守的明军时有冲突。沐英为了巩固统治，非常注重加强防务。他针对云南位于边陲的复杂地理环境，从楚雄至景东，平均每一百里布置一营，做好了军事斗争的准备。

山雨欲来风满楼，当时明军与地方土著"麓川平缅军民宣慰使司"首领思伦发的关系比较紧张。《云南机务抄黄》记载朱元璋在 1387 年（明洪武二十年）叮嘱沐英要抓紧时间，日夜抢修工事，以防万一，尤其是金齿、楚雄、品甸以及兰苍江中道等要塞，不但要城高壕深，而且还要在四周布置粗大的排栅。他还特别嘱咐，在每一个要塞里都要配备大

▲ 傅友德之像

---

① 通常，由若干个"百户"组成"千户所"，再由若干个"千户所"组成"卫"。卫、所分驻各地，每一个卫一般有 5600 人，每一个千户所一般有 1200 人。

量火铳，数目可以是一两千支，也可以是数千支。最后，他还要求云南制造火药的工场，连晚上也要暂时取消休息，加班生产，以备不时之需。其实，洪武年间的火器最初是由中央政府专门负责制造的，那时制造火器的机构先后有宝源局、军器局、兵仗局以及鞍辔局，同时还禁止制造火器技术的外传以及贩卖制造火药的原料，后来因为边陲未靖，战乱还时有发生，所以因势利导，允许一些边镇自行制造。

从朱元璋的指示中可以看出，云南的明军在某些军事据点布防时，动用了数以千计的火铳，这也是前无古人的创举。

由于事先有所准备，明军并不畏惧与思伦发较量。从1386年（明洪武十八年）起，冲突陆陆续续在云南景东等地发生，并逐渐升级为大规模的激战。到了1388年正月，思伦发开始了蓄谋已久的入侵，督促部队挺进到摩沙勒安营扎寨，对明朝在当地的统治构成威胁。明将宁正奉沐英之命率军前往应战，获首一千五百级，赢得了初战的胜利。

思伦发吃了亏，不肯就此罢休，在3月间卷土重来，亲自带领号称"三十万"大军以及一百多只大象发动了规模空前的进攻。边陲的军事要地定边（今云南南涧）告急，沐英反应迅速，带着三万余骑兵从云南府（今云南昆明）出发，日夜兼程，经过15天的强行军赶到前线，与来犯之敌对峙。战争迫在眉睫，硝烟味越来越浓。

厮杀开始了，明将都督冯诚首先带着三百名骑兵出阵挑战。思伦发仗着人多势众，竟然出动一万人排兵布阵，并以三十只大象做开路先锋，可谓盛气凌人。

明军当然不会被大象吓倒，他们过去在成都有过与大象作战的经验，对付这种庞然大物是胸有成竹。云南前卫指挥张因等五十余名骑兵，在打头阵时连发弓箭，射中一只大象的左膝及胁部，乘这只大象负伤

▲ 沐英之像

倒地之机杀死了骑在象背上的敌人。明军一鼓作气歼敌百余人，捉获一只大象而还。

第一天的交锋很快便草草结束，双方进行了试探性的攻击后，准备次日再战。

虽然事实已经证明思伦发的大象没有很强的战斗力，可沐英仍然不敢轻敌，他打算在正式决战时以火器破敌。明军骑兵装备的火器以手铳、神机箭为主，大型火炮比较少，原因是骑兵在强行军时不方便携带，尽管如此，沐英还是克服困难，精心制定了一套新的战术。他将应战的士卒分为三个行列，每个行列都配备火铳、神机箭以便轮流射击。当敌人杀到阵前时，第一行的士卒首先发射，等到射击完毕，就转身退到第三行重新装填弹药及箭矢，做好再次射击的准备；同时，第二行立即前进到原先第一行的射击位置上继续射击。以此类推，便可以达到连续射击，用火力压制对手的目的，这其实就是叠阵。叠阵是我国古代战争常用的阵，一贯以来都是用弓弩排列成行进行轮番射击。而朱元璋在鄱阳湖之战已经使用过类似的战术，不过那时候是弓弩与枪炮等冷、热兵器混合作战，而现在已经发展到全部动用火器作战。

思伦发在次日交锋时故技重施，依旧驱赶着大象往前冲击。参战的大象全部披挂上铠甲，背上安置着由栏杆与盾牌组成的"战楼"，"战楼"中坐着指挥步兵进攻的将领。大象的腰肋部左右分别悬挂着两个竹筒，里面插着格斗利器——短槊，可以让将领随时抽出来从上往下刺杀。

气势汹汹的大象一下子就闯到了明军阵前。明军开始按部就班地轮番射击。据《明实录》《滇史》诸书记载，当时全军分为三队，都督冯诚领前队，都督同知宁正领左队，都指挥汤昭领右队。将士皆奋勇作战，火铳、神机箭等火器射击时发出的霹雳响声在山谷中回荡着。那些惊恐不已的大象成了活动靶子，根本没机会突破明军的战阵，没多久便落荒而逃。沐英令指挥张

▲ 洪武年间的三叠阵，作者绘画

因、千户张荣伺机尾随追击，至其营寨纵火焚烧，致使烟焰涨天。

虽然，思伦发寄予厚望的一些大象露出了纸老虎的本色，逃之夭夭，但他的大批部属仍然留在战场上继续战斗，力图能够扭转劣势。

明军不得不奉陪到底。明军的叠阵需要每个队列都一丝不苟地互相配合，才能达到连续射击的最佳效果，假如个别将士因为临阵产生怯意而手忙脚乱，甚至退却，那么就会令叠阵的射击突然中断，让敌人有机可乘。

左队将领宁正就差点犯了这样的错误，他在与思伦发手下一名叫作"昔剌"的元帅对阵时，因抵挡不住对方的猛打猛冲，稍为退却，致使叠阵存在着被突破的危险。正在山冈后面督战的沐英，立即派人拔刀骑马飞驰而下，准备执行军法。宁正见势不妙，连忙转身重返前线，率部竭力抵抗，避免了一场悲惨的发生。由此可知，沐英治军确实能做到铁面无私，如果手下将领胆敢在战斗中擅自退却，下场就是马上掉脑袋。

时间一分一秒地过去，思伦发的军队伤亡已经非常严重，连元帅刁斯郎等人也身中百余箭而死，可是他们无论怎样努力也突破不了明军连续射击的叠阵，结果惨败而回。跟踪追击的明军斩首三万余，俘虏过万人。那百余只大象也有一大半沦为了炮灰，死得很难看，身体上的箭密密麻麻，活生生变成了刺猬；此外还有三十七只被俘虏。

▲ 织田信长之像

明军大获全胜。火铳在作战时的出色表现可能与部队逐渐装备了"铳马"有关，《大明会典》对此有所记载。这就使得弹丸的杀伤力大增，而且射程更远。更重要的是，沐英在此战中解决了火器不能连续射击的难题，这具有划时代的意义。回顾朱元璋所部崛起的过程，就会发现这支军队从1359年首次在作战时使用火器发射铁弹丸起，直到1388年，才有能力以排兵布阵的方式让各类火器连续射击。前后经过将近30年的摸索才总算完成这个历史性的任务。

30年时间似乎太漫长了，但这在人类历史上却是超前的创新。日本战国时的名将织田信长，直到1575年5月的长筱之战时，才凭着类似的战术大出风头，他把三千名携带火器的枪炮手排列成连续射击的三个梯队（相当于叠阵），得以大胜军阀武田胜赖麾下的精锐骑兵。沐英足足领先了日本人一百几十年。

▲ 莫里茨之像

沐英也比欧洲领先了200年左右，欧洲要到16世纪下半叶才逐渐出现了类似的战阵。但是正如美国军事历史学者T.N.杜普伊在《武器和战争的演变》中所承认的，西方人"不清楚这种编队究竟最早始于何时"。而17世纪初，按照尼德兰总督莫里茨（Muritz）编写的操典而训练的荷兰士兵已经能够熟练地分成几排轮番射击。这种战术后来在欧洲比较流行，它与沐英的叠阵基本是一致的。

这一切无可辩驳

地说明了在元末明初拥有大量火器的朱元璋军队，其先进的装备、编制、战术已经将亚欧各国远远抛在了后面，那时的中国是世界军事变革的中心。

▲ 长筱之战

▲ 莫里茨操典插图

二 北方阵营

古代军队在野战时摆出的战斗队形，称为"阵"。而那些动用土、木、石等材料临时建成的屯兵点，即是"营"。由于"营"可以通过掘壕、立栅、联结兵车等辅助方式布置成各种各样的形状，具有攻守兼备的特点，故时常也被人们视为"阵"的一种。

与行军作战息息相关的阵在我国已有悠久的历史。远在春秋战国时的《孙膑兵法》里就讲述了十种阵，即方阵、圆阵、疏阵、数阵、锥行之阵、雁行之阵、钩行之阵、玄襄之阵、火阵、水阵。而各类史籍中所记载的阵更是不可胜计，其中著名的有三国时期诸葛亮的八卦阵，唐代李靖的六花阵，南宋吴阶、吴麟的叠阵等等。不过在这些种类繁多的阵之中，不少与奇门遁甲、占卜符咒等神秘主义扯上关系，流于故弄玄虚，实用性大打折扣。

朱元璋肇造明朝，他的军队打天下时无疑用过很多行之有效的阵。其中与火器关系密切的是叠阵，分别在鄱阳湖之战与沐英平思伦发之战中使用过。

明军在南方使用叠阵制胜，那么，在北伐中原时又布下哪些阵来克敌制胜呢？其实，北方大部分地区都是传檄而定，而元朝的正规部队以及各类地方军阀，在多数情况下都是望风披靡，所以徐达、常遇春等人在野战中棋逢对手，摧锋陷阵的机会不多，主要有三次。

第一次是 1368 年 4 月的河南塔儿湾之战，战前共有五万元军列阵于洛水之北与明军对峙，副将军常遇春以百万军中取敌将首级的气概，一马当先，单骑闯入敌阵与二十名元将激战，并用箭射死一名元军前锋。大将军徐达随后带领部队全线出击，迅速打垮了元军，为完全占领河南赢得了关键的一次胜利。

第二次是 1368 年 11 月的太原之战，那时明军已经攻克了元朝的首都——大都，盘踞山西的元将王保保率主力从太原出发，经雁门关、居庸关等地反攻，企图收复失地。而挥师至保定、真定等地的徐达果断采取"批吭捣虚"之策，率领精锐骑兵自太行山麓的井陉而直扑太原。前进到保安（今河北怀来一带）的王保保听说后方告急，不禁大惊失色，无奈只好放弃进攻计划而紧急回援。双方军队在太原城外列营 20 里，对峙了数日。明将郭英登高侦察，看见元军兵虽多，却不整齐；阵虽大，却不戒备森严，便向上级建议乘夜劫其营。恰巧在这个时候，王保保部属豁鼻马秘密向明军约降，并自愿做内应，于是，元军于当晚被一场里应外合的袭击打得措手不及，共有四万人投降。王保保仅携带着十八骑逃去，至此，山西变换主人已成定局。

第三次是在 1370 年（明洪武三年）4 月的沈儿峪之战，这一战，徐达的对手仍然是王保保。王保保自太原败后，流窜于塞内外，其后重新纠集残元势力，于 1369 年 12 月包围兰州，意在席卷陕西。临危受命的徐达率部万里赴援，经潼关、出西安、过定西，一路气势如虹杀了过来。王保保不得已，退往定西县北的车道岘一带屯营，与紧跟不放的徐达在车道岘以南的沈儿峪狭路相逢，准备决一高下。明军在元军的营垒外立栅，步步进逼。敌对双方隔着深沟数次激战，相持不下。王保保吸取了太原失败的经验教训，决定以其人之道还治其人之身，用劫营这一招反过来对付徐达，他秘密派出千余精兵由偏僻小道潜来，劫取明军东南垒，几乎摧毁了左丞胡德济所部的防线，最终却功亏一篑，被徐达派遣的援军击退。为了整肃军纪，徐达斩首几名临阵退缩的将官，将胡德济缚送京师交由朱元璋处理。次日，经过整顿的明军以焕然一新的精神面貌上阵，发起了总攻，在决战中大败元军，俘虏 8 万余人及 1.5 万匹战马。王保保仅与妻子等数人逃脱，凭借水中漂过的流木渡过黄河，由宁夏奔向蒙古草原的重镇和林，从此再也没有返回过西北。

看来，徐达在塔儿湾、太原与沈儿峪的一连串胜利与其布下的攻守兼备的阵营有莫大的关系。可惜的是史书中却没有留下这些阵营的详细记载。正如前文所述，明军北伐中原时排兵布阵，与对手进行大规模野战的机会不多。可是在朱元璋死后不久的靖难之役中，北方战场上骤然出现了一系列高潮迭起的野战，还大量使用了火器。那时，徐达、常遇春等名将早已离开人世，而参战军队中表现最出色的一些将帅，均属于后起之秀。

靖难之役是明帝国围绕着"削藩"问题而引起的一场内战，起因源于明太祖朱元璋将一些儿子封为藩王，分别派驻在全国的各个军事要地上，希望能起到维护国家安全的作用。藩王们在驻地上设立王府以及官属，拥有王府护卫队伍，同时可以指挥地方的武装力量，由此形成了"宗藩制度"。虽然藩王们没有治理地方民政的权力，可是他们当中很多人平素飞扬跋扈，多行不法之事，逐渐形成了与中央政府分庭抗礼之势，从而埋下了内战的隐忧。当 71 岁的朱元璋于 1398 年（明洪武三十一年）辞世后，长期积累的矛盾逐渐公开化了。

由于太子朱标早逝,所以时年23岁的嫡孙朱允炆得以继承大位,史称"建文帝"。这位新皇帝鉴于藩王们尾大不掉,便与兵部尚书齐泰、翰林院修撰黄子澄(后来还有翰林院侍讲方孝孺)等人商议,决定削藩。在不到一年的时间里,先后将周王朱橚、齐王朱榑、代王朱桂、岷王朱楩废为庶人,迫使湘王朱柏畏罪自杀。

兔死狐悲,身在北平的燕王朱棣预感到危在旦夕,不想坐以待毙,决定先下手为强,于1399年(明建文元年)7月用计捕杀了奉朝廷之命来捉拿自己的谢贵、张昺等地方官员,正式造反,迅速控制了整个北平,接着告谕天下,以"清君侧"的名义起兵,宣称要铲除朝中迫害藩王的奸臣齐泰、黄子澄,并美其名曰"靖难"。

燕王朱棣发难后,连接攻克居庸关、怀来、永平,而通州、蓟州、遵化、密云等地的守将相继以城归降,在短短两个月的时间内,众至数万,隐然已成割据之势。为了叙述方便,下面简称朱棣的军队为"燕军",朝廷的军队为"南军"。

这时,跟随朱元璋打江山的功臣宿将已经相继离世,仅剩下耿炳文与郭英两位老人,建文帝不得已,只好任命耿炳文为大将,率军十三万北上。然而,65岁的耿炳文虽然是功臣宿将,可是野战非其所长,此人平生最大的战绩是在江南与张士诚对峙期间,在长兴这个地方坚守了十年。此时此刻,他率部讨伐朱棣实在是有点勉为其难,因为朱棣却并非是只懂吃喝玩乐的纨绔子弟,而是对军事深有研究并曾经在讨伐元朝的残余势力时立过功勋。当南军与燕军于同年8月在雄县、潴沱河与真定作战时,耿炳文果然一败涂地。

建文帝只得另外找人代替耿炳文为将,没多久,曹国公李景隆就被委以重任,而此人作为名将李文忠的儿子,也希望能够马到功成,早日结束内战。在此期间,战局发生了变化,朱棣率主力经永平北上辽东,企图解除北平的侧翼之忧,李景隆抓紧时机直捣黄龙,率师扑向北平,谁知屯兵于坚城之下,迟迟未能得手。相反,关外的朱棣却一帆风顺,不但智取大宁,而且收降八万余人,并在实力大增后迅速于11月回师救援,配合北平的守军对南军进行内外夹击,很快就解了围。受挫的李景隆不得不暂时退保德州,但他仍不甘心,不断调兵遣将准备与朱棣较量,而北方战火也迟迟未能熄灭。轰轰烈烈的战事于次年4月来临。

战前,李景隆率一路兵马从德州经河间北上,而郭英带着另一路偏师从真定北上,两军会合于白沟河,总数据说达到六十万,号称"百万",意图重新威胁北平。燕军主力从固安出发,南下迎战,于4月24日渡过白沟河,与预先到达河边的万余南军前锋骑兵相遇。南军人少,便布阵企图稳守,朱棣没有别的选择,只能破阵。

▲ 朱棣之像

两军堂堂正正的对阵即将展开。

在古代战争中，破阵的时机大有讲究。当一支军队由于各种原因开始移营时，内部各级位置必然不断产生变化，可能会令彼此间的联络不太通畅，而上级也难以充分掌握下级的动态，以致让对手有机可乘。例如12世纪的宋、金富平之战，金军以三千精骑，袭击宋军阵营外围的民寨，驱赶乡民涌入宋营。随后，金军主力趁着宋营纷扰骚动、上下不明、失去统一指挥的好机会，一举破阵宋军。战争史上总是不断地重复着相似的战例。此刻，燕军也打算利用南军阵营移动的机会乘虚而入。可是对面的南军却摆出固守的姿态，一动也不动。怎么办呢？朱棣决定用计智取，故意派出百余骑兵前往挑衅，引诱对手应战。南军将士们见来犯的燕军稀稀疏疏，很多人都求战心切，踊跃出阵，整齐的阵容开始挪动，甚至有点散乱。燕军主力立即抓准时机快速向前突击，朱棣亲自率领数十名精骑绕到南军阵营的背后进行夹攻。寡不敌众的南军前锋骑兵在沉重的打击之下溃败了，那些残兵败将在逃回大营时难免又会引起新一轮的骚动，使乘胜追击的燕军重新获得了破阵的机会。

眼明手快的朱棣重施故技，亲自带领数十名精骑像尖刀一样左右穿插于敌阵，硬是从敌阵中强行撕开了一个口子，接着，大批燕军如潮水般一波又一波地从这个突破口中汹涌而入，不一会儿，南军大营里人山人海，双方将士乱作一团。

天色已经昏暗，逐渐变成了一个伸手不见五指的黑夜，咫尺之间，难分敌我，大家只能摸索着战斗。

史载南军动用了火器，自从沐英于1388年首次在南方排列叠阵使用火器连续射击以来，这种战法就得到推广，现在应该会在北方战场使用手铳等管形火器。但是南军犯了一个战术错误，就是每当他们举起火器射击时，闪烁的光亮会反射到自身披挂的铠甲上，在黑夜中显得特别引人注目，从而暴露了自己的位置，成了燕军攻击的目标。故此，一些火器手采取变通的办法，将部分火器埋藏于地里，用来对付燕军。《奉天靖难记》称这类火器发射时声如群蜂鸣叫，击中目标后有"人马皆穿"的功效，故俗称"一窝蜂"与"揣马蹄"。而《武备志》等明代兵书确实收录有叫作"一窝蜂"的火器，这是一种与神机箭相似的多发型火箭，一般将三十二支火箭放入一个六角形的长桶中，桶内还布置着多层平面格板，格板中间有着蜂巢一样密集的洞。每一支火箭分别插入格板的一个洞里，而所有火箭的引线则集中束缚在一起，伸出桶外。使用时只需将引线点燃，桶内的火箭就会齐发，射程可达百步。从南军火器手将"一窝蜂"埋藏于地里发射的过程可以看出，那时一些比较大型的火器没有配备专用的炮架及战车，埋地射击的原始方式仍在使用。

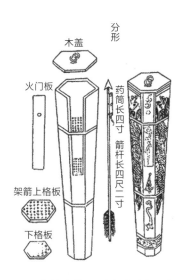

▲ 一窝蜂火箭，采自《武备志》卷一百二十七

燕军没有南军那么多的火器，他们专门向火光闪耀的地方攻击，或者刀劈，或者射箭，也杀伤了不少敌人，取得了一定的战果。

夜已深，双方精疲力竭，各自收兵。朱棣带着数名骑兵在撤退时殿后，不料迷失了方向，他下马伏地观察白沟河河水的流向，才分辨清楚东西南北，顺利回到白沟河之北的大营，可见混战的激烈程度。

25日，燕军步骑兵十余万渡过河来，摩拳擦掌，准备再战。

南军也不敢怠慢，布下了一个宽达数十里的大阵。李景隆为了避免这个超级大阵营在进退之间引起骚乱，决定以防御为主，不再轻易出击。

▲ 火龙箭这种火器类似于一窝蜂，采自《武备志》卷一百二十六

燕军大将朱能率领万余骑兵突击，但冲不动南军稳守的阵营。朱棣见状只得亲自出马，经过努力，终于带领数十名骑兵强行从敌

人阵线的左掖杀入，而他的身后跟随着一大批蜂拥而至的精兵猛将。一场硬拼硬的恶战正式开始，双方人马刹那间混淆在一起，闹哄哄地乱成一团。很多将领都不清楚部属的具体位置，大多数人不得不各自为战，双方打得难解难分，迟迟未决出胜负。

南军为了摆脱被动挨打的局面，不得不改变策略，转而主动出击，派出二万余人兜路而进，企图威胁对手的侧后。朱棣望见燕军的背后烟尘滚滚，及时察觉到南军的意图，立即率护卫折返，不但将偷袭的南军拦截于河边堤岸，而且进一步将其驱逐回南军的大营，这样一来，南军所在的阵营更加混乱不堪。破阵的燕军乘机占据上风的位置，顺着风向纵起火来。四处蔓延的烈焰让越来越多的营垒成为灰烬，支撑不住的南军终于兵败如山倒，遗尸百余里，死者不计其数，十余万人投降，丢弃的器械物资堆积如山。郭英向西溃退，而李景隆撤回德州。

这一战，以冷兵器为主的燕军击败了装备大量火器的南军。原因之一在于燕军找到了对付火器的有效方法。这个办法是顺着风向进攻，这样一来就会使南军处于逆风的不利位置。火器在逆风发射的情况下，一方面射程必然大打折扣；另一方面火药燃烧时产生的烟雾又会被风反吹回来，遮住射手的眼睛，使人看不清目标。

朱棣在随后的多次战斗中一再使用顺风进攻这一战术，意图歼灭更多敌人。不过，世上没有常胜的将军，他在1400年（建文二年）的东昌之战中，却意外地被南军击败。

东昌之战发生在白沟河之战结束后不久，那时，建文帝鉴于李景隆北伐屡战屡败，知道这位仪表堂堂的贵族子弟不过是一个绣花枕头，便改让坚守济南，阻止燕军南下的盛庸为将，取而代之。

盛庸上任不久就率领大军驻屯在东昌（今山东聊城市），企图截断南下抢掠的燕军的归路，两军遂于同年12月25日在东昌布阵，开始紧张的对峙。

盛庸命令部队背城而阵，阵中排列着大量火器、毒弩等远程兵器，摆出一副不怕燕军来攻的架势。

朱棣经过细心观察后，认为对方的精锐部队以及倚重的火器俱排列于阵营正面，而阵营的两旁和背后则兵力空虚，便计划兵分两路，一路布置于南军阵营之前；另一路则由自己率领绕到南军背后进行夹击，使其腹背受敌，然后一举而歼灭之。

这个军事计划成功的关键在于朱棣率领的那一路军能否顺利从南军的背后突入其阵营中，打乱其阵脚，否则，另一路从正面强攻的燕军必然会被南军早已准备好的火器、毒弩所重创。为什么正面的燕军不采取顺风进攻这一对付火器行之有效的战术呢？其实，只有在平原作战，进攻的一方才可以兜着圈子，自由地从东西南北各个方向选择进攻路线，但是这次南军是背城而阵，因此限制了燕军选择进攻路线的自由。

现在说说燕军破阵的经过，朱棣按原定计划率领少数骑兵绕到南军阵营的侧后，耐心地观察这个阵营的厚、薄、虚、实之处，并时不时发动试探性攻击，准备选择突破口。他首先攻击了南军的左翼，绕出其阵后，冲击其中坚。到目前为止，破阵的过程似乎还算顺利，不过，朱棣犯了轻敌的错误，他率领的少数骑兵毕竟力量有限，不幸陷入了南军的重重包围中，处境危险。

正面的另一路燕军拼死来救朱棣，他们不等到南军的阵营陷入混乱就发起进攻，结果遭到南军火器、毒弩的阻击而尸横遍野。幸而南军阵营正面的东北角也在激战中几乎被突破，盛庸不得不抽出西南角的部分将士前往增援。朱棣乘隙从变得薄弱的西南方向突围而出。

这一战燕军失败了，大将张玉在破阵时战死。南军捉获燕军将士，往往将其剜目、剖腹以泄愤，揭示了战争极其残酷的一面。

步兵在坚城之下布阵，是击败来犯骑兵的有效方法，历史上很多军队都采用过，比较有名的是12世纪的顺昌之战，南宋名将刘锜的步兵背靠顺昌城布阵，粉碎了金兀术的精锐骑兵的进攻，成为南宋抗金战争中著名的战例。明代的东昌之战再次证明这一战术并未过时。

东昌之战结束后的第二年3月，朱棣与盛庸又在夹河、滹沱河等地较量。燕军于1401年（明建文三年）2月16日从保定出发南下，3月进至滹沱河。而北上迎战的南军则驻扎于夹河。

燕军距南军40里而驻营。朱棣与诸将召开军事会议，商量破敌之策，他认为南军列阵总是精锐在前、老弱在后，只要在战斗中摧毁其精锐，便可威慑其老弱。军议按照这个思路而制订出的具体作战计划是将燕军分为两路，一路由谭渊率领的中军在南军阵营前面五六里的地方列阵，监视南军的精锐部队；另一路是由朱棣率领的精干部队，绕到南军阵营的后面，向其老弱部队发起猛攻，令其不断倒退。可以推断，南军后面的老弱残兵在退却时肯定会挤压以及推搡着前面的精锐部队，迫其一起随波逐流地往后移动。当疲惫不堪的南军移动了五六里时，正好碰上以逸待劳的谭渊部队，燕军两路部队便可以形成一前一后的夹击之态，从而胜算大增。

依计行事的燕军于3月22日列阵，前进至夹河，进一步缩短与南军的距离。

朱棣带领三名骑兵侦察敌情，从南军的阵前掠过，发现其阵营的前面分别排列着火车①、火器、强弩、战盾，戒备森严。

面对南军阵营前面如此精良的武器，朱棣当然不想啃硬骨头，决定指挥着有五千名步兵及其上万骑兵的部队按原计划攻其侧后。这支部队绕到南军阵营的侧后发起冲锋时，首先出动五千匹乘载着两人的战马，马上分别有一名骑兵与一名步兵，接近敌人后，五千名步兵迅速跳下马，直扑南军左掖。可是左掖的南军隐蔽在一层层叠放着的盾牌后面，似乎无懈可击。幸而燕军步兵有所准备，事先已经安排壮士携带长达六七尺的木柄利矛作为破阵的秘密武器。这些长矛在用力飞掷之下可以刺穿盾牌，而长矛顶端有一些横贯的钩状铁钉，既防止敌人拔出，又方便那些打头阵的壮士将倒钩着的盾牌往回拉扯。就这样，层层叠放着盾牌的阵线硬是被拉开了一个又一个的缺口。机不可失，时不再来。燕军纷纷弯弓向这些缺口射箭，很多南军士兵在利箭的威胁下惊惶失措，弃盾而逃。这些逃兵丢盔弃甲地往回跑，到处乱窜，严重干扰了阵内掌控火器的射手，令射手们在仓促之间手忙脚乱，难以射击。紧接着，燕军骑兵争先恐后地往缺口里面一拥而入，左冲右突，努力扩大突破口，试图从南军的左掖直捣其阵营的中坚。在遭到猛烈攻击的情况下，大批南军将士被迫倒退。正如朱棣预期的那样，整个南军阵营亦开始后移。

再说燕军的另一路军队，按照既定的作战计划在距离战场六七里的地方静候战机。经过耐心的等待，主将谭渊终于望见前路烟尘滚动，并发觉大批南军将士接踵而至，他迫不及待地出兵阻击，就像堤岸拦截着汹涌而至的洪水一样，

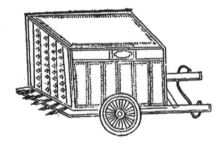

▲火柜攻敌车，采自《武备志》卷一百三十二

① 所谓的"火车"，并非是指明代常见的那种搭载油锅、推至城门下面用以焚烧城门的两轮车，而是指"火柜攻敌车"之类的战车，这类车一般用坚木制造成长约一丈的车辕，车轮则高2尺5寸，由牛或骡推行。车柜阔2尺8寸，高约2尺，柜的下面架着5杆长枪，上面放置着百支火箭，由两名士兵操纵，是一种攻守兼备的武器。

与对方混战在一起。出乎意料的是，前后受到夹击的南军没有崩溃，而是拼命作战，力求杀出条血路。燕军在南军顽强的抵抗之下也付出了一定的伤亡，主将谭渊不幸死于乱军之中，不过朱能、张辅等将领还在，他们继续指挥中军向前挺进，终于与横贯南军阵营的朱棣部队会师。尽管两路燕军按照原计划完成了夹击任务并杀敌甚众，却未能如愿以偿地歼灭南军的主力。当夜幕降临的时候，双方各自收兵回营。

战后，朱棣与诸将总结了经验教训，认为未能歼灭南军主力的原因是中军主将谭渊指挥不当，拦路迎战过早以致南军无路可退，不得不决一死战。正确的做法应是让开大路，等南军主力通过后再尾随追击，这样便可以利用追击的机会大量消灭敌人，而仗也会打得更漂亮一些。

不过，燕军没有获胜的另一个原因可能是当时战场上没有刮起大风，他们不能顺风破敌。但当不久后夹河、滹沱河一带吹起东北风时，南军的末日也就来临了。

2月23日，燕军与南军各自布阵待战。燕军在东北方向，南军在西南方向，战斗从早晨一直打到下午，双方将士互有胜负。忽然间刮起了猛烈的东北风，尘埃飞扬，遮天蔽日，咫尺之间难辨敌我。逆风的南军特别不利，很多将士被沙砾击中面部，不得不眯起了眼睛，火器威力也减半，甚至无法使用。

燕军顺风出击，兵分两路，各自横扫南军的左右两翼，斩首10余万级，南军士兵坠入滹沱河里溺死者不计其数，剩下的漏网之鱼也尽弃辎重，四散而逃。盛庸单骑逃回德州。

南军的火器部队继白沟河之战后，又一次因逆风而失败。而利用风向击败敌人似乎已经成为燕军的专利，他们总是一而再，再而三地利用这招来打击敌人，没多久，又在同年闰三月于滹沱河一带迎战南军吴杰所部时，再次乘大风扬起之机夺取胜利。

当时两军相遇于藁城。南军这次改变了打法，不再布置横阵，因为这种阵形虽然正面比较坚固，可是两翼和背后却防备疏松，从而常常被对手采用迂回侧后的方式突破。吴杰以及协同作战的平安等南军将领吸取了教训，在战场上布下一个方阵。所谓方阵，是将精兵利器平均分布于四面的阵。这种阵形似乎没有虚弱的侧后，每一面都是坚固的正面。

但是这个方阵在未交战之前却遭到了朱棣的嘲讽，他认为方阵四面受敌，岂能制胜？这样的阵只要一隅被突破，其余三面必然解体！话虽然说得漂亮，可是能否真的破阵那只有天知道了。

上天帮了朱棣的忙，又一次刮起了东北风，燕军抢先在东北方向布阵，而南军的方阵则摆在西南的逆风方向。

朱棣挥师进攻时广布疑兵四面牵制南军方阵，而集中主力攻击方阵的东北隅，他率数百骑抢先突入，配合主力顺着东北风破阵，斩首六万余级，再奏凯歌。

虽然火器在开国战争时的表现确实出色，因而在靖难战争中继续被南军所重用，却未能达到预期的效果。南军的火器部队无论是在编制还是战术的运用上均有不足之处，而火器的性能也存在很大的改进余地。正是因为上述缺陷，故多次为燕军所乘。

燕军在与火器对抗时摸索出了一套行之有效的战术，特别是"顺风进攻"这一招，在黑火药时代是一个史无前例的创举。《奉天靖难记》《明实录》等诸多史书记载，每当战场上起风时，燕军经常抢占顺风的位置，而逆风的南军不得不处于"尘埃涨天，沙砾击面"的状态，以致"眯目"，甚至"咫尺不见"。因为使用黑火药的火器在发射时会产生大量浓烟，一旦浓烟被风反吹，势必会遮掩火器手的视线以至于战斗力急剧下降。燕军的这一招屡试不爽，正如《明史纪事本末》所叙述的"燕军自白河沟至藁城，三捷，皆有风助之"。值得一提的是，二百多年后，以女真族为主的八旗军在辽东与明朝争霸时，多次沿用了这一战术，据《黄金史纲》记载，早在靖难战争期间就有大量来自长城以外的蒙古人和女真人参加了燕军，或许从那时候开始，这种战术便在关外女真人聚居的白山黑水（泛指长白山与黑龙江）地区流传开了。

燕军并不畏惧南军的火器，并逐渐在反复拉锯中取得优势，战火也从北方蔓延到南方。1401年12月，朱棣在内应的策划下以破釜沉舟的气概毅然率主力长途奔袭，在灵璧等地大败南军，迅速南下攻占扬州，于1402年（明建文三年）6月从瓜洲渡过长江，经镇江包围了京城南京。南京守将李景隆大开城门迎降，燕军入城，建文帝从此活生生地从人间消失，下落不明。

朱棣进京，杀掉了被称之为"奸臣"的齐泰、黄子澄、方孝孺等人，正式称帝，改年号为"永乐"，史称明成祖（又叫明太宗）。即位后，朱棣表面继续拥护父亲朱元璋定下的分封诸王制度，暗中却不断削弱诸王的军事力量，例如陆续将分封在各个战略要地的藩王们迁入内地，削弱诸王参与军事行动的权力等等，目的是尽量杜绝封建割据事件的发生，加强中央集权。

三 神机铳炮

尽管燕军的重装骑兵[①]表现抢眼，在"靖难之役"中多次击败拥有先进火器的南军，可并不意味着火器将要在未来的战争中被淘汰，因为实践已经证明，火器在对付那些装备剑、矛等冷兵器的步兵时是卓有成效的，同时也能够克制以弓箭为主要武器的轻装骑兵[②]。只要善于将火器与各个兵种以及其他兵器配合作战，无疑能够在野战、防御战以及水战中大派用场。

朱棣本人仍然非常重视火器，而火器也在其主政期间获得了飞速的发展。其中特别值得大书特书的是"神机营"这一全部使用火器的新兵种的组建。

明朝是什么时候组建专门使用火器的神机营的呢？各种史籍记载不一，但可以肯定的是朱棣在1410年（明永乐八年）之前已经着手组建神机营了，并且在这一年的北征中首次使用这支军队。它后来与"五军营""三千营"合称"京师三大营"，成了朱棣赖以克敌的撒手锏。

神机营最初装备的是清一色的火器，直到朱棣死后的正统年间，当时负责操练该营的明将顾兴祖考虑到在风雨阴霾的天气中不太方便使用火器，才建议列阵时于每队的前后装备刀、牌等冷兵器。

根据始编于弘治年间的《大明会典·京营》所载，神机营除了手铳、盏口铳炮、碗口铳炮、神机箭外，还有独眼神铳、击贼砭铳、神机炮以及神枪等火器。当然，上述记载并不意味神机营在永乐年间已经全部拥有这些火器，但还是具备一定的参考意义。

手铳、盏口铳炮、碗口铳炮、神机箭等火器前文已经介绍，不再重复。现在着重介绍独眼神铳、击贼砭铳与神机炮。

独眼神铳是与手铳同一类型的火器，它以熟铁打造而成，短的神铳为二三尺，

[①] 这类骑兵一般披挂着重甲，配备刀、斧等近战兵器，战时通常执行冲锋陷阵的任务。
[②] 这类骑兵缺乏铠甲，擅长于流动作战。

长的神铳为四尺。尾部插入长木柄，可以放在用铁圈制成的铳架中射击。

击贼砭铳，用铁打造而成，铳管长达三尺，柄长二尺，射程可达三百步。射击完毕，铳管还可以当铁锤使用，可谓一物两用。

神机炮，由小型将军炮发展而成，根据保存至今的文物，这类炮可以发射弹丸，其口径在5.5至8.5厘米之间，长度在71.5至90厘米之间。

明军最早使用神机铳炮参战是在1406年（明永乐四年）的南征安南之役。这一仗起因于明朝与安南长期积累的矛盾，登基不久的朱棣最终决定诉诸武力。其中，出征的将军就有"统神机将军"程宽、朱贵等人，明军在战斗中使用了神铳。神铳应该是指独眼神铳之类的火器。稍后，明朝据说又从安南引进了神枪。

神枪是永乐年间非常有影响的火器，衍生出了一系列产品，包括神威烈火夜叉铳、单飞神火箭、三只虎钺、九矢钻心神毒火雷炮等。

▲ 独眼神铳，采自《武备志》卷一百二十五

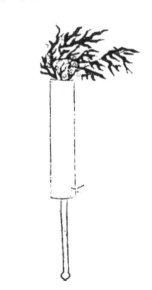

▲ 击贼砭铳，采自《武备志》卷一百二十五

▲ 神机铁炮图

神枪的枪管用铁制成，管长腹大，不但可以发射弹丸，还可以发射箭矢。在枪筒里装填上弹药后，再垫上一块木块①，同时在木块前面放入一支箭（或弹丸）——当点燃火药后，箭（或弹丸）就会飞向目标，射程能达三百步。

神威烈火夜叉铳，是由神枪衍生的系列产品之一，样式与手铳相似，特别之处是发射的木马上面钉上了锋利的箭镞，箭镞上面还有醮上毒药的三棱倒钩，射入靶子后很难将其拔出。如果将易燃品捆绑在箭镞里，又可以当火箭使用。

单飞神火箭，枪管用精铜铸成，长约三尺，里面可以放置三钱火药、木马以及一支箭，射程为二三百步，据说射出的箭可以同时贯穿数人。它通常与神枪并用，两者的射击方法也差不多。

三只虎钺，用三支神枪合并在一起制成，三支枪管伸出的三条引线也并在一起，点燃引线可同时射出三支箭。

九矢钻心神毒火雷炮，用精铜铸成，身长三尺八寸，里面放置火药及木马，同时发射九箭。

永乐年间的各类火器比起洪武年间的火器更加精良，木马的进一步普及使很多铳炮的射程与弓弩相比，有过之而无不及，并且逐渐取代弓弩的位置。

此外，永乐年间发明了装药匙，用它装着火药直接放入铳炮的膛内，可保证每一次的火药量都没有太大的差异，这能使铳炮的每一次射程都差不多。

顺带一提，铳炮安置引线的地方叫作"火门"，

▲ 神枪，采自《武备志》卷一百二十六

▲ 神威烈火夜叉铳，采自《武备志》卷一百二十五

① 这种产于越南以及我国云南、两广地区的木块"重而有力"，称作"铁木力"，起到"木马"的作用，能防止枪管泄气，增加射程。

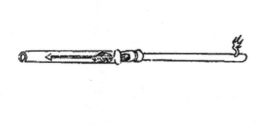

▲ 单飞神火箭，采自《武备志》卷一百二十六　　▲ 三只虎钺，采自《武备志》卷一百二十七

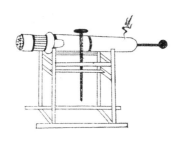

▲ 九矢钻心神毒火雷炮

永乐年间，铳炮的火门上面增加了一个可以旋转的盖子，叫作"火门盖"，对防止风吹雨打会起到一些作用。

现在说说神机营的组织编制，这支部队下辖"中军""左掖""右掖""左哨""右哨"五个军事单位。中军下辖四个"司"，每个司各自设立一个管理枪炮等火器的监枪内臣、一个把司官、两个把总官。左掖、右掖、左哨、右哨则下辖三个司，每个司也各自设立一个监枪内臣、一个把司官、两个把总官。还有掌管操演火器及随驾护卫马队的官军，营名叫作"五千下"①，该营下辖四个司，每个司各自设立两个把司官。

---

① 这个名字的起缘与主将谭广在该营最初组建时拥有的五千匹战马有关。

神机营中的营官，一般在公、侯、伯等贵族或者都督、都指挥等高官中挑选，也可以由内官兼职。

神机营由最初的组建到定型，经历了一个循序渐进的过程，人数从少到多，全盛时编制据说有七万五千多人，它是世界最早专门装备火器的新兵种，比欧洲在 16 世纪初由西班牙创建的火枪兵要早一个世纪左右。这支新式军队首次参战是在 1410 年与鞑靼的战争中。

说到鞑靼，那还要从元末明初说起，蒙古统治者被朱元璋驱逐出塞外之后，重新倒退回"逐水草而居"的游牧状态。从元顺帝到他的儿子爱猷识理达腊，再到另一个儿子脱古思帖木儿，蒙古大汗换了好几茬。几经变迁，到永乐初年，已经主要分裂为鞑靼和瓦剌两大部分。

鞑靼的地盘大约在斡难河（鄂嫩河）、胪朐河（克鲁伦河）一带，部落

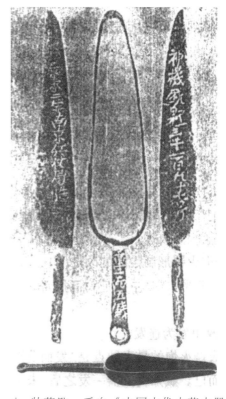

▲ 装药匙，采自《中国古代火药火器史》第77页

主力由包括阿速卫在内的故元侍卫亲军组成，实权人物是阿速人阿鲁台，走马灯式更换着的大汗已经沦为傀儡。

瓦剌原在叶尼塞河上游，后来势力南下，发展到东至和林，西至帖木儿帝国一带，部落主力由成吉思汗时代的斡亦剌部及森林民等发展而成，实权人物有三个，分别叫作马哈木、太平以及把秃孛罗。

鞑靼与瓦剌为了争夺蒙古草原的霸权，一直鏖战不休。

永乐年间，明廷为了牵制鞑靼，向瓦剌遣使通好，于 1409 年（明永乐七年）正式册封其头目马哈木为顺宁王、太平为贤义王、把秃孛罗为安乐王，并赐予印诰，双方确立了朝贡关系。在此之前，鞑靼发生内乱，由于原大汗鬼力赤并非元帝后代，这使得他在重视血统的游牧部落中难以服众，最终离奇死亡（很可能是在内讧中被弑杀）。另一位自命为元裔的本雅失里随之被权臣阿鲁台等人拥立，继任为大汗。

本雅失里志大才疏，在位期间与明朝的关系进一步恶化，不但杀死了朱棣的使者，还南下长城一线剽掠，致使明军不得不进行反击。

靖难功臣淇国公丘福奉命为镇虏大将军总兵官，率师十万，于1409年7月进入蒙古草原北征鞑靼。然而，丘福过于轻敌，亲自带着千余人远离主力，深入蒙古腹地追击诈败的敌军，结果中计，在胪朐河被对手诱入重重的包围之中而战死，剩余的部队群龙无首，其后也一败涂地。

丘福失败的消息传回中原后，朱棣为了挽回自己的军事威信，打算亲自兴师问罪，着手策划出征漠北事宜。

1410年2月，经过精心准备的明军正式由北京启程，这支队伍对外号称"50万"，其中包括过去一大批归附的蒙古与女真军人，同时又向朝鲜征调战马，以示得道多助。其后勤的补给方式是动用武刚车3万辆，运粮约25万石随军而行。武刚车的运载能力虽然胜过肩挑背驮的民夫，然而塞外沙碛满布，致使笨重的车辆时不时会陷入沙堆之中，因而有时会拖延行军速度。

全军到达鸣銮戍后，于3月9日举行了大阅兵。部队阵容东西绵亘数十里，气势昂扬，朱棣还邀请前来朝贡的瓦剌使者陪同检阅，以张军威。比较引人注目的是，军中装备了大量火器，其中战斗力比较强的有神机骁骑将军谭广统领的马队，主要担任随驾护卫任务，其编制隶属于神机营。而神机将军陈贤也专门负责指挥火器部队。

这支部队虽然声势浩大，但前进的速度不是很快，经常上午行军，中午之后休息，有时甚至还会在途中停留一至数天。平均每隔十日路程，将士们就修建一个城寨，里面通常都有水源，当前进时缺水，可以派人返回到后面的城寨里取水。每一个城寨里面都贮存了粮草，留置一部分军队守卫。[①]这是一种集中兵力，步步为营的稳妥战法。而军队沿路筑城贮粮的另一个目的是为回师做准备，这显示朱棣最初制订的计划是沿原路撤回。

据专家研究，当时鞑靼能够动员二三十万军民应战，其统帅仍然是大汗本雅失里、太师阿鲁台，此外还有知院失乃干等人，实力也非常雄厚。

可是，已经深入蒙古腹地的北征大军5月1日到达鞑靼部落牧地胪朐河（即克鲁伦河），却仍未与敌军大队人马相遇。为此，朱棣更加重视侦察敌情。据《异

---

① 这类城寨分别起了"杀胡城""灭胡城"等名字。甚至连洪武年间北征蒙古时遗下的城寨也得到了利用，例如"广武镇"，就是昔日李文忠所部北征时的屯粮基地。

山堂别集》记载，他曾经训斥负责侦察任务的哨马营等将领，称："哨马营离大营30里……不发哨马在前，却令架炮之人[①]在前，倘若被贼擒去，可能会泄漏军机。"为了以防万一，他还特别下令选拔精壮官兵沿途收容掉队之人以及患病者。

经过努力，军中将士终于在此后的几天时间里在环翠阜等地捕获了几个鞑靼探子，获得了一些有用的情报。当中一名探子供称鞑靼发生内讧，大汗本雅失里率一部分人马向西欲投奔瓦剌，现在已经到达了兀古儿扎河（即克鲁伦河北），而太师阿鲁台则率另一部分人马东奔。

针对鞑靼已经分散为两部的事实，朱棣亦改变了以往集中兵力的战略，转而采取分兵应付的措施，他把军队分为两部分，其中一部分由其亲自带领追击本雅失里；另一部分驻扎在新筑成的"杀胡城"里，监视东奔的阿鲁台部。

一批精锐将士携带20日的口粮，跟随朱棣上路。这位君主行军途中尽量不走山道，以免疲惫不堪的士兵临战时不能发挥应有的水准。当他到达兀古儿扎河时，发现本雅失里已经离开该地，明军连夜追击，于5月13日在斡难河畔追上了本雅失里。

激战随即爆发，亲自登山布阵的朱棣指挥先锋发起进攻，迅速取胜，俘虏了不少鞑靼男女以及牲畜、辎重。明军游击将军刘江、骠骑将军梁福奉命捉拿率领七骑渡河逃亡的本雅失里，经过大海捞针般的搜索后，最终无功而还。虽然明蒙两军的最高领袖均亲临战场，但期待已久的较量似乎没有预料中的那么激烈，而火器亦没有得到充分的运用，因而只能算是大战之前的一次热身。

参战明军班师回到胪朐河（朱棣稍早前将之改名为"饮马河"），与驻扎在"杀胡城"的部队会师。朱棣调兵遣将，派出部分兵力到应昌、开平等处分别执行加强当地防务以及招抚鞑靼溃散人员的任务。而他本人则率领主力沿着胪朐河东进，搜索鞑靼太师阿鲁台部，寻找打大仗的机会。这样的行动一直持续到6月上旬，为了避免打草惊蛇，将士们每天只有在天明及日落之前才烧火做饭，真是矢志不移。

当明军搜索到静虏镇（兀儿古纳河一带）时，连日来苦心捕捉敌人蛛丝马迹的朱棣终于有所收获，他通过谍报得知阿鲁台的军队聚集在山谷的前面后，立即按捺不住，就像不久之前在斡难河与本雅失里作战时那样，亲自带数十名骑兵登上一座

[①] "架炮之人"，其任务是发现敌人时发炮预警，与负责作战的神机营截然不同。

山冈侦察敌情并指挥作战。

明军依照地形布阵，左右两路相距宽达数十里，以分进合击的态势前进。鞑靼军且战且退，出没于山谷间，当退到一个名叫九龙口的地方时，小规模的冲突逐渐升级为激烈的大战。在此期间，阿鲁台曾经派人诈降，但被朱棣识破，双方已经到了非要拼个你死我活的地步。

明军首先出动数百名骑兵前出挑战。展开反击的大队鞑靼军人冲向明军的右哨，正好与神机营碰个正着①，一场火花四溅、精彩纷呈的打斗就此开始，而火器将成为众人瞩目的亮点。

前文已经提及，明将沐英在 1388 年与思伦发军队作战时解决了火器不能连续射击的难题，具体的办法是将军队分三个行列发射火器，当第一行射击完毕，则转身退到第三行，重新装填弹药，做好再次射击的准备；与此同时，第二行立即前进到原先第一行的射击位置上继续射击。这就是叠阵。沐英时代的火铳，只需发射弹丸。但是，神机营以神枪为代表的很多管形火器除了弹丸，还要发射箭矢，而且在此前后必须装入火药、木马子以及打开火门盖等，发射程序比较复杂，新手容易出现失误，不利于迅速射击。也许是基于上述原因，明军采取了另外一种战术，这种战术也是把军队分为三个行列，以保持连续射击。战斗时，第一行的士兵在每次射击之后，马上将火器递回第二行，同时向第二行的士兵索取提前装好弹药的火器。第二行的士兵既负责从第一行士兵的手中接过射击完毕的火器，向后传递给第三行的士兵（由他们装上弹药），又负责向第三行士兵索取装好弹药的火器，准备向前传递给第一行的士兵。

这种新的射击战术可在《明实录》景泰元年六月间的王淳疏文中找到相关记载，丘濬的《大学衍义补》也提过，甚至连朝鲜《李朝实录》世宗二十三年六月戊辰条也称火炮为"御敌之利器"。指出明军北征，"或使一人赍持从之，随其射尽传授"。

新的射击战术与沐英首创的叠阵相比，谁优谁劣？就战斗队形而言，新战术在队形不变的情况下，只需要前、中、后三行士兵将火器互相传递即可，所以在射击速度上当然要比叠阵所呈现的前、中、后三行不停地互相变换位置要快。而且还可

---

① 北征明军分为"中军""左掖""右掖""左哨""右哨"五个军事单位，与神机营的编制相同，因而神机营早已经混编入各个军事单位之中，与各兵种将士协同作战。

以根据士兵的个人素质，专门选择一些目光锐利、气定神闲、擅长射击的人在前面负责发射，使射击效率更高。

神机营所用的新战术，也会根据不同的对手不断改进、完善。例如，一些经验丰富的敌人在临战时伏在地上听声，等明军的铳炮响过之后，便跃起突阵。因此，明军的对策是在开枪前后连放三五个爆竹，形成真真假假的效果，使敌人无所适从。另外，为了能够确保连续射击，也会首先由前一行的第一、三、五、七、九、十一等处于奇数位置的士兵射击，再由第二、四、六、八、十等处于偶数位置的士兵射击。

▲ 永乐年间的三叠阵，作者绘画

向明军进攻的鞑靼军队以轻装骑兵为主，其武器装备虽然史无明载，但是根据《北虏风俗》等史书的有关描述，可以判断这些游牧战士持有钩枪与刀等近战兵器，而普遍装备的远程武器却是弓箭。其弓以桑榆为干，取野牛黄羊之角，以鹿皮为胶，再配以皮条为弦（虽长但是力弱）。其箭以柳木制成，以铁为镞，比较粗大。这种弓箭能射五十步，射程明显比神枪短。综上所述，当鞑靼军进入明军神枪百步左右的射程范围内时，就会处于光挨打而不能还手的窘迫状态。

更重要的是，神机营除了神枪之外，还装备有各种大小不等的其他火器，包括那些性能先进的金属管形火器。其中，体形稍大的炮可以放在车辆上面发射，而体形小的枪可以放在架、桩、托的上面发射。因而，神机营用各种火器在战场上一轮接一轮地射击，弹丸与箭雨交织纷飞，重创了鞑靼军。

鞑靼的首轮大规模反攻被武安侯郑亨统领的右哨部击退后，阿鲁台亲自带领数千骑兵冲击朱棣所在的御营。朱棣毫不示弱，率领千余精锐骑兵冲上前，打得对方落荒而逃。《殊域周咨录》《明史·谭广传》记载谭广率领的"随驾护卫马队"亦参与了冲锋，再次彰显神机营的勇敢气概。各路大军跟踪追击，深入至回曲津时，安远伯柳升又一次用神机铳炮重创了胆敢螳臂挡车的残敌，只听见铳声震动数十里，

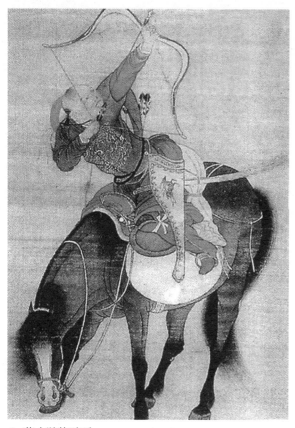

▲蒙古游牧骑兵

鞑靼人马纷纷倒毙，甚至产生了一箭贯穿两人的模范战例。鞑靼名王以下数百十人在溃退的过程中身首异处。阿鲁台惊惶失措，一度坠马，他急忙翻身更换坐骑，携带家属逃得无影无踪。

6月14日，明军一直追击到广漠镇才押运着一批批俘获的辎重班师，有一部分依附阿鲁台的兀良哈人①却尾随在他们的背后，企图乘机劫掠这些辎重。

朱棣针对性地布下了一个圈套，暗中命令数百骑兵埋伏在河曲的柳林里，然后用包囊装上草束来冒充辎重，由十余骑兵手持火器在后面护送。兀良哈人果然中计，误认为明军主力已经撤离，一哄而上抢夺辎重。伏兵见时机已到，马上一跃而起发射火器，朱棣也亲率精兵杀了个回马枪。兀良哈人大乱，人马陷入淖泥中，除数十人成为俘虏之外，其余全部阵亡。

屡获大捷的明军在广漠镇一带班师。朱棣最初制订的计划是沿着进军路线返回，并沿路筑城贮粮以预先做好准备。但随着战局的变化，已不能经原路而回。这支风尘仆仆的部队取道西南方向，经过兴安岭的永宁戍、通川甸等地退往开平，于7月

---

① 兀良哈人是成吉思汗弟弟幹赤斤的后裔，从洪武年间开始归附明朝，成为著名的"朵颜三卫"，其牧地在潢水以北至黑龙江以南。明朝本意将这些卫所当作屏蔽边境的藩篱，不料这些桀骜不驯的蒙古人却叛服无常。

17日回到北京。一些将士在归程中出现了缺粮的情况，不得不用俘获的牲畜来应急，以致影响了对残敌的剿杀。朱棣不得不允许这些人互相赊粮，并承诺入塞后由官府代为偿还，幸好在途中，英国公张辅及成安侯郭亮及时运来粮草予以接应，使不少人渡过难关。事后，朱棣不得不令都督张远等人重返平胡城，把贮存在该城的粮食运回，他吸取经验教训，在后来几次北征时基本上都是按照原路回师，以充分利用沿途预先贮存的粮草，尽量避免再出现缺粮的情况。

这次出塞历时3个多月，纵横二三千公里，虽然未能全歼鞑靼军队，却扫荡了其在斡难河、胪朐河一带的根据地，促成了鞑靼内讧，致使大汗本雅失里在逃亡途中被瓦剌杀死，而太师阿鲁台也在其后称臣朝贡，算是有些成绩，但是战争尚未到真正结束的时候，只是暂时进入了休战期。

四 塞上风云

朱棣首次北征之后，并没有放松对蒙古诸部的戒备，下令边将要注意修整壕沟、墙垣以便进一步巩固军事据点。而他本人有时也会亲自离京北上，到边境视察，以未雨绸缪。

随着时间的流逝，羽翼渐丰的瓦剌掌权者马哈木、太平、把秃孛罗等人尽管表面上仍然和明朝保持着藩属关系，但反迹已经一日比一日明显——政治上，他们偷偷地选了一位名叫"答里巴"的傀儡为汗；军事上，出兵入侵鞑靼的地盘，暴露扩张的野心，甚至擅自扣留明朝使者、企图骚扰明境。

阿鲁台把瓦剌三王擅立大汗的事告诉了明朝，请求共同出兵讨伐瓦剌，并表示愿意做先锋，他的政治姿态获得了朱棣的丰厚回报。1413 年（明永乐十一年）7 月，阿鲁台被正式敕封为"和宁王"①。不久，阿鲁台的多位部将分别被明朝授予都督、都指挥、指挥、千户、百户、镇抚等名号。恰巧在此期间，兀良哈三卫也纳马三千赎罪，朱棣宣布赦免其过去扰边之罪，彼此重归于好。至此，这位君主便与鞑靼、兀良哈三卫结成了对付瓦剌的政治联盟，这有助于促成新一轮的北征。

1413 年 11 月，朱棣采取了一系列备战措施，让部将巡视宁夏、大同、山西等边塞要地，在调遣潼关、庄浪、巩昌、西宁、平凉诸卫人马驻防宣府的同时，又从辽东等都司抽兵增强宣府、大同的防御力量。随后，武平、归德、睢阳、淮安诸卫部队奉命到北平集合。经过一番忙碌的布置，北征大军在 1414 年（明永乐十二年）春已基本组建完毕。

这次出塞的明军仍然号称"五十万"，瓦剌方面应战的军队为三万余人。

3 月 27 日，亲率大军由北平安定门出发的朱棣特别带上了皇太孙同行，目的是让自己的孙子亲历战阵，经受考验。他不打算隐瞒北征的企图，在途经沙城时还

---

① 元代"和宁路"始名"和林"。因此"和宁王"其实就是和林王。

举行了大阅兵。

部队通常行军半日，然后宿营，并在行军时每隔十多天便休息 2 至 4 天，其中在兴和及沙城一带还接连休息了 10 天。因此自大军从北平出发，直到六月初七在蒙古高原腹地与瓦剌主力作战，共历时 3 个多月。在这段时间里，明军只有在五月初七、六月初二及初三这三天是全日行军的，可见前进速度不算快。与上次北征一样，将士们每走一段路程便驻扎在预先修筑的城寨里。显然，朱棣仍然使用步步为营、稳扎稳打的战法。他吸取了上次的教训，不再使用笨重的武刚车，而改用大量的驴子运送辎重，在进军途中，还传令要后方官员紧急督运粮草以补充前线的消耗，并专门指派骑兵护送。此外，成安侯郭亮亦督运部分粮草到万全，以备不时之需。

虽然从 4 月 24 日起，北征大军开始与瓦剌的小股人马发生接触，并接受了其中一些人的投降，但要到五月下旬到达通泉泊时，气氛才变得越来越紧张，因为哨探侦察到前方有数千可疑的人马在频繁活动。小规模的冲突终于在六月初四爆发，明军先头部队在双泉海与数百名瓦剌将士碰个正着，明军立即追至康哈里孩一带，击毙数十人，并在次日又击退了一股前来骚扰的瓦剌人。当朱棣于六月初七日中午来到忽兰忽失温（今蒙古国乌兰巴托东）时，发现敌人主力已静候多时。瓦剌首领答里巴、马哈木、太平、把秃孛罗等人驻军于高山之上，预先抢占了地利。种种迹象表明，忽兰忽失温是这些游牧部落首领们主动选择的战场，看来他们早已经决定在此地展开决战，并提前派一些士兵将明军引诱到这里来。

忽兰忽失温处于克鲁伦河及斡难河之间，与明军上一次北征时作战过的斡难河畔相距不远——同在和林地区之东。巧合的是，朱棣这一次的进军路线与上次北征时追击鞑靼大汗本雅失里的路线大致相同，对这位雄才大略的君主来说，也算是旧地重游。

不过，瓦剌封建主的实力比本雅失里要强大得多，他们的集结地离明军约 10 里，兵员数量约有三万，每一人都带了三四匹马以便轮流换乘，具有很强的机动能力，能够随时发起狂风暴雨般的进攻。

朱棣不敢轻敌，亲自披挂上阵，带领一部分精锐士兵前行，大队人马紧随其后。两军的距离越来越近，登上一座山冈的朱棣经过侦察后，发现当面之敌已兵分三路列阵，完成了进攻的准备，便下令几名重装骑兵往前直冲过去，向瓦剌发起试探性的挑战。

居高临下的瓦剌派遣一股人马冲下山来迎战。安远侯柳升率领的大营早有准备，特别是隶属于大营的神机营，负责打头阵。当敌人进入明军的神机铳炮的射程内时，立即被打了个人仰马翻，死亡数百人。朱棣及时率领重装骑兵反击，驱逐了剩余的残兵败将，致使一些瓦剌军人在惊慌失措中弃马而走，跌跌撞撞地逃回了山顶。武安侯郑亨在追击时不慎中箭，只好暂时退下，轻伤不下火线的他不久又重返前线指挥作战。

瓦剌虽然在第一回合的较量中失利，可没有气馁，重新集结兵力布阵备战。此刻瓦剌的首领们已经不再奢望能够在主动发起的进攻中击败明军，他们转而采取防御的策略，希望能够保持一个不胜不败的平局。但对朱棣而言，平局就意味着失败，因为其辖下部队号称"五十万"，假如战况继续僵持下去，后勤的压力会远远超过仅有三万人的瓦剌。况且，明军很难在对峙的状态下安全撤离战场返回塞内，这是由于古代通信设备落后等因素导致任何的阵前撤退都很难保持秩序，极有可能导致军心动摇而最终演变成一场人人争先恐后逃窜的大溃败。[①]因此，明军只有战胜敌人，才能平安撤出蒙古草原。

朱棣为了保持主动，兵分两路，抓紧时机鼓噪而进。

左哨的宁阳侯陈懋，协同左掖的成山侯王通强攻敌阵的右边。且战且退的瓦剌拼命抵挡，企图稳住阵脚。这时候，左哨的都督朱崇（陈懋的副手）、指挥吕兴带领将士手持火器乘隙逼近敌阵，一轮接一轮地射击，打得对方伤亡惨重。

与此同时，右哨的丰城侯李彬协同右掖的都督谭青、马聚强攻瓦剌阵营的左边，一度打得难分难解，战斗已呈白热化。不久，马聚受伤，都指挥满都力战死。远处督阵的朱棣见战局一时陷入胶着状态，遂亲自率领重装骑兵再次疾进，意图打破僵局。前锋将领刘江干脆下马手持短兵器步战，突入阵中消灭了很多敌人。

瓦剌将士竭尽全力也抵挡不住明军的全线攻击，终于崩溃，四散逃亡。

战斗至此，《明实录》记载明军已杀"王子十余人"，斩首数千级。在战争中，战死与战伤的比例通常为一比三。故此可以判断瓦剌在作战中可能有过万人死亡或者受伤。而明军的伤亡，据《明史纪事本末》的记载，与瓦剌差不多。

可是战事仍未结束，因为朱棣不肯就此罢手，还要继续指挥部属追击，在连续

---

① 历史上因阵前撤退而溃败的著名例子是南北朝期间的淝水之战，北方的前秦因此一蹶不振。

越过两座山冈后，明军再次与重新集结起来的一部分瓦剌人马发生遭遇战，并战而胜之。右哨的丰城侯李彬等人一直追到土剌河，在那里捉到了数十名俘虏，另外，中军副将孙亨嗣也获得三千匹战马。不过瓦剌首领马哈木、太平等人则成功逃脱。当朱棣收兵回营时，已经是深夜了。

次日，诸将要求继续对瓦剌展开追击。朱棣听从了皇太孙的意见，认为穷寇莫追。

其实，明军完全有能力对瓦剌军队展开大规模、长时间、远距离的追击。虽说忽兰忽失温之战结束后，两军互有伤亡，但人多势众的明军承受伤亡的能力比瓦剌大得多。然而朱棣却选择了撤退，原因之一是明军在忽兰忽失温地区作战时，后路始终在阿鲁台所部的潜在威胁之下。当时阿鲁台的根据地可能在呼伦贝尔一带，距离明军仅有几天的路程，他之前声称要与明军一起讨伐瓦剌，可是最后却失约。

因此，朱棣对这位表面归附的鞑靼首领仍心存疑虑，他在进军时就要求部属提高警惕，加强对敌情的侦察，并指出如果有蒙古人往东走，可能是瓦剌派往鞑靼的使者；如果有蒙古人往西走，可能是鞑靼派往瓦剌的使者；而军中哨探一旦发现这些可疑人物，应当予以拘留。朱棣还在大战结束后的 6 月 9 日重申各路人马要注意遵守战场纪律，在厮杀时不许与敌人说话。这是因为军中有大量归附的蒙古兵，他害怕这些人与瓦剌暗通消息。

明军在战区逗留了二三日来打扫战场，之后便沿着进军的路线回师。当天中午撤到回流甸的时候，朱棣遣使阿鲁台，通报击败瓦剌的战况，以弘扬军威。

然而，战事还在零零星星地进行。6 月 11 日，北征大军回到三峡口，发现附近山上盘踞着一批瓦剌士兵，还有数百人在双海子出没。明军用火器打跑了双海子之敌，峡口山上的瓦剌士兵见势不妙也随即撤离。

八月初一，北征大军用了不到两个月的时间就平安回师，从安定门回到北平，可见回师的速度比进军的速度要快得多（进军耗时 3 个多月），可谓归心似箭。

到目前为止，从神机营参与的两次北征来看，其作战方式有进攻、防御、埋伏、突击等，取得了不俗的表现。《明实录》记载朱棣后来根据神机营的优异表现，规定在布阵时，手持神机铳的射手一定要布置在前面，马队排在后面，队形密集一些会使阵营更加坚固，而前锋队形疏散开来有助于在进军之时迅速前行。这个根据以往的作战经验而总结出来的战术，意味着神机营在战争中经常所向披靡，而且全程发挥重要作用，给人"勇冠三军"的印象。可是平心而论，神机营出塞后最适合用来对付四处游荡的轻装骑兵，而在与破阵能力强的重装骑兵作战时，有时难免会暴

▲ 历史上的蒙古重装骑兵

露装弹速度慢的弱点，而这一弱点即使是排列成连续射击的叠阵亦难以克服，所以必须要得到其他兵种的紧密配合，才能立于不败之地。

实践证明，神机营按照朱棣的指示布阵确实能够使火器发挥独特的作用，因而得以在其后的多次北征中不负众望，纵横驰骋于苍茫塞外，如入无人之境，几乎使那里成了自由开火区。

瓦剌遭到惨败后，不久便向明朝遣使谢罪，表示愿意重新归附。鞑靼的阿鲁台却利用瓦剌中衰的机会，向西发动一连串的进攻，成功地进行了扩张，随着野心的膨胀，也敢于壮着胆子南下，对明朝北部边境造成一定的威胁。

朱棣为了达到长治久安的目的，于1421年（明永乐十九年）迁都北平（改为北京），实行以天子守国门之策，显然，这样做有利于对蒙古的经略。

就在明朝迁都前后的那一两年时间里，北部边境地区连续遭受了阿鲁台的侵扰，最突出的例子是兴和这个地方，竟一度被鞑靼围困，导致守将王唤战死。朱棣不得不把矛头重新转向阿鲁台，着手策划北征。他征调辽东、山东、河南、山西、陕西等卫所的军队至京，并在山东、山西、河南与直隶应天、镇江、庐州、扬州、淮安、顺天、保定、顺德、广平、真定、大名、永平、河间等十三府以及滁、和、徐三州动员壮丁、制造车辆，准备前往边防要地宣府负责馈运粮食。种种措施都是为了惩罚侵犯国境的敌人。

就在朱棣计划亲自巡视边防的时候，扰乱边境的阿鲁台似乎凭着异常灵敏的嗅觉，意识到自己即将遭到报复性的打击，机警地退回了大漠深处。

双方的军队脱离了接触，战争暂时打不起来。然而，时来时去的阿鲁台令明朝北部边关几无宁日，朱棣当然想彻底铲除这个隐患，便针锋相对地召集重兵出塞，开始又一次犁庭扫穴。

正所谓三军未动，粮草先行。北征大军的给养问题受到了充分重视。根据英国公张辅等人的提议，军中的辎重被分"前运"与"后运"两大部分。负责前运的总督官有3人，分别是隆平侯张信、尚书李庆与侍郎李昶，而具体管理车辆运输的是泰宁侯陈瑜等26名要员，另外，镇远侯顾兴祖等25人也各自率部驱赶着大量驴子随行。后运全部用车辆运输，总督官分别是保定侯孟瑛与遂安侯陈英，由他们率领1000名骑兵及以5000名步兵护送。据统计，前运与后运共用34万头驴、117573辆车、235146名民夫，运送的粮食达到37万石。

将这样巨大的人力物力从全国各地投送到遥远的塞外，唯有雷厉风行的君主才能如臂使指地操作。

1422年（明永乐二十年）3月，北征大军从北京出发，取道榆林堡，到达宣府以东的鸡鸣山，浩浩荡荡地经过龙门、云州、独石、偏岭、西凉亭、闵安、威虏镇、行州、威远川、开平、应昌等地。

朱棣在进军路上令户部以山西、河南、山东所运的六万余石粮食贮存于山海，再运两千石粮食贮于开平。特别是行军途中的开平，已成了北征明军运送辎重的一个中转站，管理后勤的总督官除了将部分粮食分给北征将士之外，剩下的也全部库存于开平，故此，这个据点绝对不容有失。朱棣极为重视开平的防守，要求兵仗局运送一千余斤火药到开平，让守军拥有更强大的火力，还要求开平守将郭亮放弃城外各处无险可守的屯堡，把人丁全部迁移入城内，做好坚壁清野工作，并且指示当鞑靼军队再来侵扰时，城中之人应当固守待援，不许轻易出战。

按照惯例，北征大军在行军途中经常举行阅兵，朱棣认为这样可以让来自不同地方的将士进一步配合默契，熟悉阵法。他还令各位统军将领在营中骑马比赛射箭，应城伯孙亨射艺不精，当场被罢免兵权。而督运粮草的隆平侯张信托病不参加比赛，亦被一度降为办事官。

战斗似乎要在 6 月间打响，因为突然从后方传来了敌人进犯的消息，有一股鞑靼人马绕道南下骚扰万全。朱棣经过分析后认为阿鲁台此举只是佯攻，目的是为了牵制北征大军，故不予理会，仍照原定计划继续前进。当明军到达阳和台时，进攻万全的鞑靼兵知道图谋不能得逞，果然撤退了。

为确保万无一失，朱棣下令各营将士行军时不得擅自离开队伍十丈之外，违者问斩，而军官约束部属不力也要处以应得之罪；负责运送粮食的军民，不论行军还是宿营，都应该紧随大军之后，掉队者杀无赦。

明军扎营时同样有讲究，居中的是大营（包括中军），左哨、右哨、左掖、右掖分别驻扎在大营的外面，直接听命于大营。同时还规定了各部队的位置，具体是：骑兵布置在步兵之外，骑兵之外是神机营，神机营之外是长围。长围的周长大约为20 里，将士们平时只准在长围之内放牧与樵采，不准随便走出长围之外。正是"好钢用在刀刃上"，神机营不但战时受到重用，连行军或扎营时也被安排在前头，作为拳头部队使用。

随着向蒙古腹地的一步步深入，应昌以北一带的土地愈来愈平旷，由数十万军民组成的北征队伍因时制宜，结成一个庞大的方阵向前推进，场面非常壮观。就连神机营、马队也要序列整齐，不容许参差错乱。

这个声势浩大的方阵经过玉沙泉、答兰纳木儿河到达了阔滦海（呼伦湖）以北的杀胡原，行程已达 1000 公里左右，一路上竟然没有碰到任何鞑靼人，只有一些被丢弃的马驼牛羊四处乱窜。为了尽快查明阿鲁台的确切位置，朱棣派出前锋左都督朱荣、都督金事吴成等率领精骑四处搜索，搜索的范围广达周围 300 里，终于俘获了一批鞑靼人。这些俘虏供称，自从明军出塞之后，鞑靼内部因恐惧不安出现了分裂的迹象，有不少人因畏战而当了逃兵，阿鲁台则带着家属一味向北转移，以避战为上策。在无仗可打的情况下，朱棣只能无可奈何地下令班师，烧毁了一些带不走的战利品，随即转头。

那时，兀良哈三卫沿兴安岭东、西坡游牧，朱棣不满其依附阿鲁台而叛服无常，决定在回师途中加以讨伐。

由于兀良哈的人口比起鞑靼要少得多，实力也相对要弱一些，故明军不必像对付鞑靼那样结成方阵推进，而是采取多路出击、迂回包抄的新战术。朱棣先令步骑两万，分作五路杀向敌人在洮儿河一带的地盘，亲自率领数万精骑向西迂回包抄，断其退路。武安侯郑亨、阳武侯薛禄则率领大队人马随后策应。

首先出发的两万明军来到洮儿河后，出其不意地斩首数千，迫使数万兀良哈人背井离乡，向西逃亡。当这些人惊恐不安地驱赶着牛马与车辆奔逃到兴安岭之东的屈裂儿河（归勒里河）时，在7月中旬刚好与向西迂回包抄的朱棣所部迎面相碰，立即陷入了新的包围圈中，在战斗中死伤无算。

连战皆捷的明军夺得牛羊驼马十余万，焚烧了敌人遗弃的辎重，在朱棣的带领下于同年8月经开平、独石、云中进入关内，返回北京，只留下郑亨与薛禄驻守开平。而先前派往扫荡兀良哈根据地的两万部队，亦已经由东路的大宁、喜峰口入关。至此，第三次北征结束。

然而和平迟迟没有来临，塞外仍然战云密布。阿鲁台一如既往地处于两线作战的状态，他为了争夺蒙古草原的控制权而继续与瓦剌为敌，每当战况不利时便伺机南下侵扰明境，意图抢掠一些物资度日，因而经常左支右绌，显得被动。

1423年（明永乐二十一年）7月，朱棣从降明的鞑靼人中得到阿鲁台打算侵犯明朝边境的消息，又一次决定出师问罪。

可是，见势不妙的阿鲁台立即取消了南下进犯的计划，向北潜逃至穷荒僻壤躲藏起来，并在那里过冬。不巧，那一年冬天异常寒冷，雨雪连绵不断，积雪深达丈余，致使畜牧死亡殆尽。各个部落发生了内乱，互相劫杀，损失惨重，有很多过去被鞑靼人俘虏的明朝军民乘机逃了回来，及时把鞑靼实力受损的情报带回了塞内。审时度势的朱棣这一次屯兵于塞上，没有深入蒙古，只是派精兵进至克鲁伦河以及贺兰山一带侦察。在这次军事行动于年底结束前，明军已经招降了一些与阿鲁台分道扬镳的鞑靼人，最后班师时经万全、怀来、居庸关而返回京城。

第二年正月，大同、开平守将同时上奏朝廷，称阿鲁台卷土重来，在边境上出没，从而让朱棣又一次可以名正言顺地出师，这一次是他继永乐二十年、永乐二十一年之后连续第三年征讨鞑靼。北征大军于 4 月出发，一路挺进到答兰纳木儿河、白邛山一带。但是阿鲁台仍然采取弃土而逃的避战策略，故没有爆发什么战事。

到了 6 月下旬，明军兵分两路回师，以朱棣率领的骑兵为东路军，武安侯郑亨率领步兵为西路军，约定于开平会合。

在回师时，途经屈裂儿河（即归勒里河）、涛遇河（即洮儿河）的东路军乘势扫荡了盘踞在这一带的兀良哈人，显示出朱棣旺盛的战斗意志。谁知天有不测风云，这位皇帝在苍崖戍附近忽然患病，于 6 月 18 日病逝于榆木川（即乌珠穆沁部东南一带）。

东路军秘不发丧，于 7 月 27 日与西路军会合于武平镇。将士们奉着朱棣的灵辇经过开平、威虏城、西凉亭、隰宁、云州、东城、雕鄂、怀来、居庸关，于 8 月 1 日回到了北京，最后一次大张旗鼓的北征就此结束。

朱棣虽然已死，历史的车轮却继续滚滚向前，尽管明军在洪武年间与蒙古人作战时从来没有大规模使用过火器，可是到了永乐年间，新组建的神机营却在其他兵种的配合下耀武扬威，史无前例地凭着火枪、火炮打垮了游牧民族的骑兵，创造了军事史上的奇迹。也正因为如此，神机营在朱棣死后仍继续得到朝廷的重用，成为驻京部队的中流砥柱，这个不败的神话一直维持到二十五年后的土木之变中才告破灭。

继承朱棣之位的是他的长子朱高炽（史称明仁宗），这就使明朝在与外夷打交道时有实行新政策的可能。阿鲁台适时于 1425 年（明洪熙元年）遣使贡马，双方关系出现了缓和的迹象。同时，明朝宣布赦免兀良哈之罪，并与之恢复正常往来。至此，明蒙战争暂告一段落。

五 南疆烽火

明代火器史上划时代的标志之一是沐英在洪武年间与云南麓川地区的土著思伦发作战时创建了能够连续射击火器的叠阵。但并不意味着此后的明军在云南作战时只能使用这种叠阵。实际上，不同时期必然会产生不同的战法，这叫作"与时俱进"。时间一转眼过了三四十年，到了正统年间，明军在战火重燃的云南使用了全新的战斗队形，用来讨伐思伦发的后裔。

云南持续动荡不安的原因还是要从世代统治麓川的思伦发家族说起，而说起思伦发家族又不能不提到火器。回顾历史，洪武年间云南的土著军队装备的还是冷兵器，没有火器。思伦发与沐英作战吃了大亏后，重新与明朝修好，称臣朝贡。这正像当代政坛上流行的一句名言所说的："世界上没有永远的朋友，也没有永远的敌人。"不久，思伦发的军队开始更新换代，也装备上了火器。原因是镇守于云南金齿地区的明军，环境比较艰苦，致使逃亡之风盛行，某些士兵逃入了思伦发的管辖范围，向其传授了制造火药、火铳的技术，借以自抬身价。《明史·云南土司传》记载思伦发喜出望外，视这些逃卒为亲信，大肆封官赐爵，作为回报。

与明朝逃兵一起受到破格提拔的还有思伦发平素所宠信的僧人，这些有违常规的措施惹来了很多人的嫉妒，最终引起了一场政变，而思伦发也被以刀干孟为首的一班旧部属驱逐出境。

思伦发失势后逃往云南府，寻求明军的庇护，他不久又辗转到达京师，恳请宗主国明朝出兵平乱。朱元璋为了稳定云南的局势，于1398年（明洪武三十一年）命云南驻军出师介入麓川地区的内部纷争。

镇守云南的沐英早已经死去，其子沐春承袭西平侯的爵位，继续在当地主持大局。"虎父无犬子"，肩负重任的沐春乘麓川地区人心不稳之机带兵迅速平乱，擒获了刀干孟，随后在这个"山高皇帝远"的地方重新划分势力范围，分别设立了直属云南府的孟养、木邦、孟定等三个行政区以及直属金齿卫的潞江、干崖、大侯、湾甸四个长官司。俗话说："吃人家的嘴软，拿人家的手短。"处境尴尬的思伦发只能接受麓川地区被分割的既成事实，他虽然官复原职，仍旧当上了"麓川宣慰使"，但管辖的范围已经缩小，势力大不如前。

思伦发死后传位给儿子"思行发"。思行发死时则由兄弟"思任发"袭位。为什么这几个封建领主的名字都有一个"发"字？这是因为夷语"发"相当于汉语"王"的意思。

思任发有恢复领地的野心，频繁出兵侵扰孟定、南甸、腾冲、潞江等处，这样一来就不可避免地与明朝爆发军事冲突。

这时，在位的是明仁宗的孙子明英宗，他没有对云南的局面无动于衷，于1436年（明正统元年）诏令右都督方政、都督佥事张荣前往云南协助黔国公沐晟动用武力解决历史遗留的问题。

沐晟在父亲沐春还在世时就与思任发相识了。当初，思任发为躲避刀干孟发起的叛乱而跟着思伦发逃到了云南府，一度作为人质住在沐晟的家中，两人私交甚笃。由于念旧而不想与故人兵戎相见，便积极斡旋，企图和平解决争端。但是，从京城远道而来的方政却急于求成，在事先没有通知沐晟的情况下擅自带兵前往征讨，不料，因轻敌而陷入对手的重重包围之中，最终弹尽粮绝而战死沙场。而沐晟也涉嫌见死不救而遭到朝廷的严厉责备，在恐惧中暴卒（传说是自杀）。

势焰熏天的思任发乘胜连犯滇西南的景东、孟定等地，云南明军非常被动，局势更加动荡不安。

1441年（明正统六年），忍无可忍的明英宗决定加大打击力度，诏令兵部尚书王骥总督云南军务，以定西伯蒋贵为平蛮将军，都督李安、刘聚为副手，共同率领由京营、湖、川、两广等处调集的十五万兵出征南疆。

统帅王骥虽然出身于科举，但并非书呆子，他身材魁梧，精通骑射，曾经在维护西北边境安全的军事行动中立过战功，是一个用兵不泥古法，大胆推陈出新的实干人才。《悬笥琐探》记载王骥曾经在军中采取了一些革新措施。据说有一次他在南京覆舟山下阅兵，了解到部队惯用的阵法是五十人为一列，排成一字型，以鼓声为号，随着节奏而变成方、圆、斜、直等多种形状，应付不同的敌情。可是，五十人为一队的编制比较臃肿，有时难以有效约束。针对这个问题，他进行了大刀阔斧的调整，目的是让部队显得更加精干。他令每五名士兵奉命组成一个战斗小组，由一人拿着一面旗子居中指挥（叫作"伍长"），而另外四人立于四面，以灵活机动的方式行军作战，作战时彼此要互相呼应，共同进退，假如四人死亡，中间的伍长亦不得独生，否则将会受到军法的处置。

昔日沐英创建连射火器的叠阵，需要在平坦的地方排成三队行列，而位于云贵高原的云南地理面貌复杂，地形呈波状起伏，限制了叠阵的广泛使用。相反，王骥以五人组建的战斗小组，则比较适宜在麓川这样崎岖的山地作战。此外，五人的战斗小组一样可以使用连续发射的战术，例如以手快眼疾的一至二人在前面射击，每一次射击后，马上将空枪递给侧面及后面的三四个士兵装填弹药，同时从他们的手中接过提前装好弹药的枪支，进行下一次射击。

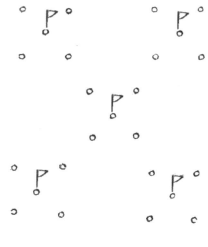

▲《武备志》中的王骥阵图

在"五人为伍"的基础上，形成了"五五制"的原则，以此对这支南下之师进行改编。5 人增加 5 倍，成为 25 人，设为一队，居中指挥的是队长。5 人增加 50 倍，成为 250 人，设为一营，其中以 125 人做正兵，另外 125 人做分布于四隅的奇兵，轮流应付来犯之敌，互相策应，同时，所有人都要听从营官之令。5 营共 2500 人为一师，以 1250 人做正兵，另外 1250 人做分布于四隅的奇兵，由中军主将相机调遣。也就是说，中军主将、营官、队长、伍长皆居中以命四隅，层层监督，能将上级意图贯彻到基层的每一个人，这样，指挥官在作战时就会如臂使指，运用自如了。

必须指出的是，明军卫所的官兵要世世代代居住于驻防地点，过着且耕且守的生活，传统的编制是以 10 人为小旗，50 多人为总旗，100 多人为百户，1000 多人为千户，5600 人为卫。到了战时，朝廷会根据需要从不同卫所抽调数量不等的兵源，再会合在一起执行军事任务，并常常因此形成与传统编制有很大区别的战时编制。就算是战时编制，在不同时期、不同地方也各有各的特点，而王骥独创的编制只属于其中一种，并不意味着取代卫所的传统编制。

王骥在军中采取的革新措施到底在战时发挥多大作用？史无明载。唯一可以肯定的是，不管明军使用哪些阵法，都离不开火器的辅助，军中一如既往地倚重神机铳炮，其中常用的是能够发射利箭的神枪系列产品，例如《明史·兵志》所载的九龙箭（又称"九龙筒"）就比较有代表性，这是一种以九支箭装入铳管内的火器，点燃引线，可九箭齐发。

不等明军援兵到达，思任发抢先发动了新一轮的攻势，派遣部将刀令道等十二人带着三万余众与八十只大象杀向大侯州，欲夺景东、威远。王骥鉴于形势危急，令都指挥冯让从大理诸卫兵中抽调六千人冒着瘴疠先行赴战。随军督战的兵部郎中侯琎在8月间给朝廷的奏书中称官军到达目的地后，"铳矢俱发"，一鼓作气击败敌人，斩首三百五十级，缴获"铳炮、盔甲"一批。其后，明军主力于1441年10月16日到达金齿，招降了驻守在该地的思任发部分手下，接着又兵分三路，

箭藏九矢而发故为九龙

▲九龙箭，采自《武备志》卷一百二十七

以五千余人为东路军，在参将冉保等人的率领下向细甸、湾甸的水寨前进，经过镇寨，趋向孟定等处；以二万余人为中路军，由主帅王骥率领，从水路前往上江；另外，出动一路偏师，在内官肖保、左参将官聚等人的率领下向西进军，从下江夹象石地区出发策应。

中路军于十一月初一到达上江（今保山市西北怒江西岸的芒宽地区）不久，即在激战中击败思任发的伏兵，斩首千余级，并包围其山寨据点。此后数天，内官吉祥、肖保以及刘聚、官聚等将率各路人马相续与王骥会师，并于初九发起总攻，却遭到敌人火铳、弩以及石块的阻击，一时难以奏捷。

《云南机务抄黄》记载明军过去在西南山区作战，攻坚武器主要是七梢炮。七梢炮是一种人力操纵的抛石机，曾在平江之战中露过面。使用这种武器需要二三十人。通常在敌人固守的山寨周围安装，立起来就打，比较方便。

但是这次王骥没有依赖七梢炮，而是针对上江寨基本上由木材筑成的特点，大胆改用火攻。恰巧在11月10日，刮起了南风，将士们顺风放火，焚烧上江寨前的一排排木栅，熊熊烈焰昼夜不熄地向寨内蔓延，吞噬着一切。

山寨眼看支撑不住，一部分焦头烂额的守军企图从水门突围，却被早有准备的

伏兵拦截，无一逃脱，而滞留在寨内负隅抵抗的千余人，也被冲来的步骑兵用长矛剿杀，全部命丧黄泉。

明军先后斩首五万余，其中包括首脑人物刁放戛父子以及刁招汉父子，彻底荡平了思任发倚为屏蔽的上江寨，接着在夹江石一带渡过下江，越过高黎贡山，于同年闰十一月间到达腾冲。

王骥留下左副总兵都督同知李安在此地护饷，自己与蒋贵一起带领主力从南甸进到罗卜思庄，并派江洪等将率八千精兵先行出发，杀向杉木笼山（今保山市南）。思任发部下有两万余人驻守在这里，他们的寨子修筑在一座山峰上面，并在左右延伸的山脊上星罗棋布地设置了七个营垒，各自首尾呼应，显得易守难攻。

战斗打响了，王骥、蒋贵与内官肖保督部由中路突进，而左参将官聚、右副总兵刘聚分别带领左右两翼军队缘着崇山峻岭之间葱茏的树丛攀登而上，三路大军分进合击，以破竹之势一举破寨，斩首数百级，再乘胜经戛赖、陇把等地来到思任发设立在马鞍山上的总寨。

《滇史》记载思任发尚余十余万众，并"列象为阵，据垒相望"，这意味着明军在西南地区又一次面临战象的威胁，如今的形势比沐英在 52 年前与思伦发野战时更加凶险，因为负隅顽抗的敌人意图凭着坚固的据点周旋到底。

思任发的寨子处于地势险要的陡峭山峰上，东南面是临江的悬崖峭壁，守军还在周围 30 里山地广泛树立木栅，深挖壕沟，竭力要将此地打造成一个难以逾越的军事要塞。

明军要想攻寨，首先要清除寨外之敌，为此，先出动三千前哨部队巡视周围，侦察敌情，并在泥沟箐击退了思任发预先安排在这里的一股伏兵，进一步收缩了包围圈。

思任发知道决战即将展开，他秘密调遣一支部队从永毛摩泥寨来到马鞍山，摆出威胁明军后路的架势，尝试打乱对方的布置。谁知王骥与蒋贵不为所动，仍然坚定不移地按照原计划发起进攻，于 12 月初指挥方瑛等将率六千人突阵，斩首数百级，而在混乱中坠入崖谷以及互相践踏致死的敌军亦难以统计。

思任发又将希望寄托于象阵之上，驱赶着八十多只大象大举反击，以力挽狂澜。时光仿佛倒流回洪武年间，昔日思伦发的大象也是这样死在沐英的火器之前，看来思任发没有吸取父亲受挫的教训，所以现在一样处境堪忧。明军前哨部队佯装败退，把这些大象引诱到事先排好的队列前，然后以各种武器有条不紊地反击，把来势汹汹的大象打得铩羽而归。

明军虽然击溃了象阵并一度突入寨中，但未能完全攻克寨子。双方相持数日。这时，邻近的一些土著开始抛弃屡战屡败的思任发，接二连三地倒向明军，其中由再保等人率领的东路军进展顺利，已经会合木邦人马招降孟通诸寨。乌木弄、戞邦等寨也在元江同知杜凯等人的攻击下失守，共有2390余人丢掉了脑袋，而侥幸生存的夷民也选择投降。这样一来，各路明军纷纷向麓川集中，控制了西峨渡，打算切断思任发向西逃亡之路。局势几经反复，至此总算尘埃落定，甚至连苍天也帮了明军一个忙，刮起了西风，王骥抓紧时机，采取火攻，他指挥各路大军向敌人寨子的西中门、西北门、西南门、东北门、东北出象门以及位于西南江上的两个大门发起总攻，顺着大风到处放火，将思任发总寨的房舍、仓库烧成灰烬。激烈的攻防战打得如火如荼，据《滇史》所载，大约有8万守军死去，尸体浮满江面。

思伦发带着妻子等十余人从山间小道突围而出，出人意料地渡江逃脱，流亡于蒙养、孟蒙、孟广等地，最后落入缅甸人的手里，成为俘虏。

初征麓川告捷的王骥于1442年（明正统七年）春班师。然而，云南局势仍然存在变数，因为思伦发有一个名叫"思机发"的儿子成功避开了明军的追杀，等风声已过，他便重出江湖，凭着家族的传统影响力，又再度控制了麓川地区，此人故态复萌，继续骚扰周边地区，使得朝廷不得不在第二年春再次诏命王骥挥师南下平乱。

明军主力重返腾冲，目标锁定麓川地区的思机发，但也没有忘记向缅甸索要思任发，以免留有后患。可是缅甸人漫天要价，不肯将其交出。

显然，王骥一下子难以把思任发弄到手，只能专注于讨伐思机发的战事。在进攻思机发的根据地者蓝（今南坎附近）时，明军以年刀杀鸡之势轻易得胜，歼敌甚众。在该地设立"陇川宣慰司"后，王骥于1444年（明正统九年）春天凯旋回朝。第二次麓川之役打得比第一次麓川顺利，但同样未能彻底解决问题，因为思机发本人成功脱身而逃到了孟养，为战争的再次爆发埋下了伏笔。

1446年（明正统十一年），云南巡抚杨安计划拿思机发这个叛乱分子盘踞的孟养来交换缅甸人手中的思任发，缅甸竟然同意了这个难以履行的协议。思任发在双方移交的过程中被斩首，脑袋装入盒子里，一路传送上了北京。不过，出卖思任发的缅甸人也没有得到在明军有效控制范围之外的孟养，反而与思机发的隔阂更深了，冲突不断。

思机发以孟养为据点，多次挫败明军地方部队的围剿。王骥只能再披征衣，仍旧以总督的身份于 1448 年（正统十三年）春率领南京、云南、湖广、四川、贵州等处总共十三万的军队，第三次出征麓川。

各路明军会师于腾冲后，在木邦、缅甸宣慰司等地方土著的协助下，造船强渡伊洛瓦底江，拆毁思机发布置在西岸的一排排木栅，登陆后俘杀数万守军，还获得了 40 万石的积谷。

思机发撤退到伊洛瓦底江西边的"鬼哭山"（又作"鬼窟山"，位于孟养西南），在连绵百余里的山区修建了十个寨子，设立多条防线，加强纵深防御。具体包括山顶主峰上面的一个大寨，同时在左右两翼山峰分别筑有寨子，以互相呼应，后面的群山叠嶂中还星罗棋布地布置七个小寨，作为屏障。每个寨子都围有二层木栅，木栅之间还缚着巨大的石块，因而更加坚固。

12 月 15 日，追踪而至的明军分兵夹攻，各种冷、热兵器都在攻防战中派上了用场，火铳、强弓射出的弹丸、利箭如瓢泼大雨一般落下。左寨首先被攻破后，王骥为了扩大突破口，乘着吹来南风的好机会故技重施，采取火攻之策，搜集柴草等物顺风放火。没过多久，各个寨子便在冲天烈焰中变成一堆堆的焦炭。硝烟中，死者不计其数，思机发又一次突出了重围，逃过了浩劫。明军一直追击到距离麓川千余里的孟那、阿瓦等地，仍一无所获。东躲西藏的思机发重蹈父亲思任发的覆辙，在 5 年后被缅甸人捉获，押送明朝，死于京师。

明军在 1449 年（正统十四年）正月班师之前，扶持思伦发的另一个儿子"思禄发"控制孟养。王骥要求思禄发在位期间不能随便渡过伊洛瓦底江。双方订立盟约，划江为界，共同立誓，宣称："石烂江枯，尔乃得渡。"至此，正统年间在南疆燃烧的烽火逐渐熄灭了。

第二章 盛极而衰

六 土木之变

明英宗在位期间，蒙古的形势起了翻天覆地的变化，瓦剌部多年不断地扩张势力，杀死了阿鲁台，最终收编了大部分流离失所的鞑靼人。而兀良哈三卫等部落也逃脱不了被瓦剌控制的命运，分裂已久的蒙古诸部又再获得统一。

这时的明朝早已屏弃了朱棣的进取政策，无意武力介入蒙古诸部的战事，只不过，这种苟安于一时的政策很难避免冲突的发生。

1449 年 7 月 11 日，瓦剌以在与明朝打交道时被歧视，而进行朝贡贸易也受到了不公平对待为借口，倾全力分兵四路进犯。其中，桀骜不驯的权臣也先太师进攻大同，傀儡大汗脱脱不花进攻辽东，阿剌知院进攻宣府并包围赤城，还有一路偏师入犯甘州。也先所部作为主力，以迅猛之势先后在猫儿庄（今山西阳高县北猫儿庄堡）、阳和后口（今山西阳高县）两地大败前来迎战的明军，相续打死右参将吴浩、西宁侯宋瑛以及武进伯朱冕。都督石亨在兵败时伏于草丛之中，得以幸免。在辽东，脱脱不花于 7 月下旬起攻击了镇静堡、广宁等地，掳走上万军民。进军宣府的阿剌知院围攻了独石等处。此外，甘肃地区的明军也遭到瓦剌军队的攻击，损失过万。

从辽东到甘肃，长达万里的边防线上一时间风声鹤唳，狼烟四起，自从明成祖朱棣首次北征以来，在长达 20 多年的时间里，驻扎在边境线上的明军从来没有这么狼狈过。年轻的明英宗在自己宠信的太监王振的唆使下，不顾群臣的劝阻，经过两天仓促的准备，于 7 月 17 日出发，试图仿效朱棣昔日的犁庭扫穴之举。跟随御驾亲征的有英国公张辅、成国公朱勇、户部尚书王佐、兵部尚书邝埜等大批公、侯、伯、爵以及文武官僚，而浩浩荡荡出征的京营号称"五十万"，真实的人数大约在二十余万。

京营包括神机营、五军营与三千营①，又可统称为"京师三大营"，足额可达

---

① 《明史》记载三千营最初由永乐年间归附明朝的三千"小达子"组成，似乎主要以蒙古人的骑兵为主，后来随着编制的扩大，又混入了不少汉人。

▲ 明英宗之像

三四十万左右。这些部队在永乐年间组建，当时朱棣抽调各地卫所精壮人员到京师操练、检阅，并将之与驻扎于京畿地区的一部分卫所将士混编，终于形成这支全新的部队，历来以战斗力强悍而著称，从未有过败迹。

这支被寄予厚望的队伍取道居庸关、宣府前进，途中遇到大风雨，仍然继续在泥泞的道路上跋涉，还未到大同，已经有将士因缺粮而饿肚子了。这时正值秋天，很多人都只好割取路旁田地里的庄稼充饥。一路上虽然没有遇上敌人，可是经过阳和这个不久前发生过战事的地方时，不少兵丁目睹"僵尸满路"的情景后，士气受到了影响。

好不容易到达了大同，又传来了独石等地失守的消息。包括王振在内的很多官僚都显得惊慌失措，觉得低估了敌人的战斗力，出于谨慎起见，他们又携同明英宗于八月初三日取道宣府匆匆班师。

在塞上静候时机的也先得知明朝北征大军欲返回京城后，果断率两万部属展开追击，于8月13日在雷家站歼灭了负责殿后的恭顺侯吴克忠与都督吴克勤所部（吴克忠与吴克勤都是蒙古族将领，其手下以骑兵为主），接着，又在鹞儿岭（今河北宣化县附近）把成国公朱勇率领的三四万骑兵杀了个片甲不留。

明军骑兵一败再败，未能阻止敌人的追击，主力越来越被动。当8月14日退到土木堡（今怀来县一带）时，处境已经非常不利。驻营地地势过高，掘井达到2丈深，仍找不到水源，将士们整天饥渴交迫，战斗力大减。虽然在南面15里外的地方有河流，遗憾的是已经被瓦剌军队抢先一步占据。尽管形势如此危险，都指挥郭懋还是尽最大的努力在土木堡附近的麻峪口打退了瓦剌的试探性进攻，守住了阵地。但明军仍旧四面楚歌，他们实际上已经被对手围困住了。

8月15日，明军企图回撤，但军队尚未出发，就不断遭到瓦剌骑兵的窥伺以及绕营的骚扰。为避免出现意外，明英宗停止了撤退，双方派遣使者进行和谈。

瓦剌的领导人非常聪明，他们抓住明军企图撤退却又担心受到袭击的矛盾心理，假装撤围，让开通往京师的道路。明军果然中计，将士们迫不及待地离开宿营地前往低洼之处寻觅水源以解焦渴。大家都想尽快离开土木堡这个干旱得冒烟的鬼地方，动作灵活的人从后面赶上，挤压着前面步履蹒跚的人，好像农夫争先恐后地赶集一样，局面渐渐失控，陷入了无组织状态。

瓦剌肯定不会放过这么好的破阵机会，等到明军行了三四里，队形混乱之际，突然骑着快马从远方迅速杀回来，四面冲击，明军一触即溃，兵败如山倒。正如当时随军的吏部文选郎中李贤事后在《古穰杂录》所回忆的那样，军中"竟无一人与斗，俱解甲去衣以待死"，这话或许有些夸张，因为并不是所有人都引颈就戮，拼命奔逃的士卒不在少数，而丢弃在营中的辎重"积叠如山"，幸而瓦剌最希望获得的只是战利品，而不怎么想杀人，故此，出征的二十余万明军当中"伤居半，死者三之一"，也就是说，伤了十余万，其中死者约为三万余。不过高官显要却死了很多，据不完全统计，死亡的有英国公张辅、奉宁侯陈瀛、驸马都尉井源、平乡伯陈怀、襄城伯李珍、遂安伯陈埙、修武伯沈荣，还有都督梁成、王贵，尚书王佐、邝埜，学士曹鼐、张益，侍郎丁铉、王永和以及副都御史邓棨等数百人。

突围不出的明英宗下马据地而坐，最后被俘。而倒行逆施的王振早已触犯众怒，在混乱中被护卫将军樊忠用棰打死。

瓦剌军队打扫战场，搬走了明军抛弃的堆积如山的辎重，胜利转进。《明实录》记载，宣府总兵杨洪事后带人来到土木堡清理战场，还拾得3800余顶头盔、120余副甲胄、290余面圆牌、2.2万余把神铳、44万支神箭、800个炮弹。特别要注意的是，瓦剌竟然没有搬走明军遗下的46万件火器，这可能意味着精于骑兵作战的瓦剌人尚未习惯使用火器。

杨洪将6000把神铳、25.8万支神箭、540个炮弹拨给宣府、万全、怀安、蔚州等卫以加强边防。其余的1.6万把神铳、18.2万支神箭、260个炮弹，则发往万全都司贮藏。

至此，曾经名扬天下的京师三大营从此威风扫地，一蹶不振，后来虽然建制得到重组，但战斗力一直未能恢复过来。

兵多将广的京营在土木堡为什么败得这样惨？当然与王振等人盲目行动，朝令夕改，使整支军队陷入了进退失据的劣境有关。至于明军在敌兵一拥而来的时候，纷纷逃跑，原因之一是"太平日久，将卒相安"所致，就像亲历者李贤所认为的京城士卒因"四方无虞"，平日只是干一些"营修寺宇"的事，"何曾操习"。同时，士兵逃亡、将领吃空额等各种腐朽现象一直没能改正过来，难怪日渐腐朽。

此外，明军统帅部还存在忽视神机营，指挥不当的问题。明英宗的曾祖父朱棣在世时，历次与蒙古劲旅交锋都异常重视神机营与骑兵的协同作战，他总结经验，规定布阵时手持神机铳的射手一定要在前面，马队则安排在后面；而宿营时步兵在内，骑兵在步兵之外，神机营更布置在骑兵之外。也就是说，明军时刻准备着用神机铳炮发射弹丸挫敌锋芒，然后再酌情动用骑兵出击。按照这种战术，明军曾经先后在静虏镇、忽兰忽失温等战斗中获胜。

然而，以明英宗为首的统帅部重视的是首先使用骑兵，而不是首先使用神机营，北征大军从宣府回师时让归附的蒙古人吴克忠率领骑兵断后，结果吴克忠误入埋伏而战死。接着，成国公朱勇率领三四万骑兵临危受命，紧急赴战，却被诈败的瓦剌人诱入包围圈中，在鹞儿岭全军覆没。这两次战斗都是在没有神机营的配合之下进行的，总共损失了四五万骑兵。抵达土木堡的明军主力以步兵为主，失去了骑兵配合的神机营所能发挥的作用也大打折扣，最多只能在阵地上打退敌军轻装骑兵的进攻，至于及时展开追击来扩大战果，那已经算是奢望。

值得注意的是，李贤的著作描述了明军在此期间连续射击火器的战术，也就是把士卒排成三四层发射火枪，可是，瓦剌骑兵等到明军发射完毕正在装填弹药之际便放马冲了过来。据《否泰录》《鸿猷录》等史籍的记载，也先所部在土木堡以长矛、利刀"踩阵而入"，种种迹象显示当时在塞上叱咤风云的很多都是重装骑兵，而并非轻装骑兵，正好对神机营的步兵形成克制。由此，这支仓促上阵的王牌部队虽然装备了数量众多的火器，可在缺乏其他兵种的配合下，威力未得到充分展现，基本上成了摆设，从而逃不过盛极必衰的宿命。

七 保卫首都

明英宗被俘的消息传到北京后，举朝震惊。英宗的弟弟朱祁钰在皇太后及继任兵部尚书于谦等人的支持下，于 1449 年 9 月即皇帝之位，年号"景泰"，史称"代宗"。

在土木堡获得空前胜利的也先，劫掠了宣大地区的一些村落后，挟持着明英宗出塞，很快又率三万人返回大同，经紫荆关向北京挺进，企图乘明朝境内人心不稳之时，浑水摸鱼，夺取更多的利益。同时，另一路瓦剌军队向居庸关方向佯动，作为牵制。

北京留守的部队本来不足十万人，而且多数是老弱之辈。在这生死攸关之际，奉旨提督京城兵马、节制诸将的于谦及时制止了少数人散播的放弃北京，迁都南京的言论，坚决主张抗战到底。他不断调动河南、山东、南京等地的兵马前来首都加强防御，还分道招募民兵协守，甚至将在运河上负责漕运的官军临时编入神机营操练以应急。制造攻守器械的工部也赶紧收集材料，日夜开工，尽量满足部队对装备的需求，终于抢在瓦剌人到来前重新整顿了防务，让很多人树立起抵抗的信心。

当也先于 10 月初兵临北京城下时，在附近四处掳掠。京营总兵官石亨提出屯兵于城内坚守的建议，但被否决，因为不想示弱的于谦准备指挥明军主动出击，故先后派遣 22 万军队，分列京城九门之外迎敌。

两军于 10 月 11 日首先在彰义门发生了小规模的冲突。次日，身披甲胄的于谦亲自来到德胜门督战，他挑选部分士兵携带着神炮等火器，埋伏在德胜门外两旁的空房子里，预先布置一个口袋，只等猎物进来。然后再让几名骑兵故意出阵挑衅对手，通过诈败的方式成功引来了一万多追兵。

不知中计的瓦剌人果然大摇大摆地进入了埋伏圈。躲藏在房子里的明军按计划向外面射击，神机营都督范广首先发射火器，其后，铳炮之声连绵不绝，使来犯之敌受到重创。甚至连也先的弟弟孛罗与平章卯那孩等贵族也死于炮弹之下。

石亨及时从安定门赶来德胜门助战，出动骑兵突入阵营，成功地驱逐了这股残敌，随后又急忙前往西直门。西直门外也爆发了激战，都督孙镗率军在抵御另一股进犯的瓦剌骑兵的过程中不太顺利，幸好得到守军在城上发射铳炮的支援，才没有溃退。其后，明将毛福寿、高礼与石亨相续杀了过来，又一次挫败了瓦剌的攻势。

14日，瓦剌选择彰义门为打击目标。明军都督王敬、武兴两人率部在城外排列成叠阵迎战。据《明实录》记载，这个叠阵前面的士卒手持神铳，后面的士卒依次拿着弓箭与短兵器，阵后还集结了数百名骑兵，显然易见，这种布置比较符合朱棣所规定的神机营与骑兵协同作战的原则。不过，布置在阵后的骑

▲ 于谦之像

兵并非是训练有素的职业军人，而是临时前来效命的皇室内官。

战斗开始没多久，瓦剌军队在明军神铳的猛烈轰击下退却了。不料，明军阵后的骑兵为了抢功，争先恐后地一哄而上，追赶敌人，叠阵也在人呼马叫的喧嚣声中陷入半瘫痪的混乱状态。瓦剌的每一名骑兵都准备了数匹战马，经常保持着良好的备战状态，他们立即气势汹汹地杀了个回马枪，明军这次顶不住了，不得不慌慌张张地退回城内，指挥官武兴也在退却时被乱箭射死。在这个危急时刻，京师的居民爬上屋顶助战，他们向敌军投掷砖头、石块。大批援兵也在金都御史王竑、毛福寿等人的率领之下及时赶到，增强了防御力量。瓦剌眼看占不了便宜，只得怏怏而去。

也先所部屯兵于坚城之下，夜晚时常会受到明军炮弹的骚扰，而佯攻居庸关的偏师，也被明军用火器击退，这表明瓦剌人缺乏巩固能力，仗打得不太顺手。更重要的是，瓦剌内部互相猜疑，致使也先在战略上没有得到其他人很好的配合。虽然阿剌知院率部三万人从宣府入边、辽东的脱脱不花大汗也率部两万余人从古北口入边，但他们都没有前来北京与也先会师，一直逗留不进。日子一天天地过去，四面八方涌来的明朝勤王之师对也先的后路构成日渐严重的威胁，最后，这位枭

雄只好于 15 日晚上挟持着明英宗撤离北京，一路躲避明军的追击，从紫荆关退出了塞外。

北京保卫战胜利后，明朝与退回塞外的瓦剌和谈，经过多次协商，双方恢复正常关系，也先于 1450 年（明景泰元年）八月初三送还了明英宗。

明代宗当然不可能将皇帝之位再让回明英宗，他尊英宗为太上皇，接着将这位前任皇帝软禁于南宫之内。不久，英宗之子朱见深也被废，代宗改立自己的儿子朱见济为太子。

蜗居在南宫的明英宗不甘心就这样虚度年华，他暗中等待时机，谋求复辟。机会终于来临了，1457 年（明景泰八年）正月，代宗病危，大将石亨伙同张轨、杨善、太监曹吉祥等人拥立英宗成功复辟，改元"天顺"。在这场宫廷政变中，被废为"郕王"的代宗在十多天后默默死去，而于谦等一批旧臣则惨遭杀害或罢免。拥立有功的石亨、曹吉祥等人日益专横跋扈，最后也被卸磨杀驴的英宗以谋反的罪名除掉。就这样，于谦、石亨等北京保卫战的功臣没有倒在沙场上，却最终陷入了政治斗争的漩涡里而遭受了灭顶之灾。

八 鞑靼叩关

明朝的长城虽然阻止不了游牧民族骑兵的大规模入侵，但是，对付小股骑兵的零星进犯还是起到了应有的作用。从东北的鸭绿江到西北的嘉峪关，长达万里的边防线上，整个明代先后设置的军事重镇到处林立，其中比较著名的有辽东、蓟州、宣府、大同、太原、延绥、固原、宁夏、甘肃九个，号称"九边"。这些军事重镇各自管辖着沿边卫所、墩台等据点，与境外的异己势力对峙。

北部边防线上的军事重镇装备了大量火器。早在洪武年间，明军已经在永平府、平阳卫等边境附近的据点配置了大碗口铳、大铁炮等以加强防御。此后的永乐、宣德、正统年间，开平、辽东、永宁、怀来、宣府、万全、兴和、山西、大同、开城、阳和、朔州、延绥、宁夏、甘肃等地区又分别增配神机铳、炮，企图用火力来压制来犯之敌。而军事据点周围那些安装了铳炮的烟墩实际上等于固定的炮台。此外，边防部队还制造了方便火炮移动射击的战车。

战车实际相当于一种炮架。永乐年间，明军北征蒙古时就用车辆装载铳炮了，那时一些神机铳炮在行军时放到武刚车上，可是作战时却要从车上拿下来，因为武刚车并非战车，只是主要用于运送粮饷的运输工具（后来由于过于笨重而被骡马取代）。真正意义上的战车要到正统年间才大量出现，原因之一是那时的炮越来越大，也越来越重，单纯依靠人力或畜力已经难以负荷。同时，随着明军野战能力的逐渐下降，也需要在战场上布置车辆等障碍物，用来阻拦游牧军队中那些擅长冲锋陷阵的重装骑兵。

1447 年（明正统十二年），总兵官朱冕建议以火车备战，此后，在朝廷中提倡用战车来抑制游牧民族骑兵的舆论越来越盛行。例如明臣李侃在 1449 年建议把骡车改为战车，每辆车的车厢之内都藏着神铳，用来远距离杀伤敌人，另外再布置五名刀牌手，准备近战。这种车已经成了移动的炮架，需要用七匹马牵引。必要时可以将一千辆类似的车用铁索连接在一起，列于阵营的四周御敌，而步骑兵居中，当敌人退却时便打开铁索放出骑兵追击。

战车上的各种铳炮也越来越多，不但增强了火力，而且起到了连续射击的效果。比如顺天府有一名叫作周回童的工匠根据实战的需要，建议在一些战车上密密麻麻地安装上二十支神机铳，而车辆的前端还要装上五个枪架，以供神机铳轮流发射，另外再放上六百支神箭以备不时之需。这种车在行军时要用一人推，两人扶持，还有一人负责烧火做饭。

有鉴于瓦剌骑兵强悍的战斗力，明朝文武大臣不断提出御敌之策，定襄伯郭登在土木之变的次年便奏请制造偏厢车。车辕长一丈三尺，阔达九尺，高约七尺五寸，车厢用薄板筑成，薄板上面钻有可以射击铳炮的洞穴。车上冷热兵器齐备，配置着两名神铳射手、一名铜炮射手、一名弓箭手、两名牌手、两名长刀手以及两名枪矛兵。这十名士兵使用火器的比例已经达到30%，他们在无战事的时候要轮番推挽着车辆前进。车中还能装载衣服、粮饷以及鹿角等大件物品，方便行军。

偏厢车出外执行军事任务时，必要时可以得到将军铳车（装载数门大小不等的将军铳）与四轮车（高级将领乘坐的指挥车）的配合，形成多种战车联合作战的风气。各式各样的战车能够排成方阵。如果这种方阵的规模比较大，那么平均每一边都将布置着上百辆偏厢车，这些车前后左右互相连接，铁钩四面环绕牵引，仿似长蛇一样。方阵每一边的前面还有五辆将军铳车，而四轮车则在方阵的中央，相当于一个司令部。驻营时步骑兵在内，车辆布置在营地的十五步之外以为籓篱，恰似坚城。这样的战车方阵，等于一个移动的炮兵阵地。

不过，战车的速度缓慢，不可能与瓦剌骑兵在草原上展开远距离的角逐，它主要的任务之一是用于掩护军民出城砍伐柴草树木，避免被敌人骚扰。例如驻防大同的军人外出打柴或者运输时，一次可以动用四百辆偏厢车作为阵营的护卫。

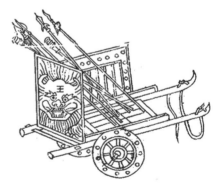

▲ 偏厢车，采自《武备志》卷一百六

偏厢车的车身只有两面围有薄板，布阵时需要将两辆车合并为一辆。1451年（明景泰二年），吏部郎中李贤又加以创新，制造出车身四面全部围有木板的战车。这种车前后左右排列着冷兵器——长枪。身长约一丈五尺，高约六尺五寸，宽约五步。车厢上面有用来观察敌情的窗口，下面有用来射击的铳眼。

根据《明实录》的数字，学者们统计出京营在此期间制造的各类战车已达四千多辆，广泛分布在北方边防线上，发挥作用。例如1453年（明景泰四年），因为蓟镇辖下的古北、潮河附近的一些地方比较平坦阔宽，无险可守，所以朝廷专门从京师兵工厂调拨四十辆大型战车到那里去组建车营来抑制游牧民族的骑兵，以增强防御力量。

但是，大型战车并非在所有地方都适用。比如宁夏地区有很多屯田，比较多沟壑，大车行动就不太方便。总兵官张泰为此而改用独轮小车，遇到地形险阻之处则可用人力推挽。独轮小车也不止一种，就以陕西都指挥金事李进在景泰年间研制出来的轻型独轮小车为例，这种车辆可以在崎岖的山路上行动，车身之上是用皮革制成的屋子，正面竖立着绘有兽面的木板，木板中凿有一排孔眼，分别安放着一支碗口铳、四支手把铳、十四支神机箭以及四支枪，还插了一面旗帜。

明军装备的战车不断增加，仅仅在1462年（明天顺六年），明政府就制造1230辆配备着大铜铳的车辆交付给京营使用。战车的性能也越来越先进，1477年（明成化十三年），明将王玺研制出一种可以全方面射击的战车，这种车辆凭着中间竖立的枢轴而四面旋转发射火炮，名叫"雷火车"。然而，也有不成功的例子，比如1484年（明成化二十年），宣大总督余子俊制造战车，每辆车编有十名士兵，以五百辆车为一"军"（一种车营编制单位），列阵时车隙之间补以鹿角。最终因车辆笨重而导致速度过于缓慢，不太方便使用，被当时的人讽刺为"鹧鸪军"[①]。

虽然明朝各种各样的战车层出不穷，可是在战场上却并没有取得什么骄人的战绩，于是，京师及地方驻防官员经常有人质疑这些战车的作用，一些人甚至认为只有发展骑兵才是对付游牧民族的有效办法。这反映了当时的战车以及相关的配套技术尚未成熟，还不能让所有人满意。

战车离不开火器，传统的只能单发的铳炮也尝试向连发的方向发展。例如正统年间生产的两头铜铳，铳管的前后两端各自存在两个膛口，每一个膛口都能射出十多枚铁弹丸，一头射完再掉转过来发射另一头。这类可以连发的火器在明朝中后期得到了较大的发展，种类繁多，著名的有：

---

① 古人认为鹧鸪啼时，似乎在说"行不得也"，故以此相讥。

三眼铳，由三支火铳组合而成，呈"品"字形，共用一个可以插入木柄的尾銎，它既能够齐放，也可以连放。

五排枪，用净铁打造而成，重一斤五两左右。共有五个枪铳，每个可装入四五枚弹丸，轮流射击。枪后可插入四尺长的木柄。

最夸张的是一种叫作"车轮铳"的三十六眼铳，这种火器形似车轮，行军时驮于骡背上，作战时取下。它是在一个有十八根辐条的车轮式圆盘中装上三十六支火铳——平均每一根辐条的两侧都装上两支火铳。所有的火铳都规格一样（长一尺，重一斤），而且全部用皮条封住铳口，射击时再撕开。一旦发生战斗，便将这个大车轮的中心部位套在发射架的横轴上，射手一边转动车轮，一边轮流点火发射，可以连射三十六次。

不管这些新式火器可以连射多少次，也总有射完弹药要用冷兵器搏斗的时候。据《明实录》《明史·兵志》记载，1450 年明朝研制出同时拥有冷、热兵器功能的两用火器，即是在手把铜铳上插入长约七尺的木柄，木柄的尾端装上用来刺杀的金属枪头，这相当于现代枪械上的刺刀。

土木之变后的明军更加倚重火器。以 1450 年前往大同驻守的明将石亨为例，他辖下的神机营除原来拥有的火器之外，朝廷还额外增拨了五千支神铳、

▲ 三眼铳，采自《四镇三关志》之《建置》

▲ 五排枪，采自《武备志》卷一百二十五

▲ 车轮铳，采自《武备志》卷一百二十三

五百门各类火炮、一百个报警用的信炮以及五千斤火药。在将士们的长期经营下，大同城中四角都布置有大小铳炮，可说是防卫森严，力图以敌人难以越雷池一步。

一般情况下，火器统一由军器局、兵仗局等中央直属的兵工厂制造，但是非常时期，沿边卫所及地方政府也是可以自行制造火器的。因为史料的记载有限，对于明代北部防线在各个不同时期所配备的火器种类以及数量，现在很难考稽清楚，但可以肯定的是其种类繁多，而且详细数目也是非常庞大。

明英宗在土木堡的惨败令明朝北部边境一片风声鹤唳，很多军事要塞里的明军只能闭门自守，而另一些将士则勇敢地把部队拉出城外，进行野战。例如1450年5月，宣府左都督朱谦在率军追击一股敌人时，不幸误入包围圈中，最后靠铳炮突围而出。同时，负责威远卫防务的游击将军都指挥石彪也用铳炮打死了一百多个敌人，斩首四级，缴获了百余匹战马。

明朝与退回塞外的瓦剌和谈，经过多次协商，双方恢复正常关系，此后虽然暂时停止了大战，可是小冲突一直不断。例如1451年7月，在永平、山海关等地镇守的明军就用火器击退了一百多名潜入防区的蒙古骑兵。

蒙古的政局不稳，说变就变。蒙古统治阶级内部长期积累的矛盾终于在1451年下半年爆发了，傀儡大汗脱脱不花被权臣也先篡夺汗位后在流亡途中死去，也先也在1454年（明景泰五年）8月被部属阿剌知院刺杀。从此，瓦剌势力衰落，逐渐向西退却，远离明朝重兵驻扎的边防线。鞑靼诸部取而代之，强盛起来，尽管他们四分五裂，互相争斗，但仍然时常腾出手来侵犯明边，整个北部边防线上硝烟弥漫。不过，这种骚扰的规模一般比较小，持续的时间也比较短。入塞的鞑靼诸部各自为战，通常是捞一把就走。

辽东地区面临着兀良哈三卫以及女真诸部等叛服无常的困扰。另外，鞑靼诸部也曾经多次进入辽东，企图控制那里的游牧与渔猎部落，并侵犯明境。然而，

▲ 游牧骑兵

鞑靼骑兵与明军较量的主战场并非在辽东，而是宣府、大同以及陕、甘地区。

一些鞑靼部落绕过设防比较坚固的宣府、大同地区，开始进入水草肥沃的河套地区①游牧，这使明朝西北边境地区的局势紧张起来，当地的边防线上针锋相对地布满了沿边卫所、墩台等据点。但是明军战斗力已经相应衰退，这支军队无论怎么分散驻防，都不可能在漫长的防线上做到面面兼顾，杜绝鞑靼部落的骚扰。

从 1457 年起，鞑靼的孛来、阿罗出、毛里孩等封建主在四五年间多次叩关，每次出动成千上万人，经河套突入甘凉地区四处劫掠。明军环绕着河套而布防，尽力抵御，彼此之间处于犬牙交错的状态。

鞑靼诸部后来因为内部不断分裂，力量进一步分散，削弱了战斗力，因而与明朝的紧张关系有缓和的迹象。不料祸起萧墙，某些归顺明朝的蒙古人开始与河套地区的鞑靼部落暗中勾结，图谋不轨。1467 年（明成化三年），陕西固原被称为"土达"的蒙古人满四叛乱，纠集部属与同族之人共二万余众，意图归附游牧

---

① 黄河流经现在的内蒙古与宁夏境内而形成的弯曲地域。

在河套地区的鞑靼部落。但是黄河尚未冰封，在没有船只的情况下不能渡过，这些人便暂时屯兵于石城，等待时机。

《西征石城记》记载这座城位于峭壁耸立的山峰之间，可以驻扎大量军队，只有一条栈道通行，易守难攻。明朝调动陕西、宁夏、延绥诸军分批前往讨伐，均以失利告终，将士伤亡惨重，损失军械数以千计，其中包括两门铜制的大将军炮。

同年8月，总督项忠等人率领五千名配备神枪的京营官军会合甘、凉、延绥、宁夏、陕西等地的五万军队，兵分六路而来，陆续发起强攻，用枪炮打死了大量叛军，缴获了数以千计铜炮、神枪以及一批辎重。但明军也付出了沉重的代价，伏羌伯毛忠等将领战死。

战局处于拉锯状态，明军统帅部见强攻难以骤下，决定智取，派奇兵拦截下山取水的叛军，又焚烧石城附近草地，使叛军人马的补给难以为继，处于饥渴难禁、坐以待毙的境地，同时，不断用大将军炮轰击敌人，还凭借着厢车的掩护而渡过壕沟，兵临城下，进一步缩小包围圈。

在强大的压力下，叛军内部开始分化，部分人潜逃出城投降。有一个叫作"杨虎力"的回回，于11月16日夜间秘密潜入明军大营，献上生擒满四之计。杨虎力的计策是准备在第二天交战时，乘满四出城应战的机会，自己与明军里应外合，将其捕捉。这个建议获得了明军统帅部的认可。杨虎力为了完成任务，必须再次冒死潜回城中，他临行时特意强调满四最怕神枪，要求明军在交战时不要射击这种火器，以免吓跑满四，功亏一篑。

次日，满四出城应战时果然被部下出卖，落入明军之手。当满四被俘的消息传回石城时，留守的叛军就像树倒猢狲散一般四处溃逃。各路明军乘胜搜山剿杀，将石城夷为平地，以免再有反叛者据此为巢穴，勾结鞑靼诸部作奸犯科。

从整个陕、甘沿边防线来看，延绥镇地势险要，易守难攻，而宁夏、甘肃两镇也扼控河山，攻防兼备。只有花马池至灵州一带地形开阔，城垒稀疏。鞑靼往往在这个地区毁墙而入，导致固原、庆阳、平凉、巩昌等内地饱受其患。例如1472年（明成化八年）鞑靼由花马池来到平凉、临洮一带剽掠，杀死及夺去人畜三十六万四千多。类似的事接二连三地发生，而且突破口也在增加。

明军也会以牙还牙，经常进入草原上放火烧荒，有意将饲养马匹的草料焚毁，还主动出塞劫营。劫营又叫"捣巢"，在一般的情况下，这些军事行动中参战的将士应为敌人的三倍，并分为三部分，一部分人负责进攻与防御，一部分人负责夺取牲畜，一部分人负责割取首级以便回去领赏钱。他们携带数日的粮饷，在战区内昼夜兼行，找到目标便速战速决。著名的一次是陕西、宁夏、延绥三镇总督王越乘鞑靼入寇之机，于1473年（明成化九年）9月率领四千余人从榆林出师，翻越红儿山，涉过白盐滩，两昼夜行军800里，深入河套地区，袭击了鞑靼留在边外红盐池的老营，杀死及俘虏三百五十人，缴获大量牲畜、器械等辎重，凯旋而还。鞑靼首脑满都鲁回师见庐帐被烧，妻子散失，不禁恸哭而去。

蒙古草原上封建割据，混乱不堪。自从也先死后，历届担任大汗的人都在政治斗争中被权臣弑杀，直到满都鲁成为鞑靼大汗为止，才凭实力站稳了脚，他大约在1479年（明成化十五年）去世，遗孀满都海福晋扶持达延汗继位（达延汗又称"小王子"），并与之结婚。夫妻两人为了统一分裂中的蒙古，而不断进行艰苦卓绝的征战。

达延汗与明朝的关系是时和时战，他即位之初便与明军进行较量。比较著名的一次战事发生在1480年（明成化十六年），延绥守臣上奏朝廷称鞑靼入塞掳掠，请求支援。王越提督军务，率领京师援军出发到达大同时，侦察得知鞑靼的老营在威宁海子（今集宁附近），决定乘虚而入打敌人一个猝不及防，便征调宣府、大同所部两万人突然从孤店一带出塞，经猫儿庄，兵分数路奔袭威宁海子。当时刮起大风，雨雪晦暝，明军到达目的地后发起奇袭，共斩首及生擒了六百多名鞑靼人，同时掠走六千牲畜。其后，鞑靼诸部采取报复措施，连续3年入塞，烧杀甚酷，范围广及陕西与山西。

后来，达延汗派遣使者来到明朝求贡，双方关系有所缓和，然而达延汗进行朝贡贸易时，因入贡人数与明朝发生了矛盾，最后干脆不来朝贡，而是用战争手段在宁夏、延绥、大同等处大肆抢掠。随着达延汗统一大业的进展，河套地区也自然纳入了他的势力范围。河套是游牧民族的栖息处所，也是进犯塞内的基地，明朝不堪骚扰，决定反击。1501年（明弘治十四年）5月，边境地区一些重要据点的常驻部队在京师神机营的配合之下，兵分五路，于7月间从红城子墩进入河套捣巢，谁知却扑了个空。由于消息外泄，鞑靼部落早已移营避开，故这次军事行动，明军仅斩首三级。不过事后奏请立功的将士竟然超过万人，充分暴露出统治阶级文恬武嬉、极其腐朽的一面。

不久，达延汗进行报复，从宁夏花马池突入陕西固原等地分路抢掠，阵营逶迤数十里，声势浩大。各路明军主力却避敌锋芒，互相观望。等到鞑靼撤军时，一些尾随其后企图钻空子的明军亦占不了便宜，京营都指挥金玉不慎战死。

明军不能在野战中大量歼敌，而边境的防御工事又显得脆弱不堪，迟迟摆脱不了被动的局面。本来从成化初年开始，宁夏巡抚徐廷璋陆续在防线上新筑了200余里边墙，主持延绥防务的余子俊也经常维修、加固边墙，经过这些地方要员的努力，沿边防线一度有所改善。遗憾的是一些继任者未能将这些善政坚持下去，致使边境工事日渐荒废，崩塌的边墙随处可见。因而现在又抵抗不住进犯的鞑靼人了。

弘治年间开始主持陕西防务的名臣杨一清企图重振声威，计划设立新的卫所，招募守军，还于沿边大兴土木，重修整个防线的城墙、墩台。他后来总结经验时认为，在有敌情的情况下，应当出动载有火器的战车掩护修筑边墙的丁夫。可惜，由于受到刘瑾这位专擅朝政的太监的掣肘，杨一清未能完成这个宏伟的任务，仅仅在要害之处修筑了40里边墙而已。

修筑城垒虽然重要，但是提升明军的战斗力更是重中之重。那时的军队虽然装备了大量火器，可是将帅懦弱，并没有对士兵进行严格的训练。为此，杨一清在亲笔撰写的《放演火器事》一文中感慨良多地指出：“如今所造的枪炮射程不远，加上士兵射击技术不高，不能击中目标，近年来鞑靼人已经不像过去那样畏惧火器了。”

事实上，不止士兵射击技术不高，部分军官也对火器的性能不了解。有一次，杨一清在定边营教场取出大号将军铳、中号将军铳、小号将军铳这些火器命令部队试射时，总兵张安等将领都很惶恐不安，害怕伤及他人。为什么？可能是当时的铳炮质量差，经常爆膛。另一方面也反映了将士长期缺少训练，难以得手应心地操作火器。

当然，庞大的边防部队不可能找不到一个敢于发射将军铳的人，西安指挥杨宏挺身而出，几天之后在花马池的操场中亲自试放中号将军铳，他装药点火，并迅速倒退十余步，不一会儿，炮响如迅雷，弹丸射出三百步之远。满营将士皆震慑，只有杨宏处变不惊。

在现场视察的杨一清目睹了中号将军铳的威力，当即令人买铁以及募工，在固原铸造大批同类火铳，分别派发到各个边城堡垒中，加紧操练。不久，花马池守将用此铳击退了围城的蒙古骑兵。中号将军铳除了用于守城外，还可以用于野战。作战时，平均两只骡子驮着一铳跟随大营的中军行动，遇到危急之时，每一铳由数名士兵发射，马上会起到立竿见影的效果。

重视火器的杨一清也有机会在实战中使用铳炮。明武宗刚上台时，就有数万鞑靼骑兵入塞，直抵固原城。杨一清亲自带领轻骑从平凉出发，昼夜行军前往支援，途中召集沿线的驻防军队，四处派出疑兵迷惑敌人。当得知鞑靼骑兵移师进犯隆德，他又紧跟不舍，并有意在夜间射击火炮，让隆隆的炮声在山谷间回响，鞑靼骑兵果然误认为明军主力已经赶到，慌忙逃遁出塞。

鞑靼频繁入塞，一些明朝文武官员希望立下显赫的边功，名垂青史，甚至连明武宗也不想错过一显身手的机会。机会终于来临了，1517 年（明正德十二年）10 月，鞑靼五万余骑驻扎于玉林，即将大举进犯。这时候，宣府、大同一带的边墙有很多地方已经成了颓垣断壁，边关官员虽然也会动员人力进行修修补补，但整条防线仍旧存在漏洞，不足以阻敌入侵。在战争一触即发之际，率领大军巡边的明武宗及时来到了附近的阳和，他紧急制订计划，令大同、宣府等处将领各守汛地备战。不久，大同部队在友军的支援下拦截了南下至孙天堡的鞑靼骑兵，并在应城一带与之交战数次，不分胜负。战斗一直延续到明武宗亲自带领主力从阳和赶来后才有了结果。无心恋战的鞑靼人且战且退，经平虏、朔州而撤出了塞外。此役，明军战死 53 人，重伤 563 人，不过未能重创敌人，只是斩获 16 个首级。

1520 年（明正德十五年），好大喜功的明武宗南巡时在镇江积水池中不慎翻船，失足落入水里，受寒而病倒，于次年死亡，年仅 31 岁。而他的对手达延汗在完成了统一鞑靼诸部的历史任务后，也于四五年前死去。然而，明朝与鞑靼的战争不仅没有因为这两人的死亡而停顿，反而不断升级，越演越烈，各种新式火器也不断出现在战场上，依旧是那样引人注目。

九 西式火器

明代前期是火器发展的鼎盛时期，无论是各类火器的制造，还是使用火器的战术，都处于世界领先水平，在战争史上拥有一席之地。

中国火器技术在亚洲各地广泛传播，朝鲜半岛是深受影响的一个地区。早在13世纪，蒙古军队就携带着火器进入朝鲜半岛作战，而元朝建立后，元军又以朝鲜半岛为跳板渡海进攻日本，因此，朝鲜人在多年的耳濡目染之下，对火器有了初步的了解。到了元明易代时，由于中国沿海地区不断受到倭寇的骚扰，明太祖朱元璋在国际上采取了广交盟友共同对敌之策，下令将一批火器运送到朝鲜半岛，支援那里的抗倭战争，同时，还向朝鲜人提供硝、硫磺，鼓励其自制火药。当时，朝鲜半岛的高丽王朝在来自中国江南地区的火药工匠的指导之下，较快地掌握了火药制造技术。此后，即使李朝取代了高丽王朝，火器的发展也没有停滞下来，他们生产的铳炮与明朝的产品相似，并组建了使用火器的专业部队以及创建了新的战术。例如《李朝实录》记载1434年（明宣德九年，李朝世宗十六年）围剿野人女真时，就使用了三人为一队的战术，即是一人手持盾牌在前面，另外两人手持火铳跟在后面轮番射击。

中国的火器除了传播入朝鲜半岛，还随着明军南下两广以及云贵地区而扩散到了东南亚。其中，缅甸在与云南的一些土司打交道时得到了火器技术。据说缅甸语言中的"铳"与"炮"两个单词，释义就是来源于汉语中的"铳"与"炮"。

永乐及宣德年间，明朝经略安南以失利告终，明军虽然在作战时遗弃了大量火器，但也从安南获得了新式的神枪，双方通过战争的渠道互相交流军事技术，各自改善了装备。

中国的火器技术还传到了欧洲。蒙古军队在13世纪的一系列西征中，已经将火药、火器的制造以及使用技术带到了中东，并由阿拉伯学者传到了欧洲。由此，欧洲各地在13、14世纪出现了包括枪、炮在内的各类初级火器，比较具有代表性的是"火门枪"。此枪的枪管一般呈直筒形状，里面放置火药及弹丸，还有一个横向贯穿内外的小圆孔，用来安装引线。枪管的尾部能够插入手柄，以便于射手持放。这类枪源于阿拉伯人制造的一种名叫"马达法"的火器，与中国元明时期的手铳非常相似，都是由宋代的突火枪发展而成，是中国火器经阿拉伯传入欧洲的一个有力证据。

欧洲的英、德、法等国不可避免地在战斗中使用了火器这种新型军械，其中英国的成效比较显著，英王爱德华三世在 1337 年进攻法国，挑起著名的"百年战争"时，他的军队便在战争初期相续于阿尔夫尔港、鲁尔鲁港、克莱西、加来港等地发生的战事中使用了火门枪与火炮。不过，那时欧洲各国的军队中，无论是火器的种类，还是数量以及在战争中使用的规模都不能与明初的明军相比。

▲ 朝鲜抗倭

然而，明朝的火器技术在其后的发展中出现了波折，不但未能保持领先于世界的水平，反而逐渐变得落后于时代。原因有很多，例如明朝自靖难战争结束后，黄河两岸、大江南北等内陆地区已经不再存在长时间、大规模的战争，战乱通常是发生于边陲的偏僻地带，即使是正统年间轰动一时的土木之变，持续的时间也不长，很快就得到了妥善的解决。这自然使生活在和平年代里的人们减少了对火器进行更新换代的迫切性。

"生于忧患，死于安乐"——这句话在某种程度上说得不错。处于封建割据状态的欧洲，一直战乱不断，不但国与国之间竞争非常激烈，而且阶级矛盾

▲ 欧洲中世纪的火门枪

日渐严重，尤其是新生的资产阶级同守旧的封建贵族，正在展开一场你死我活的角逐。因而崇尚武力的风气很旺盛，促使人们不停地研制新装备以克敌制胜。大约从 15 世纪起，欧洲的火器技术便开始处于世界的前列。资本主义萌芽的出现使火器沦为了商品，在市场中进行优胜劣汰的竞赛。故此，欧洲火器新产品层出不穷，无论是品种还是质量都超过了那些由明朝政府拨款，官办工场生产的火器，也就是说，欧洲取代中国成了世界军事变革的中心。到后来，资产阶级的枪终于能够击穿封建骑士的盔甲，炮也能够轰破封建领主老旧的城堡。可见无论是谁，只要不顺应历史潮流而改用火器，就会处于被动挨打的地位。

▲ 欧洲中世纪枪械的发展：从火门枪到火绳枪

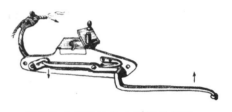

▲ 最早的火绳枪的发火装置示意图

欧洲的火器不可避免地传入了中国，明人不得不反过来虚心加以学习。而在西式火器中，著名的有"火绳枪"与"佛朗机炮"。

首先介绍一下与火门枪有很大区别的火绳枪。前文已经提过射手发射火门枪（或手铳）时，需要用一只手持枪，另一只手点火，还不能瞄准，颇为不便。而火绳枪不同，射手的眼睛可以通过枪管前端的准星及后部的照门与目标形成三点一线，从而提高了射击准确度。

火绳枪的新颖之处还在于与众不同的发火装置。这个发火装置的主要构件是一条弯钩形金属杆。射手发射时，用食指向后扣动那个与现代枪械有点相似的扳机，金属杆便会绕轴转动，这时燃烧在弯钩形金属杆前端的火绳马上应声而落下，点燃枪管内的火药，射出弹丸。火绳是经过化学物品秘制而成，燃烧速度极其缓慢，可以反复使用，长时间不熄灭。

从整个发射程序来看，火绳枪可以一边瞄准，一边射击，比火门枪优越得多。这种新式武器传到东亚与欧洲的航海家们开辟东西方之间的新航路有关，当时，西班牙与葡萄牙这两个早期殖民帝国远涉重洋，使用先进的火器不断侵入非洲、亚洲及美洲。随着殖民者海外扩张的进一步加剧，火绳枪也大约在 16 世纪中期的正德至嘉靖年间开始出现在中国的沿海。

1522 年（明嘉靖元年），明军在广东沿海的西草湾一带缴获了两艘为非作歹的葡萄牙船，接触到了先进的火绳枪，但没有立即进行仿制。1548 年（明嘉靖二十七年），沿海驻军又在双屿岛之战中击败了一股海盗，在战利品中同时发现了日本人与葡萄牙人制造的火绳枪，并察觉日本人的枪械比

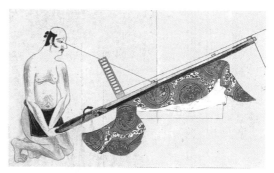

▲ 日式火绳枪

葡萄牙人的更加精良。因此，明朝专门制造兵器的有关部门便开始仿制日式火绳枪。

日本人的火器制造技术也是源于外国。最早传入日本的是中国火器，13 世纪，入侵日本的元军使用了会爆炸以及燃烧的雏形火器，给了参战的日军深刻的印象。明朝建立后，一方面中日之间有商贸往来，另一方面，倭寇在中国沿海经常进行掳掠，就这样，明朝的火器不可避免地通过商业与战争等途径传到了日本。但是明朝的火铳（相当于欧洲的"火门枪"）始终没有在日本得到大规模的推广，真正在日本广泛传播的是欧洲传来的火绳枪。

1543 年，日本种子岛的居民从跨海而来的葡萄牙人手中购买了火绳枪，加以改造，在枪管尾部创制了闭气螺栓。螺栓有点像现在的螺丝，能够旋转着扭出扭入，扭出时可以清刷枪管内壁的火药残渣，扭入时则起到闭气的作用，增加射击威力。据说，原先产自葡萄牙的火绳枪连射五六次之后，枪管会因过热而有爆膛的危险，但是日本人仿制的火绳枪（改叫"铁炮"）则克服了上述缺点，从而更加耐用。

明朝人步日本人的后尘成功仿制了火绳枪。这种枪打得比较准，甚至能将天上飞翔的小鸟打下来，故被称之为"鸟铳"；又因其弯形的木制枪托好像鸟喙，所以也叫"鸟嘴铳"。

鸟铳的铳管又细又长，长度通常是口径的 50 至 70 倍，能令火药在铳管内充

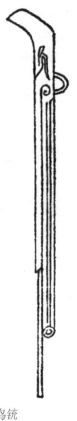

▲ 鸟铳

分燃烧，增加弹丸的初速。一些制作精良的产品，平射时射程为八十步，仰射为三四百步。

鸟铳除了可以站立发射，还可以采取蹲跪式的射击姿势，即是蹲着前脚，跪着后脚，左手持铳，右手的手肘放于前脚的膝盖上面——同时手指紧扣扳机，右腋压着枪托以消除后坐力。由此可见，鸟铳采取不同的射击姿势，也一样能准确杀伤敌人。

《大明会典》记载明政府的军工部门之一——兵仗局在1558年（明嘉靖三十七年）仿制成功一万支鸟铳，交付部队使用，从此这种火器便根据作战需要源源不断地生产出来，并衍生出一系列产品。例如：

噜密铳，这种铳据说源于土耳其，它的构造与鸟铳基本相似，不同之处在于其发火装置加装了一条弹簧片，能使绕轴旋转而落下的金属杆自动弹回发射前的位置，以方便下一次射击。此铳还是一种冷热两用兵器，它的弯形枪托是锋利的刀刃，可作大刀使用。

到了明代万历年间，军火专家赵士祯发明了轩辕铳。这种铳的独特之处是新装上一种可以自动开闭的火门装置，能够防止大风将火门里的火药吹去，而且火门上面的遮雨盖篷又能防止阴雨洒湿火药。

赵士祯还发明了多管火绳枪——迅雷铳。该铳共有五支与鸟铳相似的铳管，能够通过一个发火装置轮流发射，所有的铳管都分别穿过一个圆形的套牌。套牌可保护射手而遮挡敌人的弹丸与利箭。五支铳管的中央还倒插着一根木筒，木筒前端的筒口里面装了一个火球，一经点火，便喷出烈焰，灼伤敌人。木筒的后部又装上了一个铁制枪头，近战时可将铳身倒转过来，用力刺杀。因而，迅雷铳也是一种冷热两用兵器。

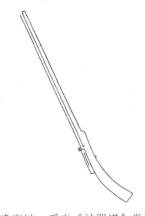

▲ 噜密铳，采自《神器谱》卷二

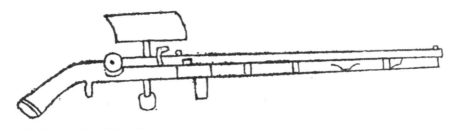

▲ 轩辕铳，采自《神器谱》卷二

国产的多管火绳枪差不多与欧洲的类似产品同时问世，显示了我国古人不甘落后，努力拉近与欧洲军事技术的距离。在国产的多管火绳枪之中，比较著名的还有震叠铳，其发火装置与鸟铳差不多，是一种可迅速连射两次的火器，奥妙在于它有上下两层铳管。

介绍过欧洲的火绳枪及其衍生产品后，下面该介绍另一种新式火器佛朗机炮①了。

最早的佛朗机炮是一种舰炮。那时欧洲一些国家热衷于远航，所以注重发展舰炮，佛朗机炮在作战时将炮膛伸出船舷之外，同时，射手又能够自由地在船舷之内不断装填弹药。为什么？因为它是一种后装炮。前文已经提过，最初进行水战的炮都是从炮膛前端的膛口装入弹药的，也就是前装炮。而佛朗机与传统的前装炮的主要区别是炮膛上有一个后部装弹室（明朝人称为"母铳"），敞开的装弹室能够装载与卸出"子炮"（明朝人称为"子铳"）。子炮的细小炮管里面事先已经装好弹药，其膛口与佛朗机炮的炮膛相连，临阵时随时将几个子炮轮流放入装弹室，发射速度自然比起前装炮要快得多。

此前，明人为了让战船上的火器连续射击，想尽了办法，办法之一就是对军械进行改革。以比较典型的碗口铳为例，这类火器被装上

▲ 迅雷铳

---

① 当时，很多亚洲人用"佛朗机"一词称呼欧洲人，而明朝也借用这个词来称呼欧洲的一种炮。

了特制的炮架。所谓特制炮架，是在一张凳子上面铺块木板，再把两门碗口铳分别嵌入这块木板的头尾两端，木板的中间还有一个活动轴子，可以让木板自由地循环转动。在作战时，当木板头端的铳射击完毕后，便利用轴子将木板向后转动180度，让木板首尾倒置，再发射尾端的铳。经过这样的改装，碗口铳便能够在短时间内连射两次。然而，连射两次后势必又要暂时停顿下来重新装载弹药，因而射击速度逊于佛朗机炮。

新颖的佛朗机炮在欧洲有一个不断发展与完善的过程，它传入明朝是 16 世纪初。最初，明朝官员在与葡萄牙使臣打交道时，已经看见过安装在来华舰只上的佛朗机炮，但是要到 1522 年才正式获得这种炮，广东守军在那一年击退了骚扰沿岸的五艘葡萄牙船只，如愿以偿地缴获了两艘舰只上的二十门佛朗机大炮，并于两年后在北京仿制成功。

来自葡萄牙的佛朗机炮显然与明军原先装备的铳炮有很大的不同，不但发射速度胜于传统的前装炮，而且它的炮管还长达五六尺，可令炮弹的初速更大，射得更远，最大射程通常为一里以上，有效射程可达到一百步左右。除了装上准星与照门之外，炮管的两侧还设计有调整俯仰角度的炮耳，装上炮架，就能够对不同角度、不同距离的目标进行射击。

明朝的军火机构对佛朗机进行仿制，并尝试了采取复合金属制炮，由此产生了"铁心铜体佛朗机子铳"。所谓"铁心铜体"是指佛朗机子铳的内壁由铁锻造，外壁则由铜铸造，其制作时利用铜的熔点比铸铁低的特点，在铁壁上浇上铜液，当铜液冷却收缩后，便会起到加固铁壁的作用，这样一来，防爆膛的能力也相应得到增强。

佛朗机经过不断的改良，衍生出了一系列产品，按用途来分，有舰载型、骑兵使用型、防御型与机动作战型等等，名将戚继光撰写于嘉靖年间的《纪效新书》就记载了五种佛朗机，分别是：

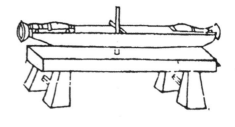

▲ 可以连射的碗口铳，采自《兵录》卷十二

一号佛朗机，长约八九尺，共用铅弹十六两以及火药十六两。

二号佛朗机，长约六七尺，共用铅弹十两以及火药十一两。

三号佛朗机，长约四五尺，共用铅弹五两以及火药六两。

四号佛朗机，长约二三尺，共用铅弹三两以及火药三至四两。

五号佛朗机，长约一尺，共用铅弹三钱以及火药五钱。

此外明军装备的佛朗机还有：

佛朗机式流星炮，根据出土实物，这类炮的子铳重约3公斤，口径为2.5厘米左右，长约30厘米。母铳口径为40厘米左右，长约120厘米。

马上佛朗机，根据出土实物，

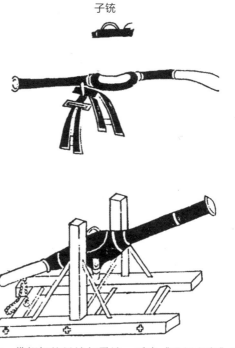

子铳

▲ 佛朗机的母铳与子铳，采自《登坛必究》卷二十九

这类炮的母铳重约4至5公斤，口径为3厘米左右，长约74厘米。

百出佛朗机，铳管长约三四尺，配备十个子铳，与传统佛朗机不同的是，这种铳发射前要先将子铳从母铳的铳口放进膛内，射击完毕再倒出来。

明朝还将一批传统的前装炮改装成佛朗机，估计是在这些炮的腹部挖一个洞作为"后部装药室"，用来放置子铳。据《大明会典》记载，从1543年（明嘉靖二十二年）起，军器局每年都将数以百计的铜手铳以及碗口铳改装成佛朗机。《练兵实纪》称戚继光甚至将体重达到千余斤的"大将军发熕"也改装成了佛朗机模式，唤作"无敌大将军"（明军使用的铜发熕，同样是由欧洲传入）。

明朝的军火专家还研制出集合鸟铳与佛朗机两种长处于一身的火器，这类火器形似鸟铳，却像佛朗机一样，发射时用预先装好弹药的数个子铳，轮流放入铳管后部挖开的铁槽内。其中著名的有：子母铳、掣电铳、鹰扬铳等等。

明代前期使用的传统粉状火药，由于透气空隙少，对燃烧速度有所限制。而明代中期开始在实战中使用粒状火药，当粒状火药装入铳炮的药室后，颗粒之

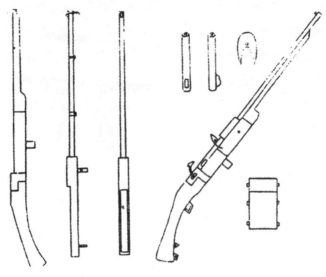

▲ 掣电铳，采自《神器谱》卷二

间存在着空隙，这些空隙形成了透气通道，致使其燃烧速度提高两倍，火药在充分燃烧的情况下必然增加弹丸的杀伤力。火药的配方也获得进一步的发展，品种多样，有专供引燃的火门火药，还有燃烧火药、爆炸火药以及发射火药等。以发射火药为例，仅鸟铳的发射火药就有数个品种，它的组配比率比较先进，硝的成分一般达到 70% 以上，而硫及碳则为 12%，与当时欧洲火药配方的构成成分基本相似。

明代前期使用的弹丸主要由金属及石块制成，制作粗糙，与铳炮的口径不太一致，火药燃烧发射时会泄气，所以往往还要在铳炮的膛口里面塞入硬木制成的"木马"防止泄气。到了明朝中后期，一些弹丸在制作的过程中更加注意均衡圆整，表面还要磨光，与铳炮膛口的口径比较符合。更重要的是大量使用了质地软的铅弹，它即使造得比铳炮的口径大一些，也容易射出去，同时有利于闭气。因为弹丸制作得越来越精良，所以逐渐不再使用"木马"（例如鸟铳及佛朗机就不再使用木马），而射击次序也得到简化，射击速度加快。不过，那些发射大量小弹丸的火器，仍然使用木马，虎蹲炮就是一个好例子。

虎蹲炮是为了弥补一些西式火器的缺点而创造的炮，可算为国产火器争了光。最初，明军在东南沿海与倭寇作战时发现使用鸟铳与佛朗机不是很理想。鸟铳虽然打得准，但是杀伤范围有限，难以对付大队敌人。而佛朗机炮比较笨重，士兵扛着这种武器在南方的崎岖道路上行军很吃力。戚继光由此计划要创造一种比鸟铳杀伤力大，比佛朗机更轻，更便于携带的火器，这种火器就是著名的虎蹲炮。

在戚继光撰写于隆庆年间的《练兵实纪》中，记载了两种虎蹲炮：

一种长约二尺，腹内粗二寸左右，这种炮的炮身有五六道铁箍，重三十六斤。

另一种为三尺以上，但重量不详。

此外，还有一门保存至今的虎蹲炮实物，据专家研究，重量竟达四十九斤六两。

上述三种虎蹲炮的各种不同数据，也证明这类炮远非一种型号。但是这种炮都有一个共同点，就是射击时要用铁钉将前端的大铁爪钉在地上，后面再用铁绊固定。

虎蹲炮在战时不但能控扼险隘，防御大队敌人，而且机动性又强，翻山越岭不在话下，因而逐渐在军中得到推广。

这个时期的明政府已经对明初流传下来的旧炮进行改造，除了将一批手铳以及碗口铳改装成佛朗机之外，还将一些碗口炮、毒虎大炮、小号将军炮、樱子炮等旧炮改造成新款的虎蹲炮。例如毒虎大炮，每次射击时必须安置于营垒的数十步之外，以防其后坐力过大而跃起伤人。现在给这种炮加上铁爪、铁绊等物，就改装成了不会跃起的虎蹲炮，因而更加耐用。这样说是不是意味着所有的虎蹲炮都是由旧炮改造的？当然不是，因为直接用熟铁新造并不存在任何技术问题，由于改造以及新建同时并存的缘故，使各种虎蹲炮来源不一，所以这些炮的重量、大小也很不一致。前面所说的那种身长 2 尺，重量达到 36 斤的炮就是比较典型的虎蹲炮，此炮由熟铁制成，每次用火药七八两，可发射五钱重的铅弹一百枚，为了防止散出无力，仍旧使用了木马，然后还要再用重三十两的大铅子或大石慢慢按入炮口里面（如用大铅子，则小弹丸可酌情减少），这样就射程也就相应增加了。

▲ 虎蹲炮，采自《四镇三关志》之《建置》

总之，明朝虽然引进了先进的欧洲火器，但并没有忽视国产火器。例如源于西方的鸟铳，它虽然适合南方的步兵使用，但北方的骑兵更加乐于使用国产的三眼铳。三眼铳虽然不能瞄准，准确度远逊于鸟铳，然而用来对付目标庞大的游牧战士及其坐骑时，也一样存在命中的可能。三眼铳在近战的另一个好处是可以当作大棒砸向全身披着重型铠甲的骑兵，效果胜过刀剑。不过，可能是由于财政等各方面的限制，一直到明亡为止，明军还照样使用着手铳、碗口炮等本来应该淘汰的旧式火器。

第二章 保境安民

十 沿海倭患

倭，是古人对日本的称呼。明代的倭寇，是指在中国、朝鲜沿海进行掳掠、有日本人参与的海盗集团。这个集团的主要组成人员包括日本封建主支持的武士、浪人以及中国的不法商人、海盗等。

明代的倭患，虽然以 16 世纪的嘉靖年间最为严重，但是早在 14 世纪的元朝，日本海盗就已经开始骚扰中国的沿海，而到了明朝取代元朝的时候，辽东、直隶、山东、浙江、福建、广东等地方更是屡遭劫掠。朱元璋亲手缔造了一支战斗力比较强的水师，经常出海巡逻，在陆军的配合之下，共同维护沿海治安。朱棣登基后，秉承其父的政策，加大力度打击倭寇的嚣张气焰，最著名的一次战斗发生于 1419 年（明永乐十七年）4 月，明朝从朝鲜得到倭寇进犯的情报，辽东总兵官刘江事先有所准备，在金州卫金线岛西北的望海埚设伏，一举捉获一百一十三名敌人，并斩首千余级。此后，在相当长的时间里，倭患得到一定程度的缓解。

为了平息外患，明朝一面禁止沿海居民私自出海与外国进行商品交易；一面与日本封建统治者进行多次外交交涉，允许他们以朝贡的名义，定期进行商贸往来，欲借其力以达到抑制倭寇的目的。

明朝拥有漫长的海岸线，北与朝鲜半岛接壤，南至安南，全长达到 1.8 万公里。朱元璋在明初建立了一支拥有数以万计兵力的水师，装备了一千二百艘战船，而地方军队也根据具体情况建造船只，参与海上巡逻。各类战船从大到小，形式多种多样，著名的有三种类型，即福船型、广船型与沙船型。

福船，顾名思义，是福建制造的船，这类船大小不一，另外还派生出名目繁多的型号，如

▲ 明军抗倭古画（局部）作者：仇英

▲ 大型福船，采自《筹海图编·经略·兵船》　　▲ 广船，采自《筹海图编·经略·兵船》

鸟船、苍山船等。大型福船装有桅帆，船首尖、船尾宽，前后两头翘起。庞大的船身分为四层，最底一层不可居住，只是用来放置木材、石块等物压舱，以防轻飘。上面三层为楼房，周围建有护板。船底是尖的，吃水深达一丈一二尺，能够划破巨浪。此船全仗风势前进，不靠人力划动，适应远洋航行，但在近海则容易搁浅。

广船，出产地在广东。大型船只装有前桅与中桅，上面悬挂着硬帆，小型船只上装有橹、桨等物。这类船的船底比较尖，而且身型很长，吃水比较深，适宜在近海中使用，但不方便出远洋。

沙船，流行于江南的南京、太仓、崇明、嘉定一带。船头方形，船底平。桅、帆比较多，速度比较快。这种平底船与尖底船相比吃水较浅，不利于深水航行，但在浅水中使用，不容易搁浅。

此外，明军水师出海时使用的船只还有渔船、鹰船、蜈蚣船、两头船、叭喇唬船、鸳鸯桨船、赤龙船、火龙船等等，这些船只性能各异，可分别在远洋、近海与浅水中活动。

水师将士很早就拥有了手铳、碗口铳、大小将军炮、火箭、神机箭、火蒺藜等火器，到了嘉靖年间，军中配备的火器品种更多，质量更上乘。在管形火器中，除了引入国外先进的佛朗机、鸟铳之外，还有发熕。例如铜发熕，体重约五百斤，可发射重约四斤的弹丸。

▲ 沙船，采自《筹海图编·经略·兵船》

▲ 铜发熕，采自《筹海图编·经略·兵器》

▲ 神火飞鸦，采自《火龙神器阵法》

佛朗机、发熕等火器是用来射击敌船的，操作时由一人手持盾牌在前面掩护兼点燃引线，另一人专门负责装药。使用鸟铳的士兵也需要有专人持盾掩护。不过，因为海上波涛起伏，船只难免会摇晃，所以鸟铳的准确度大打折扣，发射时经常要以多个人同时瞄准一个目标，这样成功的几率才会大一点。

明军装备的新式火箭也引人注目，主要有：

神火飞鸦，是一种由竹篾等物编成的鸦形火箭，内装有炸药。鸦身的下半部斜装上四支火箭，点燃后可以推动火鸦飞向目标。鸦身的两旁还有风翅，增加了飞行时的稳定性，还具有滑翔能力。到达目标时，鸦体内的炸药爆炸，起火焚烧。

火龙出水，是用五尺长的竹筒制成，里面安放着数支火箭。竹筒一端安装着木雕龙头，一端安装着木雕龙尾，活像一条龙。龙的身躯倾斜绑上四支火箭，点燃后推动着火龙起飞，当这四支起动火箭的火药将要燃尽时，就会顺着事先连接

▲火龙出水图片，采自《武备志》卷一百三十三

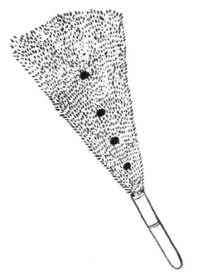

▲飞天喷筒，采自《筹海图编·经略·兵器》

火桶

用粗碗筒将此火药半桶铺
炭火三四塊用
温灰培
于碗内
火磚四箇葢茲
一百筒切不可
滿若滿則内實
擲下藥則不焚火
以出碗也

盖桶
不見平
放在藥則以
盖盖之

▲火桶，采自《筹海图编》卷十三

好的引线而点燃竹筒里面的数支火箭，经龙口射出，飞向目标。

总的来说，各类火箭受风向的影响比较大，无风时即使成功射中敌船的帆，火势也不能迅速蔓延，甚至会自动熄灭，而风太急时又会吹熄火箭的火焰，所以最好是选择刮起微风的时候发射。

喷筒是喷射火焰的燃烧性火器。明军装备的飞天喷筒由二寸竹筒制成，内装弹药，点燃引线后发射，可以远及三四十步，应急时使用，可威胁敌人。

明军的近战利器还有火桶。火桶属于爆炸性火器，制作时在木桶之内先放入五斤火药，再盖上一层沙土，上面放置一个盛着火碳的碗，然后给木桶加上盖子。作战时，将火桶抛向敌船，火碳从碗中翻滚出来，立即引爆火药。这种武器在敌船迫近时使用，效果最好。

水雷也属于爆炸性火器，有水底雷、水底鸣雷等多种类型，可以分别采取绳索控制引爆以及引香引爆等不同方式。

明军既有火器，也有弓弩、标枪、钩镰等冷兵器，互相配合作战。

由于水师将士不用走陆路，即使披挂着重型金属铠甲执行军事任务时也不感到吃力。步兵的处境则复杂一些，特别是南方的山路比较崎岖、田地比较泥泞，军中士卒假如长时间穿戴着金属铠甲行军，有时难以承受。况且，铁甲在南方的潮湿气候里也很容易生锈，一些人因而改用藤、牛角片等物制甲。但是，倭寇拥有精良的鸟铳，藤与牛角片制成的甲片通常抵挡不住这些鸟铳射出的弹丸。怎么办呢？又有聪明人转而选择使用绢、布、纸、棉等物制成的铠甲。这些铠甲通常由内外几层组成，厚达一寸左右，有很好的韧性，有的还镶上了金属片，防护作用更佳。例如棉甲是采用七斤棉花，制成长至膝部的夹袄，缝紧后再用水浸湿，铺在地上，用脚反复踹实，晒干。经过这样的工序，即使淋雨也不会变得很重，而且对鸟铳有一定的防御作用。

沿海地区戒备森严，浙江的黄华、江口、飞云、镇下门、白岩塘与福建的烽火门、南日山、浯屿等处均建立了水寨，后来又在小埕、铜山等地增设类似的寨子。这些水寨建有码头、炮台、碉堡在内的各种设施。以一些精心布置的炮台为例，它们一般建在海岸上便于登陆的地段，建成后可高达十多米，分为数层，每一层都布置了各种火器、弓弩，能够通过射孔发射。此外，明朝还在沿海省份重要的交通枢纽、出海口以及便于登陆的地段广泛设立卫、所、堡垒，从而形成了多层次的防御。每一个前沿卫所守卫的海岸线约为一二百公里。而某些内陆地区的江河流域还专门设置了备倭水军，装备的各类战船有400料[①]、200料、150料、100料等区别。此外，三板船、哨船等轻便船只亦可协同作战，这些船最长的可达20多米，短的为10多米，宽度约为2至5米不等，有的单桅，有的双桅，型号达到30多种。

水寨、卫所、水师等军事力量作战时通常由总兵负责，必要时由总督、巡抚统筹调度。然而到了嘉靖年间，由于政治日益腐败以及土地兼并越来越严重，导致卫所屯田遭到破坏，士卒逃亡的风气进一步严重起来，水师的兵力也相应减少，再加上管理不善，很多战船在毁坏、

▲ 登州设防海港

---

① 料是明代载重单位，1料约等于92公斤。

▲ 抗倭战争中的文武官员

报废的情况下没有得到及时的维修、更新，因而海疆防备每况愈下。

嘉靖之前，明朝虽然经常与日本进行朝贡贸易，但对其来华商人以及货物的数量均有限制并加以防范。然而，内外矛盾交织在一起，还是促使了冲突的发生，由于日本国内的各种封建势力盘根错杂，互相竞争，终于在与明朝朝贡的问题上酿成了乱子，分别隶属不同封建主的两位日本贡使在1523年（明嘉靖二年）于浙江的宁波爆发了争斗，在互相厮杀中打死以及俘虏了前来平乱的一些明军卫所官兵，这些家伙乘机劫掠沿海各县，最后夺船逃返。

明朝为此撤销掌管日本贸易的市舶司，断绝与日本封建主的贸易往来，加强海禁。于是国内的沿海走私集团为牟取暴利而更加活跃，甚至不惜与日本海盗勾结在一起，令倭患日益猖獗。那时，日本由于国内政治形势的剧变，已经四分五裂，进入了群雄割据一方的战国时代。一些武士、浪人、商人、水手在乱世中纷纷加入海盗行列，企图依靠海外掠夺致富，这也是倭寇猖狂的另一个主要原因。

日本赖以航海的船只，大的能载三百人左右，小的只能载数十人，一般顺风航行而漂洋过海，多数选择在春汛（3至5月）及秋汛（9至10月）等季节入侵。不过，即使是大船，也只能储存四百斤淡水，平均一人一天只可以用几碗水，因此一到中国沿岸，这些亡命之徒便迫不及待地要登陆取水，同时也相机掳掠。

《筹海图编·倭国事略》记载日本船只的制作工艺比较落后，通常将大木锯

▲ 抢掠的倭寇

成多块方形，再用铁片连接，缝隙之间则用草来堵塞，因而远远不及明朝船只坚固。反观明朝的福船、广船，都是用铁钉联结，用麻筋与桐油堵塞缝隙，在技术上更胜一筹。特别是用铁力木（一种不怕虫蛀的硬木）制造的广船，比起用松彬等木材（容易受到虫蛀）所制的倭船要坚硬得多，所以明军的战船经常在海战中撞破、撞翻倭寇船，拥有一定的优势。即使是倭寇与中国海盗合伙之后，队伍中不乏中国船只时，与数量庞大的明军水师相比也仍然处于劣势。

日本人的一些武器装备与中国不同。就以弓箭为例，因为弓长，与之配套的箭也变得长而重，射程虽然不是很远，但杀伤力比较强，让人生畏。相反，明军的箭轻，故射得稍远，但效果不尽如人意。那些大小不同的倭刀，同样是非常有名的利器，《纪效新书》记载有的长刀，其刀刃可达到5尺，而柄则长达1尺，能够使用双手握着挥舞，因而力量比较大，当明军单手拿着腰刀迎战时，在难以力敌的情况下刀身往往会断为两截。日本的盔甲也很有特色，通常装饰着五色长丝以及金银色的牛角之类怪异的东西，足以起到吓唬人的作用。除此之外，他们还装备一些常见的兵器，例如钯、枪等。而日本的鸟铳制作也很精良，成了明军仿制的对象。

正如《筹海图编》所言，倭寇行动时擅长使用长蛇阵，在阵前树立"百脚旗"，引导人们按次序鱼贯而行，前锋与殿后的都是最强悍的战士，中间则壮者与老弱互相混合在一起。他们以队为基本单位，一队人数由两三人至二三十人不等，每队相距一二里左右，整个部队连绵数十里，这样的战阵明显方便强盗们在较大的范围内搜索财物；布阵时则四分五裂，分散兵力以包围对手；战斗时惯用蝴蝶阵，一人在前面挥扇为号，其余的人向上挥舞着长刀，引诱对手仰首望天，接着乘机朝下面斩来。值得注意的是，日本人作战时会面向太阳，借助明镜或者磨光的刀剑来反射日光，扰乱对手的视线。

倭寇来到中国，充满了戒心。他们在民间看见食品菜肴，要先让被掳的百姓尝试过才放心饮食，显然是害怕中毒；进入城镇时，从不轻易走进巷中，恐中埋伏；也不沿着城墙而行，害怕有人在上面抛下砖石。从登陆明朝疆土的那一刻起，倭寇就注定要与明军一决高下，他们为此而制定了一些针对性很强的战术。例如明军装备了大量铳炮，故倭寇经常先使一两人故意在阵前跳跃，目的是诱使明军射光弹丸。又比如明军布阵时，往往是精锐在前，老弱在后，所以倭寇常常袭击明军的阵后。

明军有的部队纪律很差，也会干些偷鸡摸狗的勾当。老百姓对此非常不满意，有"贼过如梳，兵过如篦"的讽刺性说法。倭寇看准这一点，有时故意将抢来的金银、首饰等财物连同妇女遗弃在战场上，作为诱饵。当前来进剿的明军中计而互相争夺、乱作一团时，就注定要成为倭寇的手下败将了。

据说，真正的日本人只占了倭寇的3/10，剩下的7/10其实是浙江、福建、广东等地的土著。这是因为国内的走私集团与海盗组织为虎作伥，与日本人勾结在一起，反噬同胞。在这些与倭寇同流合污者当中，比较典型的是拥有数百艘船只的王直以及拥有数万部属的徐海。

从1552年（明嘉靖三十一年）起，在连续五六年的时间里倭患极为严重。他们入寇的次数异常频繁，人数从数百人到数万人不等，四处流动，攻城略地，甚至在大陆建立军事据点，以便随时抢劫。

明朝为了平息倭患而打了无数次大大小小的仗。不过武备废弛的明军经常吃败仗。其中影响最恶劣的一次战事发生在1555年（明嘉靖三十四年），有一股六七十人的倭寇从绍兴高埠一带向内陆纵横行进数千里，一路途经杭州、严州、徽州、宁州、太平、南京等地，竟然杀伤了明军四五千人，其中包括一个御史、一个县丞、两个指挥、两个把总。这股倭寇直到80多日后才在浒墅关被明将曹邦辅围歼。

据《明实录》《倭变事略》诸书记载，倭寇在战斗中多次使用火器，1554年（明嘉靖三十三年）12月的嘉善之战，明军百户赖荣华在执行任务时误中埋伏，被倭寇用鸟铳打死，次日，嘉善失陷。1556年（明嘉靖三十五年）4月，倭寇包围桐乡，动用了云梯、云楼以及铜将军（一种火器）等军械攻城，给地方官员造成了不少困扰。

▲ 在战争中使用神火飞鸦的明军

倭寇在沿海地区到处流窜，所过之处人民惨遭蹂躏，地方官僚们积极倡议设立乡兵，保卫家园，而明世宗也不断调兵遣将，围追堵截。朱纨、王忬、张经先后奉命督军抗倭，陆续收复了一些失地。而在此期间比较有名的是王江泾之役，1555年5月，明将卢镗、俞大猷、汤克宽等率领从湖广、广西抽调而来的狼兵、土司兵会合沿海的各路水陆部队，在王江泾大败倭寇，斩首一千九百多级，焚烧、溺死者难以统计。

可是，当时总督沿海军务的张经却在王江径之战结束后因内部倾轧而被免职。朝廷几番挑选，于次年任命曾经巡按浙江并参加过王江径大捷的胡宗宪为新的总督。

▲ 云梯

胡宗宪上任后想方设法策反倭寇中的中国人，还特别派出使者招抚流亡日本的倭寇大头目王直。王直眼见明军战斗力日益增强，掳掠付出的代价越来越大，而且倭寇内部也因为分赃不均等原因矛盾重重，遂产生偃兵息甲的想法，表现出愿意接受明朝招安的意思。

这时，以徐海、陈东、麻叶等中国海盗为首的倭寇分数路入犯，在浙江等地抢掠，围攻了桐乡等地。胡宗宪也派人对他们进行招抚，并巧妙地运用离间计激化倭寇内部的矛盾，让徐海、陈东、麻叶这些人互相猜忌，这批倭寇终于因内讧而四分五裂，被明军一一捕杀或击毙在战场上。

尽管徐海等人已死，王直仍然不改初衷，计划从日本重返中国，摆出了接

▲ 明军讨伐倭寇，采自《三省备边图记》

受朝廷招安的姿态。对于这位倭寇的大头目，胡宗宪也做好了两手准备，一面动员王直的亲属通过写血书等方式劝其早日归顺；另一方面调兵遣将，以防万一。当王直于1557年（嘉靖三十六年）到达岑港时，戚继光等将奉命扼守周围的水陆要害，从四面将其围困。

王直不得已，在同年11月亲自进见胡宗宪，以示归顺的诚意。胡宗宪为此上奏朝廷，请求赦免王直。不料遭到京城多位官僚的抨击，甚至有人制造政治谣言，诬蔑胡宗宪收受了倭寇的贿赂。自身难保的胡宗宪不得不撤回奏疏，把王直转交由浙江按察司依法处置。

当王直于1559年（嘉靖三十八年）年底在杭州被处死后，盘踞在岑港的倭寇从海路突出重围，扬帆而去。随着王直、徐海、陈东、麻叶等人的死亡，日本人失去了极为有用的内应，倭寇的势力受到严重的削弱。浙江的倭患逐渐减轻，唯有闽、粤等地烽烟未熄。胡宗宪虽然有功，但他却因结交奸臣严嵩而倒台。最终平息闽、粤倭患的是名将戚继光与俞大猷等人。

十一　兵强将勇

在嘉靖年间的抗倭战争中，最著名的将领无疑是戚继光。他出身于将门世家，年仅17岁便袭承祖职，出任登州卫佥事，管理屯田事务，因为工作出色而于1553年（明嘉靖三十二年）升任都指挥佥事，负责山东的备倭重任，走上了抗倭前线，不久因成绩显著而转调到倭患的重灾区——浙江，出任都督佥事，后因才华出众而受到总督胡宗宪的赏识，升做宁（宁波）、绍（绍兴）、台（台州）参将。

戚继光辖下的部队常用火器作战，《戚少保年谱耆编》记载，1558年5月，4000多名倭寇在浙江温州乌牛岭登陆，四处剽掠，戚继光率部赶到，用鸟铳、弓箭等远距离打击敌人，获得胜利。1559年4月，台州桃渚被倭寇包围，戚继光命令数十名鸟铳手潜入城中，四处树立旗帜，伪装成大量援军到达的样子，第二天，倭寇看见城堞上旌旗蔽日，又遭到鸟铳的齐射，误以为碰上了明军的主力，被迫撤围而去。

戚继光在浙江作战并非一帆风顺，他在1558年（明嘉靖三十七年）因久攻岑港不下，与俞大猷一起受到撤职的处分，后来官复原职，改守台、金、严三郡。鉴于浙江前线原有的士兵多为市井油滑之辈，良莠不齐，战斗力低下，戚继光决定到义乌地区招募朴质的矿工为兵，由自己亲手训练成为剽悍勇敢的精锐部队。当时，明朝卫所制度下的很多士兵已经腐朽不堪用了，各地都以募

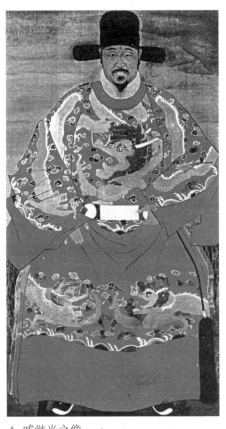

▲ 戚继光之像

兵应急，所以募兵制非常盛行。

1559年9月，来到义乌的戚继光招募了四千多人，并根据实战需要采用了全新的编制，即十二人组成一队，四队组成一哨，四哨组成一官，四官组成一总。这位出类拔萃的军事家自创了一些战阵用来训练士兵。戚继光于1560年（嘉靖三十九年）撰写的《纪效新书》中，记载的阵法有：

鸳鸯阵，此阵由十一人组成，以站在最前面的队长为首，而队长的身后并列着两行装备相同的纵队，每行纵队均有五人，第一人手持盾牌，第二人手持狼筅①，第三、四人手持长枪，最后一人手持镋钯（一种叉形冷兵器）。作战时，第一人负责用盾牌来掩护身后四个同伴，第二人也要用狼筅保护第一人，而第三、四人依靠长枪刺杀敌人。万一有敌人躲过长枪，用短兵器逼近肉搏时，则由手持镋钯的第五人迎战，以保护第三、四人。演练鸳鸯阵的士兵们开始使用的全是冷兵器，后来装备了鸟铳、快枪、火箭等，这种冷热兵器相结合的阵形，既可以进行远程射击，又能够近战。

两行纵队组成的鸳鸯阵，主要特点是队形的正面窄、目标小。反映了随着

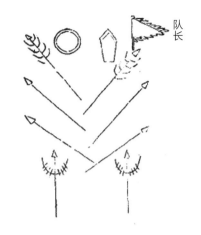

▲ 鸳鸯阵，采自《纪效新书》之《檄令篇》

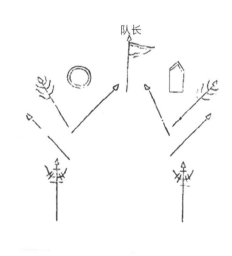

▲ 两仪阵，采自《纪效新书》之《檄令篇》

---

① 狼筅是用长约一丈五六尺的毛竹制成，前头一截布满了锐利的竹枝，粗达二尺，既可以遮蔽全身，又能够杀伤敌人。

火器射击技术的越来越准确，疏散的战斗队形得到了越来越多的重视。

鸳鸯阵也可以由纵队转变为横队，具体有两仪阵、三才阵。

两仪阵是在鸳鸯阵的两行纵队中，各抽出一名狼筅手上前，与盾牌手并肩，在他们的后面分别跟着两

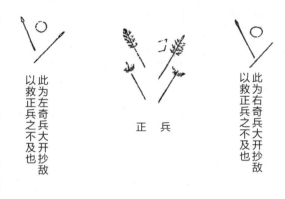

正 兵

以救正兵之不及也　此为左奇兵大开抄敌

以救正兵之不及也　此为右奇兵大开抄敌

▲ 大三才阵，采自《纪效新书》之《营阵篇》

个长枪手以及一个镋钯手。可以看出，两仪阵的纵深比鸳鸯阵浅，接敌面比鸳鸯阵大。

三才阵的接敌面比鸳鸯阵更大，它可分为小三才阵与大三才阵。

小三才阵实际是将鸳鸯阵的每行纵队改为横队，从右到左分别为盾牌手、狼筅手、长枪手、镋钯手，这样的横队前后共有两行。

大三才阵也是以横队为主，这个横队很长，从右到左可分为三个小组，第一个小组是两个长枪手中间夹着一个盾牌手，第二个小组是以队长居中，两旁紧挨着两个狼筅手，第三个小组与第一个小组一样，又是两个长枪手中间夹着一个盾牌手。此外，还有两个镋钯手在后面接应。

也许有人会问，在鸳鸯阵、两仪阵与三才阵这三种阵法中，哪一种最好？其实是各有所长，而战时到底应该采取哪种阵法对付来犯之敌，要根据具体情况而定。比如在一般的情况下，由纵队组成的鸳鸯阵，可以在狭窄的道路上作战，而两仪阵与三才阵则适合在宽阔的场所作战。

鸳鸯阵、两仪阵与三才阵都是由十一个人组成，都是戚家军的基本战斗队形，那么戚继光与倭寇作战时，又会把数以千计的士卒摆成什么阵势呢？答案是：一头一尾两翼阵。这个阵势是将部队分为四至五个营，以四个营为例，前营为"头"，后营为"尾"，左右两个营为"两翼"。前、后、左、右四个营，哪一个营首先与敌人作战，哪里就是"头"，顺理成章，它的两侧就是"翼"，后面就成了"尾"，非常灵活多变。

每一营又要分为前、后、左、右四哨，每一哨都可以由很多个鸳鸯阵（或者

是两仪阵与三才阵）组成。当前营的前哨与敌人接战一段时间后，抽空退下来休整，而后哨则冲上前哨的位置，继续与敌人作战。前、后两哨就这样轮番出击，连绵不断，与传统的叠阵有异曲同工之妙。

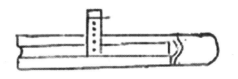

▲ 连子铳，采自《筹海图编·经略·兵器》

前营左、右两哨的主要任务是保护前、后哨的侧翼。同理，当前、后两营与敌人作战时，左、右两营也要保护前、后营的侧翼。

后营作为预备队，在后面负责策应，或者增援部队，或者伏击敌人。

戚继光的部队在陆战时也使用佛朗机、虎蹲炮等，此外各类火器还有：

连子铳，这是一种连射的火器。铳管里面装填上若干用纸筒包好的火药，火药筒之间的空隙用引线相连，并在铳身开一圆孔，垂直插入一个铁筒，放入数个弹丸在里面。当第一个火药筒将弹丸射出时，被引燃的下一个火药筒又依次将掉落的弹丸射出，直到全部射击完毕为止。

▲ 子母铳，采自《纪效新书》之《诸器篇》

子母铳，由母铳（相当于枪膛）与子瓶（相当于弹丸）两部分组合而成。发射时先在母铳里面装填火药，接着用木马从外向里压实，以防止泄气，再穿入一根引线，最后放入载有爆炸物以及另一根引线的子瓶。作战时需要分两次点燃引线，第一次是点燃子瓶上的引线，第二次是点燃母炮的引线，当子瓶成功发射出去，射中目标后便会适时引爆。这种火器的发射方式类似于臼炮发射空心爆炸弹，比较麻烦，而且有很大的危险性，如果母炮的引线太长，则子瓶未抛射出去就已经在手中爆炸；如果子瓶的引线过长，射中目标后也不会立即爆炸，甚至还会被风吹熄。

赛贡铳，铳长三尺，内装半斤火药，发射之前首先在火药上面放置木马，再放入若干弹丸。铳身下面垫着木块，用来调节射击角度。五百人之中，可以装备五六门。

六合铳，用六块木板组成，外面装上铁箍，以防爆膛，无论水战陆战均可使用，适合于近距离攻坚。不过，这种木制火器只是拿来应急，反复使用极容易爆膛。

无敌神飞炮，仿照佛朗机的样式而制，重约一千零五十斤，一次能发射五百枚小弹丸，射击面宽达二十余丈。

"工欲善其事，必先利其器"。贡赛铳、六合铳、无敌神飞炮以及前文提过的虎蹲炮等都是戚继光主持创建的新型火器。他既是指挥员，又是军火专家，这也是与一般将领的区别之所在。

戚继光还于1559年组建了一支拥有福船、海舱船、艟船、开浪船、网船等船只的水师。这些船只大小不同，各有各的特点，分别适用于深水以及浅水区域，可以排列成一个、两个或者数个"人"字形的阵势应战。

福船是戚家军水师中最大的战船，这类船出海时能够运载五队士卒，每一队的编制都相同，即以一名队长带领十名士兵（相当于鸳鸯阵）。按照《兵船束伍法》的规定，第一队与第二队的装备以火器为主，队长全部使用火桶，其余的队员携带鸟铳。第三、第四队的装备除了火器之外，还有冷兵器，具体是队长使用火桶，四个长枪手专门负责操作两门佛朗机，而

▲ 贡赛铳，采自《纪效新书》之《诸器篇》

▲ 水师阵势，采自《纪效新书》之《水兵篇》

镋钯手的远程兵器是火箭（火箭可架在镋钯前端的叉上发射），近战时则改用喷筒，剩下的队员专门发射鸟铳。第五队除了四个长枪手使用百子铳之外，其他队员的装备与第三、第四队并无区别。海舱船与艟船等战船比福船要小一些，运载的士

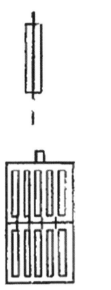

▲ 火砖，采自《纪效新书》之
《水兵篇》

▲ 火妖，采自《纪效新书》之
《水兵篇》

卒分别从四队至三队不等，而装备的火器也差不多。

水兵营在各个不同的时期可以根据军事任务的需要而配备用途不同的火器，据《纪效新书》的统计，在水兵营使用过的火器中，包括了管形火器、爆炸性火器与燃烧性火器。而具体的管形火器有大发熕、大佛朗机、碗口铳、百子铳、鸟铳等。爆炸性火器有火桶。燃烧性火器除了喷筒、烟罐、火箭、灰罐之外，还有：

火砖，制法是先将十个纸筒炮排为上下两层，每层各五个，再洒上火药、松脂、硫磺等，用粗纸及棉纸包成砖形，外表涂满油，最后插入竹筒，让引线在中间穿过。

火妖，用纸包成拳头大小，里面装着松香、火药，外面涂上黄脂、柏油、黄蜡等物，作战时将其点燃再抛向敌人。

大蜂窠，用纸糊成球形，厚百层，中间十层藏有很多小炮，它们一半装着毒物，一半装着火药，另外还有火蒺藜、松脂、硫磺等物，水陆皆可使用。

不管怎样厉害的火器，都要由人来操作，指战员的素质对战斗的胜负有很大的影响。戚继光练兵强调号令、武艺、阵法、胆量的重要性；选将则注意德、才、识、艺。在他的身传言教下，终于练出了一支纪律严明、勇敢善战的"戚家军"，这支部队很快就在战场上靠实力扬名立万。

1561年（明嘉靖四十年），一股倭寇在浙江奉化地区登陆，转而侵入戚继光的防区宁海一带掳掠。戚家军主力从台州赶去支援，但是狡猾的倭寇却兵分三路转而扑向兵力空虚的台州，其中一路有五六百人，于4月24日来到新河。当时，戚继光的夫人就在城内，仓促之间已经很难安全撤离。幸而她巾帼不让须眉，挺身而出主持大局，发动妇女们换上军装登上城垣助战，还命令守城士卒在城池上遍插旗帜，施放鸟铳，以张声势，尽量迷惑敌人。

不知虚实的倭寇一时不敢攻城，转而在城郊大肆抢劫。三天后，戚继光派来的援兵扭转了战场局势，很快就有一百多名盘踞在城南寺前桥的倭寇被鸟铳打死。残敌乘天色逐渐昏暗之机向温岭方向逃窜。

▲ 大蜂窠，采自《纪效新书》之《水兵篇》

新河战斗刚结束不久，新的较量又开始了，戚家军主力返回台州途中，在距城二里的花街与倭寇狭路相逢。戚继光将部队摆成前锋左哨、前锋右哨、中军正兵、左右翼等几部分，鼓行而进，向排列成一字阵的倭寇发起攻击。

倭寇顽强抵抗着，一名头目左手持予，右手持刀，挡在路中间，这种舍我其谁的气概，用成语来形容就是"一夫当关，万夫莫开"。不料，这名头目左手的予突然被人用鸟铳击断，接着，他右手的刀也被鸟铳打了个粉碎。原来，这是明军之中一位名叫朱珏的人干的，这位战士相当于现代的神枪手。人光有天赋不行，还需要得心应手的武器来协助。这样精确的射击也只有用鸟铳才能做到，过去的手铳绝对做不到。据明代《神器谱》记载，自从明军装备了鸟铳这类先进火器后，令一些喜欢裸体持刀砍杀的倭寇不得不披上沉重的铠甲加强防护，以致跳跃起来时动作呆滞，肉搏时战斗力明显下降。

朱珏击毙了挡路的倭寇头目，还一口气打死了七名敌人。明军越战越勇，左哨击败了倭寇的右哨，右哨也打垮了倭寇的左哨，大获全胜，作战中总共斩获了三百多个首级，生擒两人，救回五千多名老百姓。

明军虽然连战皆捷，但形势仍然不容乐观。在键跳海面登陆的一部分倭寇，共有两千多人。他们于五月初到达台州北面的大田镇。

戚继光分兵驻守新河、隘顽，身边可以动用的亲兵仅有一千五百余人，在人数不占优势的情况下，与敌人硬碰只会招致更大的损失，需要用计智取。他先在上田峰设伏，准备以逸待劳，打对手一个措手不及，但天不遂人愿，狡猾的倭寇迟迟没来。

戚家军没有气馁，再转移到上峰岭继续设伏，每人拿着一束松枝做伪装，耐心地隐蔽在丛林中，到了五月初四，终于等来了两千多倭寇。敌人的队伍平均三步一人，长达二十里，当这些自投罗网的家伙优哉游哉地行走了一半的时候，戚家军抛掉松枝，一跃而出，以前锋、右翼、左翼以及后应等四部分列成"一头一尾两翼阵"发起攻击。在混战中，明军将士有的发射鸟铳，有的舞动狼筅，纷纷摆出了鸳鸯阵，一鼓作气，占尽上风。

一部分倭寇舍命抵抗，他们连滚带爬地抢占了上峰岭的一个制高点，企图凭着有利地形苟延残喘。戚家军在盾牌的掩护下，用长矛仰击，一口气拿下了这个高地。

残余的倭寇慌不择路地撤下山，逃到白水洋，藏匿于当地的朱家大宅中，戚继光指挥部队跟踪追击，将这座大宅的里里外外围了好几重。将士们一边用鸟铳与爬上屋顶的敌人对射，一边缩小包围圈，一步步地逼到屋檐下，举火焚烧庐舍。

倭寇为了突围，甚至拆毁屋顶的瓦砾往下投掷，然而终于难以得逞。一些人自知罪孽深重，投入火海之中自焚而死，还有部分贪生怕死之徒被鸟铳与狼筅打得狼狈不堪，以致跪地求饶，丑态百出。

这一次，戚继光以少胜多，仅仅付出阵亡 3 人的代价，斩获敌首 344 颗，生擒 5 人，缴获兵器 1490 余件，救出被俘的无辜百姓 1000 多人，尽显仁义之师的本色。

明军陆战捷报频传，水战也表现出色，先后在洋坑、漩门、沙镬海洋、澳口等处用大船撞沉倭船十四艘，让大批敌人溺死于茫茫大海中。

戚继光也亲自指挥水战，他驻军新河时，侦察得知有两千名倭寇乘坐十八艘船于 5 月 17 日在长沙（今温岭东南）一带登陆，决定调动水陆两军，共同进剿。当时海面正刮着飓风，遭到痛击的倭寇争先恐后地夺船而逃，很多人在怒涛中船毁人亡，剩余的三百多人又分别在洋岐下洋、鹿星海、满山洋等处遭到明军水师的突袭，结果船只被撞沉及击毁四艘，最后投无路，唯有投降。

就这样，戚继光用了一个多月的时间，在台州地区的新河、花街、上峰岭、长沙等处连续打了几个漂亮仗，所向披靡，令入侵者闻风丧胆。再加上卢镗、牛天锡等将领又在宁波、温州获胜，从此浙江的倭寇基本上销声匿迹了。

不再骚扰浙江的倭寇跑到哪里去了呢？原来是南下到了福建，会合当地的同党一再掀起腥风血雨，此前福清、福安、福宁、宁德已经相续沦陷，到了1562年（明嘉靖四十一年），永宁等城又告失守，福建内地的奸民乘机兴风作浪，几无宁日。地方官员频频向朝廷告急，在嘉靖帝的过问之下，戚继光临危受命，紧急率领六千将士入闽以力挽狂澜，同行的还有督府中军都司戴冲宵及其部属一千六百余人。他们经分水关到达闽东北，发现北自宁德，南至漳州、泉州，沿海千里萧条，而曾经沦陷的宁德等城已经成为废墟，百姓流离失所，倭寇以宁德附近的横屿岛与福清的峰头地区为两大巢穴，不断进行骚扰。

戚继光刻不容缓地与当地官员协商作战方案，计划夺取横屿岛，以便从战略上起到断敌一臂的作用。他把部分人员分驻于横屿岛的东墙铺、东山铺、金垂渡、石壁岭等处，以互相呼应，同时采取分化瓦解之策，成功招抚了一批依附倭寇的当地居民，做足准备工作后，戚家军于八月初八兵分两路，正式在友军的配合下攻岛。将士们登陆时排列着鸳鸯阵，用草束填平淤泥而前进，攻破倭寇据守的木城，击溃了列阵顽抗之敌，斩首340级，俘虏29人，夺得兵器183件，释放被掳百姓800多人，而戚家军仅阵亡13人。

横屿岛既然告捷，下一个目标自然是轮到福清的峰头地区的倭寇了。可是这时敌情产生了变化，本来占据峰头、连营于海口和东澳、大澳等处的敌人现在重新调整布置，集结于牛田（今临清东南）一带，此外还有部分人马散布于周围的杞店、上薛、西林、木岭、闻读等地，形成了势若长蛇的阵线，络绎30余里。戚继光再接再厉地于九月初一向临清进发，出其不意地突袭了倭寇在杞店的巢穴，致使很多敌人在睡梦中送了命。根据俘虏的口供，戚继光判断倭寇援军马上就要赶到，立即派遣壮士朱珏等三百多人埋伏于山口，准备打援。

当天晚上五更时分，七百多名倭寇果然匆忙来到，冒冒失失地闯入了包围圈。这些人的脚被预先铺在路面上的蒺藜刺伤，接着又遭到火铳、弓箭的射击，不禁乱作一团。

明军主力部队听到铳声响了起来，马上赶来参战，以破竹之势全歼这股敌人，乘胜直捣牛田、上薛、闻读，覆其巢穴，斩首688级，生擒10人，救回被掠男女954人。倭寇接二连三地受到沉重打击，数千名胁从者（主要为当地人）见势不妙陆续散去。而盘踞于西林、木岭等处的残敌则闻风丧胆，迅速逃离了福清地区，前往惠安暂避，不久又有4000多人窜到莆城（今莆田境内）南面20里之外一个名叫林墩的地方，四面列栅，据险而守。

戚继光当然不会放过这些人，他率领六千多人于 9 月 12 日从福清出发，一天之内疾驰 70 余里到达该地，次日在夜色的掩护下包抄敌巢，眼见就要大功告成，不料，前头部队被私通倭寇的向导故意引入了歧路，受到敌军的猛烈反击而一度陷入被动状态。

情况非常危急，在伤亡惨重的情况下，有数百名将士转身企图撤退，但被在后面督战的戚继光拦住。这员老将毫不留情地执行军纪，亲手杀死十四名逃兵，并重新督促剩下的人返回战场。经过重新调整部署，兵力占优势的明军在一番血战后终于攻入了林墩。

林墩这个地方靠近海港，四面环水，巷道狭窄而弯曲。死守的倭寇据说有"海兜联金之甲，铜鏊淬铁之坚，神臂剪矢之利"，可见来自日本的铠甲、刀具与弓箭等装备确实非常精良。可是，由于用来近战的日本刀太长，在巷战时难以舒展，这些亡命之徒只好成群结队地改用短刀顽抗，最终计穷途拙，战败而落水溺死千余人，一大批胁从者四散而逃。《戚少保年谱耆编》记载残存的"真倭"（指来自日本的海盗）退至黄石附近的窑兜，躲入房屋里继续顽抗。这些房屋皆是瓦、石所筑，没有栋梁，难以焚烧。可是，这难不倒善于使用火攻的明军，将士们登上屋顶，揭开瓦片，先把点燃的草木抛下，然后再倾泻火药，将里面的敌人烧得焦头烂额，再乘势杀入，一一予以歼灭。此战，明军以阵亡 96 员的代价，斩首 960 级，生擒男女贼人各 13 名，救回百姓 2000 余人。另外，还有很多倭寇在混乱中焚溺而亡。

战斗结束后，戚家军继续搜索各个房子里面的残敌。士兵们发现一个漏网之敌带着一个妇女躲藏在床下。这个女人竟然日久生情，紧紧抓住倭寇的衣服不放，怎么也不肯让明军拖走她的男人。戚继光亲自来到现场，用手掰开这个女人的左腕，她又用右手继续拉扯衣服，一副难舍难分的模样。明军将士当然不会成全这段孽缘，棒打这对亡命鸳鸯是必然的事。

执迷不悟的只是极少数人，大多数老百姓都深明大义，当戚家军收兵返回莆城时，人们张灯结彩、箪食壶浆到郊外迎接，以致道路为之阻塞。

戚家军在福建的两个多月里，虽然屡战屡胜，但自身的兵力也有一定的损失，再加上许多将士由于水土不服而染病。为适当休整，戚继光于 10 月 1 日率部返回浙江。

福建境内的倭寇在戚家军离去后，叫嚣着"戚老虎去，吾又何惧"，重新猖狂了起来，福宁、政和、兴化等地岌岌可危，特别是兴化府于1562年11月28日被6000名倭寇攻克，震动了整个福建。

朝廷催促戚继光尽快重返福建战场，并升他为副总兵。已经从义乌新募了万余士兵的戚家军，又在1563年（明嘉靖四十二年）3月间日夜兼程进入福建，与福建总兵俞大猷、广东总兵刘显等人率领的军队在兴化东南的东亭会师。完成集结的各路明军，总兵力达到三万人左右，军中诸将与福建新任巡抚谭纶共同商议作战计划，决定在4月21日夜间兵分三路，对倭寇进行会剿。

各路明军按时发起总攻，在22日凌晨逼近诸林以南许家村时遭遇两千名敌人，明军立即环山列阵，齐放火器，击退了首先发起进攻的百余敌骑，接着与其步兵进行白刃战。寡不敌众的倭寇狼狈逃窜。明军四面合围，顺风纵火，迅速歼灭了这股顽敌，收复了平海卫。战后论功行赏，戚继光为首，俞大猷、刘显为次。

马不停蹄的戚家军又在5月间于连江的马鼻岭与宁德的峭石岭等处消灭了部分顽敌，福建暂时恢复了平静。随着秋汛的到来，倭寇又卷土重来，从10月份起与明军在福建沿海冲突不断。在此前后，戚继光因战功而升为总兵官，镇守福建全省与浙江金、温二府，他把从浙江带来的万余部队分为春、秋两班，轮流入福建参战。

戚继光升官之后打的第一场硬仗是仙游之战。倭寇于十一月初七出动一万多人围困了仙游城。当时城内仅有两百名正规军和两百名民兵，在这千钧一发之际，他们得到了来自兴化的戚家军的支援。原来，戚继光事前已经预感到敌人会进犯仙游，一方面派人催促在浙江轮休的部属入闽，另一方面率领部分人马紧急南下至兴化，与仙游互为犄角，但由于兵力单薄，还没有能力马上解开仙游之围。

戚家军抢占仙游附近的一些险要地点，布置疑兵以牵制敌人，并不断用小股出击的战术骚扰敌巢，还暗中给仙游守军补充人员以及运送火药等物资，力图使围城之敌因面临内外的双重压力而顾此失彼。戚继光比较厉害的一招是故意制造出数门后膛薄弱的木发熕（木炮），炮膛里面装填着火药、丸子，把它们扔在运往仙游的路途中。当阻击明军运输队的倭寇得到这批炮时，立即用来攻城，谁知点燃引线，后膛马上爆炸，死伤了数百人。

与此同时，戚继光还在福州、福宁等处的一些战略要点做了周密的布置，以防其他地方的倭寇乘乱兴风作浪。此举有助于明军集中主要力量打破仙游的僵局。

到了 12 月，仙游攻防战变得更加激烈起来，倭寇派出先锋进攻西北水关，砍伐木栅、毁坏土墙，不断用鸟铳射击城内守军，除了动用云梯之外，还推动吕公车靠近城墙，进行攻城。吕公车比仙游城堞要高出一丈多，三面以竹子、木材、棉布等物做遮掩，里面藏匿了百余人，可以踏着阶梯登上车顶，而车顶竖立着一座"飞桥"，能够横架在车身与城墙之间，方便攻城者以此为桥梁，鱼贯而过。

城里的军民拼命抵挡，危在旦夕。在这个关键时刻，经过充分准备的戚家军终于在 25 日夜间冒雨出动，于次日凌晨发起反攻，乘着浓雾杀向围城之敌。

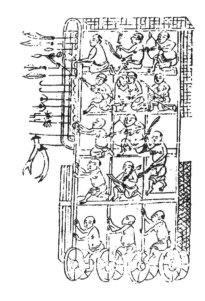

▲ 吕公车

原来在浙江轮休的六千多名将士已经重返福建，到达前线与戚继光会合在一起，因而明军也具备了反攻的能力。

各路军队在戚继光的指挥下势如破竹，四处纵火焚烧倭寇营垒并乘势猛攻，重创入侵者，以损失 24 人的代价斩下首级 498 颗，生擒 1 人，缴获数百件器械，救回被掳百姓 3000 多人。接着又歼灭了同安、漳浦等地的数百顽敌。战后，福建巡抚谭纶在给朝廷报捷的疏文中对仙游之战作了高度评价，称"以寡敌众，一呼而辄解重围……自东南用兵以来，军威未有若此之震，军功未有若此之奇"。至此，残余的倭寇丧魂落魄，逃往广东，这意味着福建的倭患基本上平息了。

十二 除恶务尽

　　说到平息广东倭患的明将,必须提到与戚继光齐名的另一位将领——俞大猷。此人生于福建泉州,自幼喜欢读书,长大后投笔从戎,承袭父亲的百户军职,开始了军人生涯,并在1535年(明嘉靖十四年)的武举会试中名列进士第五名,升为正千户。可惜他仕途坎坷,曾经因为写书信向上级陈述破倭之策,而被监司官以"小校不守本分,擅自上书"为理由用杖击进行体罚,遭到革职的处分。

　　是金子,不管放在哪里都会发光。俞大猷没有因为一时挫折而气馁,他抓住朝廷酝酿出征安南、防御蒙古的机会,继续上书陈述方略,结果引起了兵部尚书毛伯温这个伯乐的注意,不久便被调到福建、广东等地守御。1552年,他奉命前往浙江这个抗倭的最前线,历任参将、总兵,参加过包括王江泾大捷在内的一系列战事。他虽然立下了汗马功劳,但是因为性格耿直,与朝廷内外诸位大臣搞不好关系,所以功绩经常被隐瞒,后来更因遭人诬告而身陷囹圄,以致再度解甲归田。

　　俞大猷人生的又一个转折点是在1562年,他被重新起用,派遣到福建抵御倭寇,前后担任副总兵、总兵之职,曾经与戚继光等人一起合力取得平海卫之战的重大胜利。当福建残余的倭寇逃入广东的那一年,他改任广东总兵,肩负起保卫一方平安的重任。

　　俞大猷在广东屡战屡胜,原因是拥有一支由自己亲手组织、训练有素的部队,史称"俞家军"。他与戚继光一样,编辑及撰写过兵书(例如《正气堂集》《续武经总要》),对军旅之事颇有心得,并创建过阵法,其中著名的有"三叠势"与"夺前蛟势"。

　　三叠势,与沐英首创的三排轮射火器的叠阵有相似之处。简而言之,是将排成纵队的队伍分为前、中、后三队,当前进到与敌人的距离为五百步至一千步时,则前队与中队不动,后队迅速赶上,排在前队之前,准备迎战。当敌人来到五十步至一百步之间时,便以急促的鼓声为号,最前面的将士们踊跃出击。在战斗的过程中,前、中、后三队的位置不断循环,厮杀与休整交替着进行。鸣金收兵的时候,前队迅速撤到后队的后面。而中、后二队不动,准备应付追兵。三行纵队不断以交换位置的方式后撤，有秩序地离开战场。当然，三叠势并非只能以一路纵队的形式作战，在宽阔的地形上，可以将大部队分成很多路这样的纵队打击敌人。

夺前蛟势这种阵法与三叠势差不多，也是厮杀与休整交替着进行的战术。当列成纵队的部队应战时，由排在后面的士兵们陆续不断地横跨而前，轮流出击。而前面的人被挤到了最后的位置时，又要重新冲上前去，周而复始地与敌人厮杀。

俞大猷同时大力主张重用海军平倭，尽量不让敌人有登陆的机会。他甚至建议要将部队的 7/10 改为水师，在重要的岛屿及航线上建立多层次的防御，目的是直接把倭寇消灭于海上，防患于未然。他在《正气堂集》中有一句著名的话是"大船胜小船、大铳胜小铳、多船胜寡船、多铳胜寡铳"，强调要优先使用福船这种大型舰只，在远海上大规模集中兵力与火力，打有准备之仗。遗憾的是，这种战术思想未能在朝廷大臣中取得共识，所以也没有成为现实。俞大猷在御倭战争中经常是将已经登陆的敌人赶下海，然后再在海上歼灭之。

三叠势

夺前蛟势

▲ "三叠势"与"夺前蛟势"，采自《续武经总要》卷八《韬钤续篇》

那时倭寇在浙江与福建作战不利，便陆续进入广东，与当地的同党合流，数量达到一两万人。这些家伙与原籍福建诏安的大海盗吴平等人狼狈为奸，成为潮州、揭阳等地的祸患。主持广东军务的俞大猷从福建调来旧部属一万多人，会同地方上的抗倭力量，计划逐一清除流窜到各地的倭寇。1564 年（明嘉靖四十三年）3 月，明军大举包围揭阳邹塘地区，在一日一夜之内连克三个敌巢，焚烧及斩死四百人。其后，俞大猷采取声东击西之策，表面上摆出攻打芦清（揭阳以西）的姿态，实际直捣海丰一带，再度获捷，消灭残敌一千一百多人。

海丰地区的倭寇惊恐不已，企图逃往崎沙、甲子诸澳，目的是夺取老百姓的渔舟出海。不料，途中很多船只被飓风刮沉，尸体在海面上漂浮。拼死从海中游回的生还者有两千余人，这些走投无路的家伙只好登岸，退回海丰、金锡附近，不料惊魂未定又被以逸待劳的俞大猷围困了两个月。弹尽粮绝的倭寇最后不得不冒险突围，谁知误打误撞竟闯进了明军早已准备好的埋伏圈中，真是自寻死路。战斗中，副将汤克宽亲手斩死3个敌酋，与随后赶到的参将王诏一起擒斩1300余人，接着又歼灭了一批逃往山中之敌，获得丰硕的战果。广东的倭寇屡受重创，已难成气候，部分漏网的家伙从此无力单独抢掠，只能作为海盗的附庸。

明朝历来对海盗与山贼采用剿抚结合的策略，坐镇广东的俞大猷运筹帷幄时显得胆大心细，有一次竟敢凭着在战争造就的显赫威名，单骑闯入敌巢以招安盗贼（归附的盗贼头子名叫程绍录，后来与其他明将发生冲突而死）。总而言之，明军能够顺利清除潮州、揭阳地区的倭患，很大程度要归功于俞大猷大力招降群盗，致使倭寇丧失内应。

海盗头子吴平不久也表示接受朝廷招安，被安置于福建原籍。但此人回到福建诏安后野性未驯，继续招纳江湖上的亡命之徒，聚众万余人，企图重操旧业。他还制造了数百艘战舰，具备了骚扰沿海郡县的条件。

福建总兵戚继光与新任巡抚汪道昆对吴平的所作所为洞若观火，决定于1565年（明嘉靖四十四年）2月19日出兵进剿。事先得知风声的吴平连忙率众逃亡，在途中与拦截的福建水师多次交手，先后损失了百余艘船只以及数千人，只得撤往广东。

等到福建水师于4月间班师后，吴平杀了个回马枪，率百余艘船只重返福建沿海地带，围攻玄钟等处，与地方驻军多次交锋，最后他选择了广东饶平南面大海中的南澳岛作为落脚点。

朝廷为了平定海疆，命令福建与广东的巡抚、总兵齐心协力夹击吴平，就这样，戚继光与俞大猷终于能够再次合作，预计于1565年下半年携手重上沙场。在此之前的几个月里，戚继光率一部分兵力围剿龙头等处，意图除掉在后方牵制的山贼，以便放手捕杀吴平。那一仗，剿匪军队动用了木烦，这种木制火炮结构简单，重量轻，机动性强，适宜在山区快速调动，缺点是不能多次使用，否则会爆膛。据说有一次在交锋时，木烦射出的一发炮弹竟然将敌人山寨的墙壁打穿了三个洞，还附带打断了一棵树及击毙两名敌人。面对明军铳炮的猛烈射击，焦头烂额的山贼在突围时戴着竹盔、披上棉甲、穿着厚底布鞋以防御弹丸，但是仍然损失惨重，最后仅有少数人漏网，大多数贼人逃脱不了覆灭的命运。

戚继光解决了山贼，海盗的末日也就临近了。

流离浪荡于闽粤两省沿海区域的吴平及其一伙惶惶不可终日，这些人在明军兵威的震慑下，不敢将据点设于陆地，而是龟缩于南澳岛的深澳地区，企求能长期固守。南澳岛东西长40多里，南北最宽之处为20里，有多个地方可以停泊船只，其中，进出深澳地区的水路比较狭窄，仅可容小船航行，地形异常险要，吴平在此筑起一些木城与土堡，正好占据易守难攻的地利。

俞大猷与戚继光等人不打算让茫茫大海成为敌人的庇护所，他们追踪而至，着手准备跨海出击，登陆南澳岛，一举捣毁这个海盗的窝藏点。

两省联军调来数以万计的军队，征集了几百艘战船，分别从广东海门与福建月港等地踏上了征程，同时，先行出发侦察敌情的水师已经组织人员沉船堵塞深澳港的出口，意图截断吴平的突围之路，把敌人一网打尽。

战斗在9月22日开始了，抵达战区的戚家军选择地势平坦的龙眼沙作为登陆点，将士们纷纷将粉墨涂在面上，看起来有如厉鬼，目的是为了吓唬敌人。然而，当数以万计的军队乘坐各类船只成功靠岸后，并没有匆匆忙忙地长驱直入，而是采取稳扎稳打的方法，首先在登陆点附近修建起大型木城，作为一个临时的营垒，徐图进取。木城其制法比较简易，通常在两根高五尺，阔五尺的木材中间钉上几条竹子，由一些士兵背负着行军。宿营时将这些东西树立于地面上，它们之间横竖相连，互相用绳子固定，形成一排排围在一起的木栅，用来遮蔽自己，打击敌人。军队进退之际，可以将木城拆开或组装，非常方便。

吴平不甘心束手待毙，分别于22日与25日出动二三千人进行两次反扑，企图乘刚刚登陆的戚家军立足未稳，将他们逆推回大海，但是均告失败。戚继光巩固了登陆点后，按部就班地向纵深挺进。

俞大猷与汤克宽等人出动的三百余艘舰船也陆续到达了南澳附近海域。闽粤两省军队会师在一起，各自分派任务，进一步严密封锁南澳岛的各个港口，于十月初五发动总攻，目标对准吴平的本寨、后寨以及土围，海盗们哪里抵抗得住这样凌厉的攻势，纷纷退守木城之内。

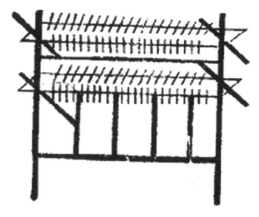

▲ 木城，采自《纪效新书·诸器篇》

戚家军斩栅而入，将敌人的巢穴付之一炬。

海盗们四处溃散，有的在慌乱中投崖，有的藏匿于森林之内，还有一些亡命之徒乘船突围，以火器、弓弩为武器拼命冲杀。明军水师抛掷火球，痛击敌船，致使很多敌人掉落海中溺毙。

南澳之战，一共有一千五百多名海盗战死，另外还烧死与淹死五千多人。明军俘虏及收降了一些海盗，解救出被俘军民一千八百余人。不过吴平这只狡猾的老狐狸却杀了条血路，逃出重围。

戚继光留在南澳打扫战场。俞大猷则指挥李超以及汤克宽等将领继续对沿着海岸线南逃的吴平穷追猛打，一路紧跟不放。追击的过程是一波三折，在饶平的凤凰山，明军眼看就要全歼这伙残余海盗时，没料到竟让吴平掠夺老百姓的渔船从眼底下溜走了。俞大猷为此遭到福建、广东的巡按、御史等官员的弹劾，又一次不幸被朝廷撤职。

慌不择路的吴平跑向潮州，经雷州、廉州等海域逃往安南（今越南）。但就算海盗们跑到天涯海角，也是枉然，这些人的结局是在 1566 年（明嘉靖四十五年）4 月于安南万山桥一带的海面上被汤克宽率领的追兵在战舰上用各种火器饱和射击，无一人生还。走投无路的吴平在最后一刻踉踉跄跄，他将一门大铳绑在脚上，投海自尽。

吴平所部的覆灭，标志着东南沿海的抗倭已经接近尾声。不过尚有一些余波未平，例如吴平的余党曾一本，就先降后叛。

曾一本在吴平溃败时流窜到广东海丰、惠州地区，因势穷力竭而投降了汤克宽。可是此人做惯了海盗，终因死性不改而又再叛变，在海上干起了烧杀抢掠、痛快淋漓的无本生意，以致多次和明军发生冲突，甚至用大炮打死守备李茂才，活捉澄海知县。最离谱的是他竟敢重新勾结倭寇，妄想在广东、福建渔利。这使宦海沉浮的俞大猷又一次有机会受到朝廷的重用，在战场上大显身手，发挥余热。

本来，俞大猷因早前参与平定河源、翁源等地的盗贼已经复职，并任广西总兵官。现在为了扫荡死灰复燃的海盗，他联合李锡等将领在 1568 年（明隆庆二年）出海，转战于柘林澳、马耳澳等地，所向皆捷，最后，又会合郭成率领的广东军队在莱芜澳分作三哨进攻，取得了歼敌上万的佳绩，灭掉了垂死挣扎的曾一本。战后，俞大猷进一步高升为右都督，为自己的御倭生涯增添了新的光彩。

至此，嘉靖年间极度猖獗的倭寇，随着吴平、曾一本等海盗的死亡而渐渐步向了穷途末路，除了返回日本之外，还有少数人逃到东南亚，这些家伙明白留在中国逃脱不了覆灭的命运，只有选择离开才是明智之举。此后的隆庆以及万历年间，中国沿海的倭患已经大大减轻。

倭寇的销声匿迹，虽然与日本国内形势的改变以及明朝放松海禁政策有关，但也离不开胡宗宪、戚继光、谭纶、俞大猷、汤克宽等人的不懈努力，其中战绩最引人注目的是戚继光，根据《戚少保年谱耆编》记载，这位名将在与倭寇的大大小小的战斗中，总共斩获了数以万计的首级，还通过火攻与海战焚溺数万之敌。正是文武大臣运筹帷幄、各司其职并在广大老百姓的支持下浴血奋战，才促使这场斗争以胜利而告终。

十三 整顿军备

在南方，明朝调集的精兵良将为击退倭寇而赴汤蹈火、出生入死；在北方，明朝与鞑靼的战争也是却连绵不断、如火如荼。

自从达延汗这个元太祖成吉思汗的后裔统一了鞑靼诸部后，结束了那些割据一方的异姓封建主们的世袭特权，并将其牧地与人民分封给自己的多个儿子，基本控制了塞外的政治局势。

鞑靼号称六万户，按照游牧民族的传统分为左右两翼，左翼是察哈尔、喀尔喀、兀良哈（这个万户后来被其他万户所瓜分）等三万户；右翼是应绍卜、鄂尔多斯、土默特等三万户。

不过，随着达延汗这位铁腕君主的去世，他的子孙们又逐渐成了一盘散沙。几位继任大汗的人虽然与分封的各部封建主之间具有血缘关系，但双方的依附关系却处于不断削弱的状态之中，到最后，大汗甚至沦落到仅仅只能对左翼发号施令的地步。

鞑靼诸部重新分崩离析的标志性事件发生在1547年（明嘉靖二十六年）前后，达延汗的曾孙打来逊大汗忍受不了右翼封建主的排挤，被迫率领左翼的察哈尔、内喀尔喀二部从漠南的牧地迁徙到了辽河河套。此举意味着左、右两翼开始分道扬镳，鞑靼的分裂已经公开化。

自行其是的右翼希望与明朝通贡互市，互相往来，因为这样既可以获得自身不能生产的生活必需品，又能够凭借明朝的政治、经济力量与左翼的大汗争雄。但是，那时候塞内外的局势并非处于和平状态，双方的紧张关系没有改变，明朝出于对鞑靼的不信任，经常对右翼提出的"通贡"请求不加理睬，继续履行经济封锁之策，结果导致双方关系持续恶化。右翼诸部不断入塞抢掠，而且规模越来越大，特别是在16世纪的明世宗在位期间，右翼封建主为了达到通过战争来胁迫明朝通贡的目的，持续30多年不断进犯明朝北部边境，打了无数次大大小小的仗。塞内外烽火连天，哀鸿遍野，其中影响最大的一次是在1550年（嘉靖二十九年），达延汗的孙子——右翼的领袖俺答汗率军从漠南长驱直入，兵临明朝首都北京城下，畿甸大震。由于京营积弱已久，士卒多已逃亡，故缺额严重，存者不足五六万人，而且当中强弱参半，早已不堪作战，而外地的勤王之师也畏敌如虎，互相观望，致使在京郊地区掳掠的鞑靼人满载而归。据说这些游牧战士在这次行动中"残掠人畜二百万"，前后半月方收兵出塞，这就是历史上著名的"庚戌之变"。

既然朝廷官兵不能"御敌于国门之外"，那么老百姓就要拿武器来保护自己，因此，边塞的城乡地区陆续建筑了大量城堡，一旦鞑靼骑兵进入塞内，城堡周围的男女老幼马上将牲畜、粮食等财物迁入堡内，进行坚壁清野。茅元仪在《武备志·军资乘·堡约》中将这种情况概括为鞑靼诸部入侵是"人自为战"，而边境老百姓的防御对策是"人自为守"。

每一乡里地区都可以有二三个大小不等的城堡，通常能够容纳数百人至千余人左右，这些城堡多数选择建在山地或丘陵附近，尽量避开交通发达地带。比较典型的城堡是矩形的，每一面城墙都会有几个突出墙外的敌台（或者角台），两台之间距离不远，容易形成交叉火力，分别从两侧打击攀登城墙的敌人。不过，由于鞑靼人没有可以毁坏城墙的火炮，所以这类城堡没有相应发展为"棱堡"。相反，16世纪的欧洲各国，为了加强对火器的防御，人们已经将城堡中凸出城墙的敌台（角台）改造成中间凸出一个三角形的棱堡。因为火炮直射时在三角形的墙壁上很容易跳弹，所以更安全（棱堡问题，后文还要提及）。

守卫城堡的人是包括老弱妇孺在内的，装备的兵器通常有神铳、火炮、火筒、弓箭、盾牌以及刀、斧、棍棒等等，还有悬挂在城墙上面，准备随时砸下的巨石、大木。其中值得一提的是"炮石"，

▲ 城堡（敌台，指城墙中央凸出部，四角凸出部为角台），采自《武备志》卷一一四

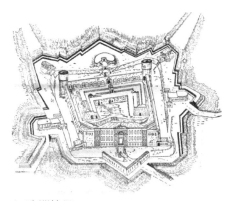

▲ 欧洲棱堡

就是将圆石中间凿空，里面装入炸药，接上引线，再用泥土封好。作战时人们便点燃引线，手指勾着捆绑在圆石上的绳子，出力甩向敌人，后来，还在圆石的上面加装木柄，好像现在的手榴弹一样，用手来投掷。

蔚州人尹耕的《乡约》记载鞑靼人进攻城堡的方法有多种，他们或者身披牛皮制成的战衣，推着大车前行，用车辆上面放置的长竿撞击城墙；或者将大量草束堆积在城堡之前，放火烧门；或者齐射弓箭，对城上的守军进行压制，然后乘机攀登，甚至还可能使用了抛石机。

在这场旷日持久的战争中，一些城堡沦陷，另一些城堡则经受住了考验。

为了改变被动局面以及履行保境安民的职责，明朝的一些文武大臣急忙亡羊补牢，他们采取的针对性政策之一是积极更新军事装备。北部边境上的明军驻防部队越来越倚重火器，先后装备了大量当时最先进的火器——鸟铳与佛郎机。从此，这些西式火器便有机会与长城沿线服役的各类战车进一步紧密结合起来，以全新的姿态出现在战场上。

首次装备了佛郎机的是"全胜战火轻车"，它的出现使明军射击火器的速度大大增加，提高了战斗力。这种车辆是明臣刘天和在总制陕西三边军务时，陆续将两千多辆旧式战车改造而成的。据刘天和所写的《条陈战守便益以图御虏实效疏》中记载，车上除了装备佛郎机外，还有一窝蜂、神枪、飞火枪等边境驻军习惯使用的传统火器，但没有鸟铳，因而射击的准确度有所欠缺。

"全胜战火轻车"的车厢前树立着画有狻猊（狮子之类的猛兽）形状的盾牌，左右盾牌还绘上老虎，以示威吓之意。此车机动性比较强，两车相连，可蔽护三四十人，又配备着随车帐篷，使将士们在野外执行军事任务时不致露宿。利用这种战车布置在边墙附近便形成了第二条防线，用来保卫在边境上修筑工事的丁夫和那些进行农耕的军民，非常方便，既可以扼守险要，又能够控制水源，往往使来犯之敌难以乘虚而入。

作战时，为了对付排山倒海而来的敌人骑兵，明军可将大批车辆布置成环形阵势，实际相当于一个炮兵阵地。用车上的火器轮番射击，等于发射排炮，当敌人突破炮火形成的封锁线时又可以发射弓弩，然后进行短兵相接。敌人败退后则动用布置在车营中央的骑兵来追击。

刘天和在嘉靖年间多次运用战车击败从河套入侵的鞑靼诸部，《名山藏》记载他先后与敌人作战27次，斩首数千级。

虽然军队之中长期存在文武不和的问题，然而刘天和却驭将有方，有一次他用激将法令总兵周尚文奋起出战，在黑水苑之战中杀死了鄂尔多斯部封建主吉囊的儿子小十王，并斩首一百三十级，赢得干净利索的一仗。而周尚文作为吉囊的死对头，后来改镇大同时，又在黑山之战中杀死了吉囊的另一个儿子满罕歹，成为武将的典范。

戎马一生的周尚文，先后在甘肃、宁夏、凉州、大同等地多次与鞑靼鄂尔多斯、土默特等部交战，屡获战功。他既善于野战，又兼顾防守，在出任凉州副总兵时，为防吉囊乘黄河结冰时入犯，主持加筑边墙120里，并在上面浇以水，致使其冰滑而不可攀登；冰融解时则令壮士手持长竿、铁钩等武器，钩杀偷渡者。他升为宁夏总兵官之职后，协助陕西总督王琼修建边墙，规划建设水利，开垦屯田，有助于应付长期的战乱，军民两利。他调往大同任总兵时，在宣大总督翁万达的提议之下又积极增设边墙，完成了从宣府西阳河到大同开山口一带的修墙任务，延袤达到200余里；还在阳和以西至山西丫角山等处四百余里的范围内增修了千余座敌台，屯田四万余顷，扩军一万三千多，为御敌于国门之外而殚精竭虑。

1541年（明嘉靖二十年）后，逐渐取得右翼领袖地位的俺答汗异常活跃，频繁骚扰边境。明朝北部边防宿将王效、马永、梁震等皆战死，唯有周尚文在残酷的战争中幸存了下来，故威名也最盛。《明史》称："终明之世，总兵官加三公者[1]，尚文一人而已。"回顾历史，很难把曾经在北方边境战斗过的所有明朝将帅一一写出来，这些人的事迹也不可能巨细无遗地交代清楚，而周尚文正是其中比较具有代表性的一人，可起到"窥一斑而知全豹"的作用。遗憾的是，他仅在幼时读过一点书，粗通文字，因而与后起之秀——俞大猷、戚继光等文武双全的将领相比，还是略显不足，他从未像俞、戚两人那样编写过兵书，也从未创建过新式火器与新式战车。

战车就像火器一样，在北部边防中所起的作用越来越突出，仅就陕西地区而言，先有热衷于研制战车的刘天和，后有全力组建车营的曾铣。河套作为鞑靼的根据地，对陕西三边的威胁很大。当踌躇满志的名臣曾铣于1546年（明嘉靖二十五年）出任总督的时候，提出了收复河套的建议。他计划动用步兵7.2万人，分为24个营，

---

① 三公，指太师、太傅、太保这三个最尊显的官衔的合称。周尚文为太保。

每一营配备 200 辆霹雳车以及 80 辆毒火炮车。值得注意的是，这两种战车没有像刘天和的战车那样装上西式佛朗机，相反，全部采用国产火炮，例如毒火飞炮、霹雳炮。为什么呢？原因之一是佛朗机只能发射实心弹，而毒火飞炮与霹雳炮却能发射空心爆炸弹。

空心爆炸弹在前文已提及，戚家军御倭时使用过的子母铳，就是一种可以发射空心爆炸弹的火器。原来，我国古代传统的铳炮（包括后来引进的西式火器）发射的全是实心弹，这种弹虽然威力大，但是不能爆炸开来利用弹片杀人，故杀伤范围有限。空心爆炸弹就不同了，它的弹壳里面装填着火药、毒药等物，并有一根引线伸出外面，爆炸时弹片四射，毒烟弥漫，其穿透力虽然不像实心弹那么强，但是射击面却比实心弹要宽得多，杀伤力也很大，非常厉害。这种嘉靖年间制造的新式炸弹，放入炮管后要分两次点燃引线，第一次是点燃炸弹上的长引线，第二次是点燃炮管火门上的短引线，如果炸弹成功发射出去，射中目标后便会爆开。不过，空心爆炸弹能够承受的膛压比较低，所以发射这种炸弹的炮其炮管不会很长，射程也不会很远。

毒火飞炮正是发射空心爆炸弹的武器，它可能是由传统的盏口炮改造而成的一种臼炮。此外，明代可以发射空心爆炸弹的火器还有毒雾神烟炮、八面旋风吐雾轰雷炮等。而曾铣对毒火飞炮比较熟悉，他在《议收复河套疏》中自称过去在提督山西三关时制造过这种火器，并利用它在宁塞与定边两地击败过鞑靼人。

装在车营上的另外一种火器——霹雳炮，相当于《武备志》记载的飞云霹雳炮之类的臼炮，也可以发射空心爆炸弹。它射出的炮弹大如饭碗、圆如球，中间装载着半斤爆炸品，飞入敌人营寨，霹雳一声，火光四溅，能够在瞬息之间杀伤多人。

此外，曾铣计划中的车营还要装备连珠炮、手把铳、火箭等火器。必须指出的是连珠炮不能发射空心爆炸弹，它属于发射利箭的神枪系列产品，枪管比

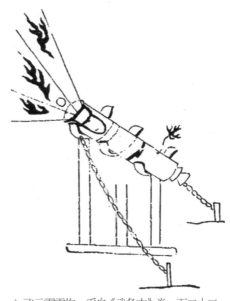

▲飞云霹雳炮，采自《武备志》卷一百二十二

神枪还要更长一些。将士们用手持放时可分三次装填火药（与三眼铳差不多），故可以连射三次。

据《复套条议》一文的统计，每一辆霹雳车上装备的火器有：霹雳炮18杆，大号连珠炮、中号连珠炮各一杆，还有手把铳两杆，火箭两百多支。而毒火战车上装备的全是毒火飞炮。

根据曾铣向朝廷上奏的《营阵图》里面阐述的车营阵法，军队作战时需要按部就班地进行安营布阵、准备作战、先锋迎敌、骑兵追逐、步兵搏击、全营进攻、长驱直入、获胜收兵八个步骤。其中，使用火器的战术有三班轮射法与五层轮射法。

三班轮射法，就是第一班将士首先走出车营外，站在战车之前射击火器，等到第二班将士出来之后再退回。同样，第二班发射完毕要等到第三班出来才撤回。如此轮流出击，便达到循环不断地发射火器的目的。

五层轮射法是将使用火器的将士预先排好五层，头层将士射击完毕立即退到后面装填弹药，再由二层将士接着射击，第三、四、五层以此类推，势必能够长时间射击。

不言而喻，无论三班轮射法还是五层轮射法，都是大同小异，均起源于明初沐英的三叠阵。

但是，曾铣时运不济，他于1548年（明嘉靖二十七年）3月被嘉靖帝以擅自结交近侍官员的罪名斩首，而那个准备使用车营收复河套的计划也被无限期搁置了。

佛朗机与鸟铳这两种西式火器同时出现在一辆战车上的时候，曾铣已经下台很久了，而具体策划与制造这种新式战车的是当时的名将俞大猷。俞大猷因为在浙江抗倭前线作战不太顺利，被朝廷中的御史所劾，被迫离职而辗转北上，到宣大边塞效力。他与大同巡抚李文进一起建立车营，大力推广用车营作战，一共创制了三种战车的车型，分别是独轮车、双轮战车、双轮粮车。其中，独轮车与双轮战车的车上均载有佛朗机，而车兵则装备了鸟铳。当然，除了佛朗机与鸟铳之外，还继续使用神枪等传统火器，也配备有冷兵器。

俞大猷的车营战术是以车辆作为限制敌人骑兵纵横驰奔的障碍物，同时利用车上的铳炮进行远距离射击。火器发射时速度不但要快，还要准确，最大限度地重创敌人后，再动用步骑冲出车营外进行厮杀，出击的距离一般为三百步左右，不超过车载铳炮的射程掩护范围。

当敌人溃退时，车营便在将士们的推动之下，稳步前进，进行追击。

这种配备了西式火器的车营在 1560 年（明嘉靖三十九年）击败过剽悍的鞑靼人，地点是在大同银安堡一带，当时一百辆战车在三千明军步骑兵的配合下打退了一万多名鞑靼骑兵，并向北追逐数百里。

俞大猷不久又被朝廷调回南方抗倭，但是战车并没有因为他的离开而日渐式微，相反凭着突出的表现加深了对周围地区的影响。宣府、山西等镇也开始陆续修复旧的战车以及制造新的战车，作为训练士卒之用。

陕西三边、宣大、山西等镇均重用车营，京畿地区也不能置身事外。随着南方御倭战争的胜利，一批南方的文武官员先后被调到了烽烟未息的北方。其中，谭纶在 1568 年 3 月被任命为蓟辽总督，而戚继光也于同年 5 月调任，职责是总理蓟、昌、保定地区练兵事务（其后改任蓟镇总兵官），协助谭纶开展军事工作。为了提高部队的战斗力，他们无不注意加强训练，采取了编组车营、修理边墙、重整军备等一系列措施以对付鞑靼。

戚继光没有被平定倭患的胜利冲昏头脑，他清醒地指出鞑靼骑兵是与倭寇不一样的部队，他的一番真知灼见被汪道昆记录在《大将军戚长公应诏京师序》一文中，其中提到鞑靼骑兵与倭寇主要有五个不同点：第一，倭寇远涉重洋而来，规模最大时为两万人左右，而鞑靼进犯，最多可达数十万众；第二，倭寇经常赤身露体采取白刃格斗的战术，近战的范围局限在五步之内，而鞑靼则披挂铠甲进行骑射，快疾如风，机动范围非常广；第三，北方风大，沙尘蔽天，明军如果处于逆风往往难以发射火器；第四，倭寇航海时依靠季风，故容易事先推算其来犯的时间，而鞑靼来去无常，难以预测；第五，蓟、辽、宣、大诸镇环卫京师，却各自划地而守，号令不一，信息不畅，虽然理论上可以互相支援，但是在实践中效果不佳。

困难这么多，那么怎样解决呢？从戚继光后来采取的措施来看，无非就是部署严密的防御体系，改善装备以及加强训练士卒而已。

燕山山脉是抵御塞外游牧民族南下中原的屏障，而蓟辽地区横跨燕山山脉南北，捍卫京师，战略位置比较重要。那时候鞑靼诸部对蓟辽地区的侵扰次数比宣府、大同地区要少得多，但是一旦进犯，往往联合游牧在蓟辽边外的朵颜三卫（兀良哈三卫），动辄达到数万甚至十几万人的规模，数量惊人。前两任总督因为抗击不力而惨遭牢狱之灾。血的教训促使谭纶不敢有丝毫怠慢，他在任期间尽力支持戚继光巩固边境防御工事的计划，由此进行了大规模重修边墙、建筑敌台的措施。

戚继光在山海关到石塘岭一带总共修筑了上千座敌台。值得一提的是空心敌台，这对古代边防工事而言是一个史无前例的创举。这种敌台高约三四丈，周围阔约十二丈到十七八丈不等。它的台基与城墙相连，凸出城墙之外一丈四五尺有余，向内嵌入城墙五尺有余。敌台中空，可以隐藏士卒与贮存武器辎重，四面还设有箭窗（射孔），能够直射或者侧射火器、弓箭。上层建有小楼，四周环绕着可以架炮的垛口，用来打击敌人。

敌台常年都有人在里面驻守。在敌情严峻的春、秋两季，人数多达三十至五十人（戚继光还专门招募他的浙江老部属北上守台），其余时间一般也有五至十人。每一敌台装备了包括石块在内的各种武器，其中火器主要有八门佛朗机（包含七十二个子铳）、八支神枪或快枪、五百支火箭、五百个石炮等等。

快枪，是一种北方人习惯使用的火门枪，射击时必须用手点燃引线。枪管长二尺，用药三四钱，可发射铅子。进行白刃战时可在前端套上金属枪头。

大型火箭中，常见的有飞枪、飞刀与飞剑。它们都是在长约五尺的木柄上绑着七寸的火箭筒，区别在于金属箭头，有的如枪形，有的如刀形，有的如剑形。发射时发出雷鸣般的响声，可达到三百步之外。

▲ 空心敌台，采自《四镇三关志》之《建置》

长六尺五寸重五斤

▲ 快枪，采自《练兵实纪》之《军器解》

保境安民 135

石炮，是将大大小小的圆石，中间凿空，往里面装填入炸药，接上引线，再用泥土封好。战时点燃引线用力抛掷出去，可杀伤敌人。

作为一名出色的军火专家，戚继光后来还在 1580 年（明万历八年）创建了一种名叫"钢轮发火"的引爆装置用来引爆地雷。将这东西埋藏在驻守的据点附近时，一旦前来侵犯的敌人触及绊索，便立即牵动钢轮发火装置，地雷会马上爆炸。

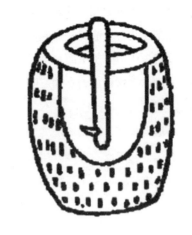

▲ 石炮，采自《练兵实纪》之《军器解》

这类空心敌台往往设在边墙的要害之处，一般每距数十步或百步就有一座，而缓冲之处每隔五十步或二百步也有一座。可见每两个敌台之间最远的距离不过一百五十至二百步左右，正好处于佛朗机等铳炮的有效射程之内，作战时可以互相进行交叉的火力支援。

此外，边墙后方的制高点或者城池据点的要害之处还有数以千计的空心战台(类似于空心敌台)，形成第二条阵线，用来支援前线的战斗。而从边境到纵深地带的各交通要道又有传递军情的墩台（烽火台），配备了负责报警的士卒。

蓟镇地区的边墙、城台、堡垒等工事陆续修筑完备后，在一段时间内确实阻止了鞑靼的内犯，发挥了作用。然而，

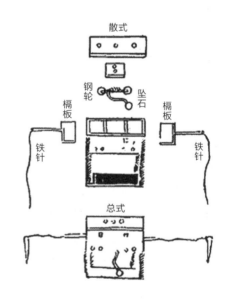

▲ 钢轮发火，采自《武备志》卷一三四

一支军队只有防御能力而没有野战能力，就会处于战略上的被动状态。为了在野外打败敌人，戚继光又相继组建了车营、骑营与步营。

车营装备了轻、重两种车型。

重车为长辕、双轮的偏厢车，约600斤，需要两头骡子拉动。车上装备的火器有两门大佛朗机。每一辆重车配备20名士兵，其中使用火器的有14人，占7成以上。20名士兵分作正、奇两队，正队共10人，其中两人负责驾驭骡子，6人负责操控佛朗机，还有1名车正以及掌管车辆运动的舵工。奇队也有10人，包括队长1人，配有长刀的鸟铳手4人，而配有火箭的藤牌手以及锐钯手各有两人，专管伙食的炊事兵有1人，一营共128辆车。另外，还有施发号令的2辆鼓车、3辆将领的专用座车、4辆火箭车以及8辆装备有无敌大将军炮的战车。整个车营的将士共有3109名。

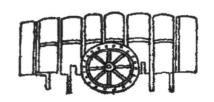

▲ 重车，采自《练兵实纪》之《杂篇》

▲ 无敌大将军车，采自《练兵实纪》之《军器解》

轻车的机动性强，适合在崎岖险隘的道路上使用。每辆车上有队长1人，鸟铳手6人，锐钯手2人，佛朗机手2人以及炊事兵1人。轻车营由216辆战车组成，共有2592名将士。排成方阵时每一面都有54辆车。

辎重营也有240辆车，每车运载12石5斗的粮食，负责后勤补给。

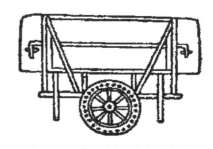

▲ 轻车，采自《练兵实纪》之《杂篇》

骑兵营的基本组织是"队"，由12人组成，包括队总1人，鸟铳手2人，快枪手2人，锐钯手2人，枪棍手2人，大棒手2人以及炊事兵1人。一营达到

▲ 辎重车，采自《练兵实纪》之《杂篇》

2699人，编制之内的作战人员包括将官、中军、千总、把总、百总、旗总、队总、兵夫等，此外再加上旗鼓手等勤杂人员，全营将士总共有2988人。使用火器的人数占了一半，还有专供骑兵使用的60门虎蹲炮，平均每门炮需要3名炮手。军史

专家认为，用骡马来驮载虎蹲炮的骑兵营不但是我国骑兵史上最早的骑炮兵，也是世界骑兵史上最早的骑炮兵，它比起西方的瑞典国王阿道夫·古斯塔夫在 1630 年组建的骑炮兵要提早 50 至 70 年。

▲ 骑兵营中的马队，采自《练兵实纪》之《杂篇》

步兵营由火器手队与杀手队两种基本单位组成，火器手队有队长 1 人，鸟铳手 10 人，炊事兵 1 人；杀手队有队长 1 人，圆牌手 2 人，狼筅手 2 人，长枪手 2 人，镋钯手 2 人，大棒手 2 人。其全营的编制与骑兵营基本相同，分别有将官、中军、千总、把总、百总、旗总、队长、士兵等（这两个军事单位的总人数也差不多），其中使用火器的战士占了一半。

戚继光运用车、骑、步营作战的战术时，格外注重火器与鸳鸯阵的配合，例如他在自己编撰的练兵专著——《练兵实纪》中记载：

▲ 步兵营中的步队，采自《练兵实纪》之《杂篇》

"敌人以零星的骑兵进行试探性进攻时，每辆战车只可使用一杆鸟铳瞄准射击，不可齐射，以免浪费弹药。当敌人主力蜂拥而至时，则将每辆车上的四个鸟铳手分作两班，他们在发射火箭的藤牌手、镋钯手还有佛朗机手的配合下进行轮流射击（按顺序先发射两次鸟铳，再齐射火箭与佛朗机炮）。整个射击程序共分三次，务必使铳炮之声周而复始、绵绵不绝。"

戚继光认为过去一些明军使用战车没有达到预期的效果，与其错误的战术有莫大的关系。例如有的士卒在作战时为了使车辆不乱动，竟然用钉子将其固定在地上，结果被敌人运来的柴草所烧毁。因此，他特别强调战车的机动性，要具备一边战斗一边前进的能力，尽量避免在原地停滞不前。如果敌人冲到车前不退，中军主将应该立即下令发射各种火器，接着每辆战车派出战斗队冲出营外，分成

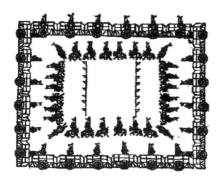

▲ 辎车营，采自《练兵实纪》之《杂篇》

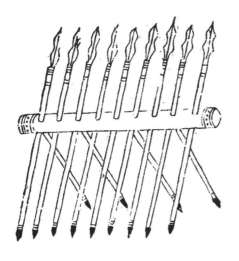

▲ 拒马枪，采自《武备志》卷一百九

四层，首先按部就班地发射鸟铳、火箭与弓箭，若敌人冒死逼近，则将队伍摆成鸳鸯阵，以藤牌手在前面，后面依次是锐钯手、长枪手、鸟铳手（这时改用长刀），进行白刃战。

骑兵营在单独战斗时，要在阵前排列拒马（一种对付鞑靼骑兵的障碍物）。外围的每队将士都要下马分成五层，前面三层逐一射击鸟铳、快枪与火箭，随后，中军将官指挥施放虎蹲炮，放炮完毕，第四、五层再发射火箭。如果敌人仍不退缩，则将队伍布成鸳鸯阵，锐钯手在第一位，刀棍手在第二位，大棒手在第三位，快枪手在第四位，鸟铳手（改用长刀）在第五位。厮杀时刀棍手专门打击人面与马腹，大棒手负责敲击马头，其他的将士只管冲锋陷阵，不准停下来割取首级。阵内骑兵的任务是追击败退的敌人，但是射击铳炮的时候必须下马，而射箭及挥舞刀枪等冷兵器时则不需要下马。

步兵营也像骑兵营一样，把每队分为五层，轮流射击鸟铳、快枪、火箭与弓箭，与敌人进行短兵相接时则摆出鸳鸯阵，由藤牌手排在第一位，后面依次为锐钯手、快枪手（可以将事先准备好的金属枪头套入快枪的柄中，用来刺杀）、鸟铳手（改用长刀）。以擂鼓、鸣锣为号，经过三擂三吹，将士们也三喊三进，其后，不必再受鸳鸯阵的束缚，全体一拥而上，人自为战。打退敌人后再鸣金收兵。

车营与骑兵营联合作战时，以战车相连，形成防御阵线。骑兵营一部分将士下马与车营将士一起轮流发射火器，第一、二次是车兵的鸟铳手射击，第三、四次是骑兵的鸟铳手射击，发射完毕再施放火箭，接着由佛朗机手齐射，整个射击程序共分六次，可以整日施放而不会停歇。如果敌人逼近车营前，又可以轮流发射虎蹲炮、大将军炮与火箭车上的火箭，敌我双方肉搏时，明军则用鸳鸯阵迎战，但是步兵不能离开战车三十步之外，因为战车可以伺机发射喷筒与火箭，掩护步兵。敌人败退时，仍然由骑兵追击。

为了以最快的速度掌握敌人的动态，戚继光有计划地派遣了一千多名哨探，乔装打扮，深入蓟镇对面的游牧部落，打探消息，若有风吹草动，马上返回报告。另外还有多达三千余人的侦察人员分散潜伏在指定地点，日夜警戒，一旦发现敌情，立即点燃随身携带的信号炮报警。

在前线守卫墩台的士卒听到炮声，要用旗带、烽火或者炮声为信号，采取一个墩台接一个墩台的传播方式不断地将敌情传遍全镇。

蓟镇的车、骑、步营接到警报后，要争取在短时间内集结起来向敌情严重的地方前进，支援驻守在边墙各个敌台的将士，直至把来犯之敌击退。

为了提高作战效率，戚继光于1572年（明隆庆六年）对蓟镇各支部队进行过一场规模宏大的联合演习，从10月22日到28日，共用去了7天时间。事后证明，按照作战预案是可以御敌于国门之外的。

必要的时候，戚继光亦组织部队主动攻击长城以外的鞑靼部落，他分别在1568年、1573年（明万历元年）、1575年（明万历三年）多次出动车、骑、步营击败朵颜首领董狐狸，并活捉了他的弟弟长秃，逼使董狐狸请降。然而也有失利的战例，比如在南方抗倭时立下战功的将领汤克宽，在从长城古北口出击鞑靼时就误入埋伏而战死。

总的来说，戚继光镇守蓟镇16年（1567年至1583年），并没有打过什么大规模的仗，原因除了他做好充分的军事准备，使敌人不敢轻举妄动之外，还与鞑靼右翼领袖俺答同明朝达成了和议有关。

1571年（明隆庆五年），明穆宗登基不久后就在封疆大臣——宣大总督王崇古、大同巡抚方逢时等人的倡议下，遣返了因为家庭矛盾而前来归附的把汉那吉（俺答的孙子），从而与右翼的关系有所改善。其后，明朝又接纳俺答通贡互市的提议，正式册封其为"顺义王"，确立了彼此的附属关系，接着在沿边诸关隘开市，进行贸易往来，这就是历史上著名的"俺答封贡"。这样一来，明朝与鞑靼右翼的关系全面解冻，大漠南北总体上处于偃兵息武的状态。不过小规模的摩擦仍然时有发生，特别是多年以后在俺答的孙子扯力克继任"顺义王"期间，竟然联合

▲ 俞大猷建造的战车样式之一，采自《正气堂集》卷十一

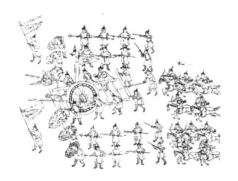

▲ 俞大猷建造的战车样式之二，采自《正气堂集》卷十一

青海的蒙古部落突入明境，导致双方关系一度恶化，濒临战争的边缘。幸运的是，在各方势力的斡旋之下，一场危机最终得到化解。

由此可见，尽管明朝与鞑靼右翼达成了历史性的和议，但局势仍然存在变数，绝不能因此而马放南山、铸剑为犁。

在戚继光主持军务的蓟镇，将士们时刻枕戈待旦，特别是训练有素的车营部队给人的印象尤为深刻。为此辽镇、昌镇、真定、保定等地区的驻军也相继建起了车营。后来在兵部侍郎汪道昆的推动之下，朝廷把蓟、辽、昌、保四镇与紫荆、居庸、山海三关组合成新的防御体系，使京师外围的防御更加完备。而京师旧有的车营也得到改造，这要归功于俞大猷，他步戚继光的后尘，接受京官邀请北上整顿京营，策划建造战车，更新装备，逐渐提升其战斗力，以备不时之需。

必须要说明的是"俺答封贡"之后，与鞑靼右翼接壤的宣、大、陕西等地区战火已经渐渐平息，而与左翼相邻的辽东那一带却仍然硝烟弥漫。原因在于明朝仅仅只是与右翼和解，与左翼仍然处于战争状态，并没有停止对其进行经济封锁。

左翼领袖打来逊大汗死后，继任的土蛮汗不甘心永远被排斥在明朝与蒙古进行经贸往来的大门之外，他多次公开强调自己才是鞑靼的正统大汗，显然在身份上要比俺答显赫得多，言外之意是希望凭此与明朝展开对话，达到通贡贸易的目的。但是明朝的反应消极。这样一来，左翼便继续采用战争的手段来胁迫明朝通贡，土蛮汗加紧对明用兵，联合朵颜与女真等部落，变本加厉地入塞掠夺财物。

源于"白山黑水"（泛指长白山和黑龙江）地区的女真人早在明朝开国之初已经归附，而散处于关外的各个女真部落也被朝廷编设为卫所组织，其中比较著名的是建州卫、建州左卫与建州右卫。到了成化年间，双方关系逐渐恶化，明朝与朝鲜由于对女真一些部落的扰边行为不满，遂联手进剿，打死了建州诸卫的头目董山、李满住父子等人，令建州女真长期难以恢复元气。当鞑靼左翼在嘉靖年间东迁辽东后，把当地搞了个天翻地覆，使明军疲于奔命，而原本孱弱的一些女真诸部亦乘乱得以重新崛起，在明朝边塞虎视眈眈。

现在已经很难统计各种势力在辽东争霸时到底在多少次战斗中使用过火器，总而言之，漫长的战争使火器在边关得到了充分表演的机会，其中当然缺少不了戚继光、俞大猷等人推崇备至的各类战车。下面分别举出战车在辽东进行野战、防御与攻坚的三个战例。

首先是野战的战例：

1572年，左翼土蛮部①在一部分朵颜三卫人马的配合下企图进犯锦州、义州、宁前等地。9月，这些鞑靼部落以万余骑兵直捣白塔堡、戴家岭，在分兵掳掠时与明将杨燮、李惟一所率的部队在乱岗台、双墩铺等地展开激战。鞑靼骑兵在面对明军动用战车发射铳、炮、火箭的情况下，难以取胜，转而向沙河驿方向撤退。

其次是防御的战例：

1586年（明万历十四年）至1587年（明万历十五年），土蛮诸部多次进入辽东，当时驻守宁远的将士们针锋相对，将数百辆战车布置于城外，以积极防御的姿态显示捍卫疆土之意。

最后是一场精彩的攻坚战例：

1588年（明万历十六年），辽东的女真部落首领卜寨、那林孛罗与土蛮互通声气，图谋不轨，准备纠集各部进犯开原。蓟辽总督顾养谦令名将李成梁先下手为强，率领不满两万的兵力，并动用四百二十辆战车（车营由经验丰富的杨燮指挥）于3月间从开原威远堡出境，对女真人的聚居地进行扫荡。

当时道路上冷雪消融，泥泞深达一尺以上，明军车、骑、步营经过艰苦的跋涉，前行30里，沿途收降了一些放弃抵抗的女真人，逐渐逼近卜寨的根据地。

势单力薄的卜寨不敢应战，放弃自己的地盘而逃往那林孛罗的山寨中，两人合营，坚壁死守。

---

① 鞑靼大汗的直属部落——察哈尔部。

这座山寨非常大，建立在险峻的山上，内外总共四层城墙，里面筑有一座木城，木城中有一间用来安置老幼妇孺以及财物的八角明楼，外面又有一座石城，石城外坚立有木栅，并挖掘好了三道壕沟，可谓戒备森严。而数以万计的守卫者（其中披甲者为千人左右）早已特意准备了大量滚木、石块，正严阵以待——要想攻克，谈何容易！

李成梁没有被困难吓倒，他调动骑兵与战车四面列营，包围敌寨。尽管将士们处于仰攻的不利状态下，可还是强渡壕沟，攻破木栅，越过了两层城墙。只是血战两日，便有很多人死于滚木、石块之下。

为了避免更大的伤亡，李成梁下令以大炮发射铅弹。据《万历武功录》记载，凡是弹丸经过的地方，墙壁倾斜、柱子断裂，无不千疮百孔。大批守城士兵伤痕累累，老幼妇孺哀号痛泣。在这一阶段的战斗中，明军阵亡 53 人，战马死亡 113 匹，战绩是斩首 554 级，夺取了 98 匹马，救回被掳百姓 8 人。

为了打破僵局，尽快结束战斗，明军出动了乘载着云梯的战车，竖立起来的云梯好像楼橹一样高，顶端还放置了火炮，能够对敌城进行平行射击，大有摧枯拉朽之势，让负隅顽抗者不禁胆战心惊。

卜寨与那林孛罗眼看抵抗下去只能是死路一条，无奈之下选择出城投降。明军大获全胜，在凯旋回师时以云梯过于笨重，致使挽车者疲惫不堪为由，遂放火将其烧毁。

在此介绍一下出身于武臣之家的李成梁，他的高祖名叫李英，做过铁岭卫指挥佥事。到了李成梁这一代，虽然史称"英毅骁健，有大将才"，可是由于家庭贫困没钱贿赂京官的缘故，一直未能承袭祖职，直到 40 岁时因得到巡按御史李辅的赏识才如愿以偿。正所谓乱世出英雄，不久他因战功升为辽东险山参将，从此仕途顺利，先后出任副总兵、总兵之职，加功晋爵更是不在话下。

李成梁多次击败过鞑靼左翼、朵颜、女真诸部对辽东的侵扰，并打死了左翼喀尔喀部首领速把亥、女真建州都指挥王杲、阿台以及叶赫部的清佳砮、杨吉砮等名噪一时的风云人物，还降服了清佳砮的儿子卜寨与杨吉砮的儿子那林孛罗。

虽然李成梁在降服卜寨与那林孛罗之役中动用了战车，但是他打的很多胜仗都与机动能力有限的战车无关，他更擅长带领部分精锐军队出塞捣毁敌人的老巢，这种军事行动令对手防不胜防，其特点是速战速决，抓一把就走。例如他在 1578 年（明万历六年）、1579 年（明万历七年）这两年中连续出塞 200 里之外，袭击左翼察哈尔领袖土蛮的营地，每次都斩首四百多级，夺得大量牲畜、器械而还。除此之外还多次对内喀尔喀、朵颜、女真等部落进行过类似的捣剿行动。

史载李成梁在出镇辽东22年的时间里，先后向朝廷上奏十次大捷，明神宗为此多次祭告郊庙，接受廷臣祝贺，因此，若论边帅武功之盛，二百年来未有人比得上他。

随着李成梁的飞黄腾达，家中的子弟，甚至奴仆也非富则贵，可谓"一人得道，鸡犬升天"。他位高名重后变得骄傲起来，生活奢侈无度，还开始插手边贸，进行经商，将聚敛的钱财大肆行贿朝中要人。他在战场上也渐渐变得暮气沉沉，不思进取，出塞作战时经常夸大战绩，而敌人进犯时则拥兵观望，直至做出了滥杀无辜，用良民首级冒功的丑事，因而受到舆论的抨击，终于被撤职（后来又复出）。然而李成梁离开后，辽东镇再也找不到比他更出色的人，致使十年之间八换统帅，边备又回到了废弛状态。

第四章 万历武功

十四 宁夏平叛

　　明代万历年间，战火频仍。其中，有三次几乎同时进行的军事行动因轰动一时而被后人统称为"万历三大征"。分别是镇压宁夏的哱拜叛乱、抗日援朝与平定播州土司的杨应龙之乱。

　　首先说说宁夏的哱拜叛乱。

　　哱拜原是鞑靼人，嘉靖年间因得罪部落酋长，父兄皆被杀害，为了活命，他不得不与土谷赤等三百人一起投降明朝边将郑印。每当出塞作战时，哱拜便成为一马当先的先锋，在长期的征战生涯中屡立战功，因而不断升迁，被当时在宁夏镇主持军务的王崇古所赏识。

　　到了隆庆年间"俺答封贡"，大漠南北化干戈为玉帛之时，哱拜已经官至宁夏镇副总兵，土谷赤则升为游击。两人都在过去的战争中发了财，便私自招兵买马，豢养两千鞑靼人为家丁。

　　家丁，是一些将领的私属武装力量，他们独立成营，生活待遇与武器都比一般士兵好。供养这些人的费用最初由将领自掏腰包，故这种军队实际已经蜕变为将领的私人工具。当将领离任或者退休，还可将家丁带回原籍。由于明朝原有的军制日益败坏，官军战斗力每况愈下，因而很多将领都供养家丁以备不时之需。朝廷有时也不得不重用那些能征善战的家丁，并发其粮饷。

　　拥有大量家丁的哱拜终于退休了，可他的儿子哱承恩得以袭承都指挥使之职①，故在军队中仍保持着一定的影响力。

　　1591 年（明万历十九年），巡抚党馨有意打压哱拜一族在军中的势力，引起了哱拜父子的不满，双方矛盾不断升级，已经到了不可调和的地步，终于酿成了大祸。

　　哱承恩少壮气盛，思想偏激，秘密策划谋反，他纠集刘东旸、许朝等八十多

---

　　① 这时，土谷赤已病死。其子土文秀顶班，同样为都指挥使。

名将士结盟，共推刘东旸为主，以催讨粮饷为名于1592年（明万历二十年）2月18日杀死了冤家对头党馨，逼死总兵张维忠，占据宁夏镇。事后刘东旸自称总兵，哱承恩、许朝为左右副总兵，而土文秀与哱云（哱拜的义子）亦参与其中，为左右参将。叛乱就这样发生了，叛乱真正的策划者则是隐藏在幕后的哱拜。

叛军要求朝廷承认他们自封的官职，让他们世守宁夏，不然则联合河套的鞑靼骑兵南下灵州、花马池，直达潼关，妄想划关而守，独霸一方。这些家伙四处出击，陆续夺取了黄河西北至玉泉一带的四十七座城堡，关陕为之大震。其间，仅有平虏卫参将萧如薰坚守城池，始终不屈，他的妻子杨氏出身名门，知书达礼，时时鼓励丈夫要为国尽忠，称："你做忠臣，妾便为忠妇。"

叛军的气焰异常嚣张，在战乱期间到处骚扰百姓，掳掠财富，强抢民女，甚至连皇亲国戚也不放过，就算是宁夏庆王府也遭到大批散兵游勇的洗劫，王妃方氏害怕受到污辱，先是欲拔剑自刎，但被保姆阻止。接着，她与儿子慌不择路地躲藏于土窖之中，长时间不敢出来，最后竟然在里面活活闷死了。

当时总督陕西、延绥、宁夏、甘肃军务的魏学曾正在花马池这个沿边要地视察，他令副总兵李昫前往平乱，另外派遣游击赵武赶赴鸣沙州，防止敌人潜渡黄河。

平乱的明军没有打什么大仗就顺利地收复了叛军放弃的四十七座城堡，推进到宁夏城下。两军在城外多次交锋，而发生于四月初五的一仗比较激烈，叛军动用了战车，在神枪、三眼铳与盏口炮等传统火器的配合下排列阵营，但仍败于官军之手，死伤了一千多人以及损失了一百多辆战车。哱云亦在战斗时中炮而亡。

然而明军未能乘胜克城。因为各部在战场上互相协同得不好，一些突入城中的将士没有及时得到后继支援，导致全部战死。

叛军做好长期固守城池的打算，令人持刀沿街日夜巡逻，不许居民擅自出屋，以防内乱。而前线明军在朝廷的催促之下数次攻城，均没有结果。

河套鞑靼部落在哱拜的重金贿赂之下，出兵介入这场战事，迫使魏学曾在围攻宁夏的同时也要分出部分兵力堵截鞑靼人，尽量将后者驱离战区。4月21日，明军在城外用大炮击退了叛军与两千余鞑靼骑兵。为此，地方大臣不得不派人到鞑靼营中，重申双方通贡互市时的约定，劝其不要插手。鞑靼贵族表面上答应退兵，但是暗地里仍然援助哱拜，时不时前来骚扰。

魏学曾无法迅速拿下宁夏，督师无功，被迫自劾。明神宗令甘肃巡抚叶梦熊再派总兵麻贵、牛秉忠等前往助剿。

援兵到来后，从 4 月 24 日起在宁夏城外发动了试探性的进攻。战事持续到次日，变得更加激烈，麻贵、牛秉忠下令从部队中挑选七千名精兵，分为四营，分别从西北以及东北方向突袭，形成夹击之势。

迎战的叛军有四五千人，其步兵托着从城中房屋拆下的门板走在前列，骑兵紧跟在后，以求一逞。虽然这些门板可以抵挡神枪与盏口炮等传统火器，但拦截不住各种新式火器射出的弹丸，致使叛军在铳炮声中伤亡惨重，纷纷丢下门板溃逃。

形势对前线的明军很有利，宁夏似乎指日可下。不料，叛军"明修栈道，暗度陈仓"，悄悄动用骑兵出城偷袭明军侧后的粮道，烧毁了二百多辆运送给养的辎重车，并夺取大批牛羊驱赶回城。此举致使宁夏城内的粮食储备更加充足，从而增加了明军的攻城难度。

明军损失的粮饷陆续得到补充。宁夏新任巡抚朱正色派遣总兵董一奎于五月初二日护送一批粮草来到前线并参与攻城。诸将的表现很卖力，牛秉忠甚至冒死冲锋也在所不惜，被弹丸击伤右臂，可僵局仍迟迟未能打破。

明军久攻不下的原因之一在于前线缺乏一员得力的将帅来主持大局（当时总督、巡抚俱不在现场），以致五六万军队散成几部分，分别在不同将领的辖下各自为战。

为了统一号令，兵部以名将李成梁的儿子李如松为"提督陕西讨逆军务总兵官"，带领辽东、宣府、大同、山西诸路援军前往宁夏地区主持战局，以御史梅国桢为监军，随同出征。

李如松虽然官居提督，可统率前线诸将，但是还不能独断专行，明神宗与兵部尚书石星此前都先后作出指示，要求他接受总督（文官）的约束。

还没等李如松到达前线，战局又起了变化，因为围城部队的火力存在大幅度增强的可能。甘肃巡抚叶梦熊携带神炮等火器以及四百辆战车于六月间从甘州来到灵州，与身在当地督战的魏学曾会合。

主动请缨求战的叶梦熊是一位杰出的军火专家，他肯定希望自己设计以及制造出来的各种武器在战争中得到检验。这些武器包括大神铳、灭虏炮与轻车。

大神铳，是叶梦熊在 1584 年（明万历十二年）任永平兵备道时制造的，这种火炮其实是在戚继光所制的大将军炮的基础上改良而成。大将军炮原本为佛朗机样式，母铳重约一千斤，子铳重约一百五十斤，叶梦熊将一百五十斤的子铳改为二百五十斤，长度变成原先的三倍，达到六尺，如此巨大的子铳当然缺

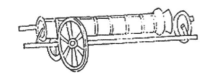

▲ 大神铳，采自《登坛必究》卷二十九

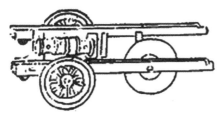

▲ 叶公神铳，采自《武备志》卷一百二十三

乏与之配套的母铳，所以只能放弃母铳，专用子铳。这样一来，子铳便成了名叫"大神铳"的一种前膛炮。它放在特制的三轮战车上（前二轮、后一轮），射程约为八百弓[1]，发射的弹丸有五种：七斤的为"公弹"，三斤的为"子弹"，一斤的为"孙弹"，另外还有重约二三钱的"群孙弹"以及用毒药煮过的铁、瓷片，各种炮弹的总重量为二十斤。据说在实战时"势如霹雳"，一次可杀伤数百敌人。经过战火考验的大神铳仅在1592年就由朝廷发下共约一万二千万两银子，制造了一千门布置在甘肃一带，防御鞑靼人。

大神铳衍生出了一些型号，这就是《武备志》中分为天、地、玄三种型号的"叶公神铳"。天字号重二百八十斤，长三尺五寸；地字号重两百斤，长三尺二寸；玄字号重一百五十斤，长三尺一寸。每种型号的炮都配有一辆三轮炮车，车型与大神铳炮车差不多，前面的两轮高一点，后面的一轮低一点，因而炮口稍为向上昂扬。

灭虏炮，用精铁九十五斤制成，长两尺，炮身有五道铁箍，每道箍宽一寸五分，口径为两寸三分，能发射重约一斤的弹丸，射程为五六百步。战斗时，将三门这样的炮齐放在一辆战车上，可以轮流射击。

轻车，是一种名副其实的轻型车。叶梦熊在《制轻车以备战守》一文中认为成化年间制造的那种需要十八人才能拉动的"小车"以及蓟镇现存的需要十五人拉动的"偏厢车""飞车"都太过沉重，行动迟滞。基于上述原因，要创造出一种只需两人便可在平地可以推动、四人在崎岖之处可以将之抬起通过，具有灵活机动、反应快速特点的轻型战车。这种新式战车为两轮，前面有遮板，能够掩护

---

① 弓是古代的一种计量单位，八百弓相当于一千二百米左右。

二十五人，车上装有两门佛朗机、两门新制的"手上百子铳"以及火箭，而冷兵器除了常用刀枪外，还有砍马刀、盾牌以及防止骑兵冲突的铁制拒马，基本做到了攻守兼顾。

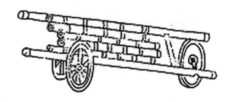

▲ 灭虏炮，采自《登坛必究》卷二十九

现在，叶梦熊亲自到灵州参与指挥平叛，而大神铳、灭虏炮与轻车很可能伴随着增援的明军而来到宁夏战场。

六月初六，四万官兵在征调来的苗兵的协助下列为六营，向城东、城西、城南、城北发起全面出击，火炮在攻城中大显身手。

当时的火炮尚不具备直接轰塌坚固城墙的能力，它攻城的主要手段有两种，其中之一是轰击城池的薄弱点——城门。但是宁夏城里的叛军早有准备，将大量的泥土堆放在城门的内侧（北门除外，这是出城外打柴刈草的专用通道），此举使火炮所能起到的作用大打折扣。

既然打不开大门，那就要采取第二种攻城战术——轰击垛口。垛口是城墙上面那一排凹凸形状的短墙，其主要作

▲ 轻车，采自《登坛必究》卷二十九

用是掩护士兵，如果修筑得不够厚，便会被炮弹轻而易举地摧毁，城墙上的士兵也会因此而失去掩护，从而直接暴露在敌军之前，并受到各种远程兵器的打击，以致难以立足。

《两朝平攘录》记载明军的火炮将宁夏城上一些比较薄的垛口轰了个稀巴烂，还用火箭射中城上的角楼，熊熊烈火吞噬着楼上的飞檐，释放出滚滚浓烟。

叛军不甘被动挨打，便开启北门，由哱承恩亲自带领一批家丁冲出城外厮杀一番，很快又缩回城内，希望利用这样的出击机会，打乱对手的攻城布置。

战事在傍晚时分结束，宁夏城在火器的打击下几乎陷落，可是消耗了大量火药、

▲ 城墙上的垛口可以悬挂狼牙拍这种防御武器，采自《武备志》卷一一二

弹丸的明军始终未能攻克城池，不得不收兵回营。

为了提高作战效率，朝廷改组了前线将领的指挥序列，命令防守平虏卫有功的萧如薰代替董一奎，统领延绥、甘肃、固原诸路援军，以麻贵为副手。而李如松、梅国祯等人也于6月20日到达，驻营于城南，伺机而动。

经过准备后，明军从六月二十二至七月初十频繁地发起大规模的攻击，相继用火器焚毁城池南关的昭阳楼以及城内谯楼，并打坏三座悬楼。除了倚重火器外，将士们还使用了其他的攻城方式，例如在22日，搬运来三万个盛满泥土的布袋堆放在城下，企图凭此攀登而上；23日，用云梯攻城，同时凿墙挖洞，放火烧门；27日，挖地道攻城等等。但是在叛军用神枪、盏口炮、火箭、石块等武器的坚守反攻之下均告失败，相继死伤数千余人。

双方僵持不下，总督魏学曾提议招安叛军，但此举遭到明神宗的严厉训斥。其后，朝廷根据监军梅国祯的报告，得知在后方遥控指挥的魏学曾领兵无方、优柔寡断，便削去其职位，正式令叶梦熊取而代之，并授以之尚方宝剑，有权于军前处置拒听号令者。

重新调整了领导班子，果然起到了立竿见影的效果。明军统帅部改变进攻方式，调动军力进行筹备已久的水攻。因为宁夏城地形低下，形状就好像一个大锅里的锅底，它与金波、三塔诸湖相接近，东南也逼近观音湖、新渠、红花渠，此外，附近黄河大坝的水位也高出地面丈余，如果引水灌城，城池必危在旦夕。

7月18日，明军按计划在城的四周筑起一千七百余丈的长堤，目的是灌城时防止河水外泄，工程完毕之后便决开大坝，引导滔滔洪水向城中涌过去。

宁夏四面皆水，深达八九尺。城墙在汹涌而来的波涛中崩坏，东西两面亦塌下一百余丈，连悬楼也崩掉两座。

叛军不想成为瓮中之鳖，分别在八月初五、初七两日派出数十至数百人乘舟到望军台、旧将台、东岳庙等地方架炮对准明军的排水口轰击，干扰坝上之人放水，但均被明军打退。

在此期间，明军多次挫败鞑靼支援叛军的图谋。特别是在8月21日，李如松带领部队击败成千上万名越境的鞑靼骑兵，追击至塞外贺兰山一带，捕斩一百二十余首级以及获得驼马无算，让对方的僭越行为有所收敛。当明军将战利品移至城下示众时，叛军不禁为之气馁。

从此，宁夏叛军孤立无援，然而一些叛军仍然顽抗到底，他们选择城内的大形屋宅，在四周砌砖，当中留出孔穴放置枪炮，着手准备在城陷后进行巷战。

城池终于在9月份被突破。当宁夏北关在洪水的连日浸泡之下崩塌时，明军马上调来舟筏打算乘隙

▲ 明神宗之像

而入。叛军匆忙调动大批人马前往拦截。不料，李如松声东击西，暗地里派遣精兵携带云梯，一举拿下了守备薄弱的南关。

叛军在外城即将失守的情况下一边竭力抵抗，一边分批撤入内城，继续苦苦挣扎。哱承恩眼见大势已去，开始为自己的后路着想，便用绳索拴住亲信张杰，将其从城上放下，潜入官军营中请降。身在前线的梅国桢当机立断而行使反间计，命令部属访得南关一个与哱氏相识的卖油郎，叮嘱其依计行事。

这位卖油郎名叫李登，他瞎了一只眼，还跛了一足，往来城中不会惹人注意，因而得以顺利带着梅国桢写好的帖子潜入城中，想办法见到哱承恩后再将帖子交出，并巧舌如簧地游说道："哱氏一族有功于朝廷，如果与鼠辈一起因叛乱的罪名而被杀，那将是一件非常可惜的事，不如杀掉刘东旸以将功赎罪。"

哱承恩犹豫再三，勉强答应。

李登辞别哱承恩，转眼间又悄悄去见了刘东旸、许朝等人，侃侃而谈道："哱氏首先倡乱，而两位将本是汉人，一直被哱家所轻视，何苦代人受过？不如审时度势，采取措施自保，可转祸为福！"

刘、许两人听后开始心动。

事实证明，这个离间计实施得很成功，叛军内部不久就互相猜疑，自相残杀。刘东旸在十五日夜间以迅雷不及掩耳之势杀了土文秀，并得意地扬言："这么好的头颅，不要让别人抢先割走了。"谁知，螳螂捕蝉，黄雀在后，哱承恩已经起了杀心，他首先在16日前往南关附近布下圈套，以商量军机为由将许朝召唤过来杀掉，接着又指使在北关的亲信周国柱向刘东旸发动突然袭击。周国柱不辱使命，在刘东旸的背后拔剑将其斩成重伤，负伤而逃的刘东旸即使躲进厕所里负隅顽抗也于事无补，最终惨死在那里。

　　哱承恩自以为大功告成，便分别将许朝、刘东旸、土文秀三人的首级悬挂于城上，大开城门，放各路明军进入内城。

　　但是，叶梦熊始终不信任拥有大量家丁的哱氏一族，为了杜绝后患而不惜动用武力解决。17日早晨，哱承恩到南门拜谒梅国桢时，立即被参将杨文所擒拿。接着，哱拜家亦被李如松所部包围。

　　指挥家丁反抗的哱拜在抵抗不住的情况下仓皇悬梁自缢，而府中之人在绝望中阖室自焚。事后，李如樟的部下何世恩从灰烬中找到哱拜的尸首并割下了首级。哱拜的儿子哱承宠、养子哱洪大、土文德等人则相继成为俘虏，后来被处于应得之罪。

　　宁夏之乱至此完全平息。9月18日，叶梦熊从灵州赶到，与朱正色、梅国桢等携手进入宁夏内城，慰问宗室士庶、安抚百姓。军民聚首，齐贺劫后重生，共享太平。

十五 抗日援朝

抗日援朝战争是万历三大征中规模最大、持续时间最长、影响范围最广的战争。

这场战争发生于 16 世纪后期。当时，日本各地割据一方的封建势力陆续屈服于叱咤一时的风云人物——丰臣秀吉的武力之下，趋向于统一。作为日本的实际统治者，丰臣秀吉要求朝鲜臣服于他，但遭到拒绝，因而在 1592 年发动二十余万大军渡过朝鲜海峡，于 4 月 13 日在朝鲜釜山登陆，开始了侵朝战争。以小西行长为首的中路军一马当先，经釜山、梁山、忠州、密阳、仁同、尚州、闻庆、忠州等地，抢先攻克朝鲜的京城——汉城，朝鲜国王李昖北逃。随后，加藤清正的北路军与黑田长政的南路军分别经蔚山、熊川、庆州以及金海、昌原、清州等地，也相继来到汉城。

三路日军在汉城会师后继续北上，攻克开城。不久，小西行长率部北上平安道，兵锋直指平壤，而加藤清正与黑田长政则分别负责经略咸镜道与黄海道。除此之外，陆续参战的各路水陆军队将领还有毛利吉成、福岛正则、小早川隆景、毛利辉元、宇喜多秀家、羽柴秀胜、藤堂高虎等，分别驻屯于朝鲜境内群邑之中。

各路日军如猛虎下山，到处张牙舞爪。国小兵寡的朝鲜，城池一座座沦陷，

▲ 浮世绘《朝鲜征伐大评定图》

军民望风皆溃。放弃京城的国王李昖逃到义州，接二连三地派使臣赴明朝求援。作为朝鲜宗主国的明朝，虽然已经逐渐平息了倭寇在沿海地区的侵扰，但是对日本仍存戒心，因而不会坐视不管，遂决定进行抗日援朝。

1593 年（明万历二十一年）7 月，明朝以副总兵祖承训等率兵五千为先头部队，进入朝鲜，企图虎口拔牙，从敌人手中收复平壤。当时，平壤城附近的日军兵力为两万余，统帅是所向披靡的小西行长。

▲ 福岛正则之像

明军不顾双方兵力悬殊的事实，在雨天发动奇袭，强行突入平壤七星门，然而城内却是一片泥泞，骑兵的活动受到了极大限制。前来迎战的日军人马全部披上鬼面、狮头等饰物，使陷入泥淖中的

▲ 征伐朝鲜的加藤清正

▲ 逃难的朝鲜国王

此刻，平壤城内杀声震天。日军用鸟铳①从左右两个方向进行夹击，经过几轮齐射之后，明军损兵折将——游击史儒以及两名千总均中弹而亡，祖承训不得不引兵退回境内。

明朝在这次前哨战中初次尝到了日军鸟铳的厉害，受到了因轻敌冒进而挫败的教训，转而改变策略，准备先礼后兵，一面派人与来犯之敌和谈，一面重新调兵遣将，积极备战。由于日本在其后的和谈中坚决不肯撤军，所以战火重燃只是时间问题。同年8月，奉命为经略的宋应昌着手重组远征军以及布置各项战前准备工作，以应付未来的战事。

再次赴朝参战的明军主力，有北兵与南兵之分，北兵主要来自蓟镇、宣大、保定等地，而南兵大部分是浙江人。值得一提的是，一些将士与戚继光（病逝于万历十六年）有很深的渊源。例如带领五千人先行出发的吴惟忠

▲ 日军的鸟铳手

便是戚继光的得力助手，曾经在南方的抗倭战场上屡立战功。

远征军的提督是李如松，辖下各路军队分别有以杨元为首的中协（协是军队

---

① 日军普遍装备的火器，源自16世纪中期从葡萄牙传入的火绳枪。日本人称作"铁炮"。

▲ 李如松之像

的一种编制）；李如柏为首的左翼；张世爵为首的右翼。共三万一千余人，大半是骑兵，还有步兵，车兵只有两千名。

明军装备的火器有铜铁大将军炮、佛朗机、灭虏炮、虎蹲炮、百子铳、三眼铳、快枪、鸟铳、神火飞箭、毒火飞箭。火器要在镰、钩、刀、锐钯、弓箭等冷兵器的配合之下作战，根据南方御倭战争的经验，官员们还专门派人到江南购买狼筅、长枪等兵器以备使用。车营拥有轻车、大将军滚车、灭虏炮滚车等战车，其中可能还有宋应昌设计制造的一字车。

为了防止日军在沿海登陆，朝廷指示蓟辽总督与山东、顺天、保定、辽东等处的巡抚会同天津、永平、山东、辽东等处的地方官员，一起做好部队的后勤保障工作，要求他们给部队再增加一些车载大将军炮、虎蹲炮、灭虏炮、涌珠炮等火器，并多制造些战车与鹿角，此外，还要筹集福船、仓船、沙船、唬船等各类战舰，以防万一。战舰上的水兵一般使用佛朗机、三眼铳、快枪、鸟铳、长枪、飞镰、标枪、弓箭等武器，至于大将军炮、虎蹲炮、灭虏炮等火炮因为后坐力比较大，发射时会对船身造成损害，所以平时不会轻易使用，只有危急的时候才会动用。

鉴于日军的鸟铳太过厉害，为此，很多明军在战前准备了高七尺，阔一丈二尺的大棉被用以遮挡弹丸。然而，宋应昌在《檄大小将军》一文中自称亲自做过试验，发觉日军的鸟铳能在八十步外击破二层湿毯被子，而在五十步之外亦能击破三至四层湿毯被子，可见棉被遮挡弹丸的效果有限。故此，宋应昌建议入朝将士临阵作战时，要在敌营四百步之外施放大将军炮，等到日军鸟铳射完弹丸后再向前突进。

日军最为倚重的是鸟铳，其他火器并没有给人留下深刻的印象，以爆炸性火器为例，有用纸制成的纸炮以及用铁制成的铁炮，这类火器在纸壳或者铁壳里面装填上混合了铁片、砖石等碎屑的火药，可采取点燃引线的方式引爆，但在战争中起到的作用远远比不上鸟铳。那时，外国的佛朗机、加农炮已经传到了日本（日本人称佛朗机为"国崩"或"罗汉筒"，类似的火炮多数由明朝传入），可是由于火炮的数量过少，因而与明军相比，火力处于弱势。

除了大将军炮拥有射程上的优势，明军装备的虎蹲炮、佛朗机与灭虏炮等也不容忽视。就以一种身长二尺，重量达到三十六斤的虎蹲炮①为例，每次可发射三钱重的铅弹一百枚。为了防止"子小而口大"，"散出无力"的弊端，通常又在小铅子之上再用重三十两的大铅子或大石堵住炮口，这样可以打得更远。而同样属于火炮的各类佛郎机，装配的铅弹从十两至一斤不等。此外，灭虏炮也能发射重约一斤的弹丸。上述种种火炮比起日军所用的一些发射六钱、十二钱铅弹的鸟铳，火力要强大得多。难怪宋应昌认为："中国制倭长技，全恃火器。"意思是指各类火器之中，最犀利的无疑是火炮，正可凭此而克敌制胜。

再说李如松率兵马四万人渡过鸭绿江后，在部分朝鲜军队的配合

▲ 制造鸟铳的日本工匠

▲ 小西行长

下向平壤进军。他为了迷惑日军，派使者到日军统帅小西行长处，磋商议和之事。

小西行长深知明军这次是有备而来，难以力敌，也愿意议和，便礼尚往来地派出二十名日军将士来到平壤郊外迎接李如松，但此举无异于自投罗网，明军当场捉获三人，其余的或死或逃。李如松为了避免打草惊蛇，继续沿用故智，对前来质问的日军使者好言相慰，稳住了局面。

---

① 虎蹲炮并不止一种型号，还有"三尺以上"的型号。

1594年（明万历二十二年）正月六日，平壤的日本人衣装整洁，夹在道路两旁迎接李如松，小西行长摆出了化干戈为玉帛的姿态，伫立于风月楼等待。然而兵临城下的明军却在门外逡巡，没有立即派人入城，鉴于祖承训所部在几个月前贸然入城吃过大亏，将士们这一次充满戒心是正常的。日军在紧张气氛之下猛然醒悟过来，闭门拒守，四处设立拒马、地炮（相当于地雷）以及鹿角木栅，并拥盾扬剑，陈兵以待。

　　明军针锋相对地采取围城措施，因为日军之中混有朝鲜伪军的缘故，便在平壤城前立了一面白旗，上面写道："朝鲜军民自投旗下者免死。"

　　平壤东南两面临江，西面靠山，北面的牡丹峰形势险要，耸立着牡丹台，是兵家必争之地。峰上驻扎着数以千计的日军，与城中守军遥相呼应。明军将帅经过侦察后决定对牡丹峰发起攻击，试探一下对手的战斗力。南兵以及部分朝鲜军队奉命展开佯击，在退却时故意掉下了十余面铁盾，等到守军拥出来互相抢夺铁盾而乱成一团时，再杀个回马枪，将之驱逐。一时间，你来我往，场面混乱不堪。

▲ 平壤七星门（老照片）

▲ 七星门之战

　　巧合的是出城欲迎接李如松的小西行长因形势突变正好被困于牡丹台之上，他乘平壤城内附近发生激战之机，冒险突围而出，在宗义智等将的接应下侥幸回到了城内。

　　第一天的战事到傍晚时分结束了，明军收兵回营后不敢掉以轻心，在夜间用火箭击退了百余名潜出城外企图偷袭的日军，次日又出动三个营的兵力向平壤的普通门发起骚扰式的攻击，用佯退的战术吸引部分日军出城追击，然后再回击，斩首三十余级，一直追杀至城门之外才罢手。

　　经过连日来的试探性进攻，总攻终于在正月初八开始了，各路明军依次渐进，尘土飞扬。其中，游击吴惟忠、副总兵查大受攻击牡丹峰；中军杨元、右协都督张世爵攻击七星门；左协提督李如柏、参将李芳春攻击普通门；副总兵祖承训、游击骆尚志与朝鲜兵使李镒、防御使金应瑞等攻击含毬门。粗中有细的祖承训利用日军轻视朝鲜军的心理，命令部属故意伪装成朝鲜军，企图打日军一个措手不及。

为了迅速拿下平壤，根据"围师必阙"的作战原则，明军统帅部布置的战线故意在东门方向开了个缺口，以供日军弃城而逃。

各路攻城部队相继用火炮及火箭一齐射击敌人的阵地。遗憾的是，威力最强大的大将军炮由于体积庞大而致使行军速度过于缓慢，未能及时赶到战场，否则当面顽抗之敌，必像螳臂挡车般化为齑粉。尽管如此，佛郎机、灭虏炮、虎蹲炮等火炮的吼声还是如万雷齐响，一时间地动山摇，硝烟弥漫，天地晦暗。至此，一场使用火炮与鸟铳互相射击的大规模战事开始了，一切都将生动地揭示古代战争也同样可以出现类似于现代战争那样的枪林弹雨、炮火连天的场面。

激战燃起的烈焰随着西风蔓延入平壤城内。一些火箭据说有毒，敌人闻了毒烟会头昏呕吐，而攻城的明军则口含解药，有备无患。

日军主力几乎尽数登城，20余里的城墙之上四处插着旗帜，他们在铺天盖地

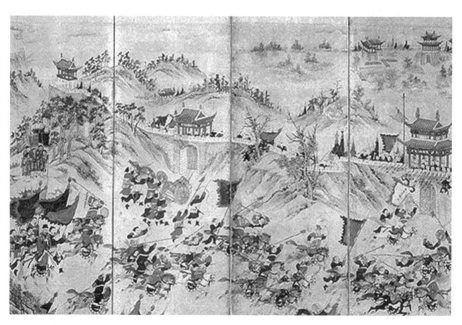

▲ 明军攻打平壤

的炮弹以及火箭的攻击下顽强地组织反击，不断施放鸟铳、砸下大石、泼洒汤水，使攻城的明军一度退却。

李如松率领五百余骑兵在城下来回指挥，亲手杀死了一名退却的士兵，示众于阵前，以儆效尤。诸军奋勇再战，杨元、戚金等将士在火箭与火炮的掩护下经过浴血奋战，首先登上城墙。不久，李如柏、李芳春杀入了普通门。祖承训的部队也脱下朝鲜服饰，露出明军铠甲，他们不顾紧急赶来堵截的日军，猛冲猛打。游击骆尚志将铳炮挟于腋下，大呼连放，不顾城上敌人施放的枪弹及巨石，率领浙兵强行登上了含毯门。在此期间，李如松直接下令军中的炮手使用两门火炮将七星门的城门轰个粉碎，再驱使步、骑兵长驱直入，进行巷战。游击吴惟忠也率军攻上了城外的牡丹峰，浴血拼杀。各路明军捷报频传，纷纷突破了日军的第一道防线，进入平壤。

巷战接着开始，将士们纷纷搬运柴草，准备四面堆积在一些顽抗的据点外，欲放火将其焚烧成灰烬，眼看就要取得彻底的胜利。然而，日军早已经筑起了一种叫作"土窟"的工事。这种工事可以躲避炮弹以及火烧，比较坚固。修土窟时首先要掘地，然后再用石块及泥土筑成墙，上面布满了安放鸟铳的洞穴，密密麻麻，就像蜂巢一样。土窟规格不一，有宽有窄——据说宽的甚至能容纳万人，大量日军藏身于这样宽阔的土窟之内，可以布阵抵挡明军进攻。[①]

牡丹峰、七星门、普通门、风月楼及平壤城内其他地方都散布着大量"土窟"。藏身于里面的日军拼命抵抗，明军一时难以攻下。李如松在督战时坐骑被鸟铳打死，换马再战的时候一不留神吸入了毒烟，鼻孔流血，但是他面不改色，继续坚持在岗位上指挥。李如柏的头盔也被鸟铳击中，幸亏盔中棉厚，未至重伤。吴惟忠胸部中弹而负伤，骆尚志则在登城时也被巨石砸伤足部。仗打到这个地步，明军已经伤亡数千了，只好暂时休战，班师回营。

经过一天的激战，日军损失惨重，小西行长见援军不至便有意突围，下令一位叫作大石荒河助的勇士脱下铠甲，身着单衣攀登上高楼，冒着被弓矢炮弹射中的危险侦察出一条具体的突围路线来。而这时候的李如松为了避免继续攻城而加

[①] 这种说法出自朝鲜史书《宣祖实录》卷三十五，书里收录了朝鲜臣子李元翼对战况的一些回忆，此人曾经亲临现场观察过"土窟"的结构，故相关叙述具有一定的可信性。

大伤亡，也派出使者要求日军统帅小西行长退出平壤城。小西行长随即予以答应，率领着不满五千的残部撤离，狼狈南逃，其中有部分日军在逃亡路上遭到明军及朝鲜军伏击而丢了性命。

据《叙恢复平壤开城战功疏》的统计，明军斩获日军的首级达到1647颗。但日军的伤亡总数不止这么多，其连同被炮火轰炸、硝烟熏烧及其他原因而死的，总损失超过万人以上。而明军阵亡796人，受伤1492人。

此战，各种火器出尽风头，大放异彩。明军的火炮在气势上完全压倒了日军的鸟铳，赢得荣誉。《宣祖实录》记录了朝鲜国王李昖与曾在现场观战的臣子李德馨进行的一番意味深长的问答，当时李昖问道："铳筒（指日本人的鸟铳）之声，不与天兵（指明军）之火炮同耶？"李德馨回答："倭铳之声，虽四面俱发，而声声各闻。天兵之炮，如山崩地裂，山原震荡，不可状言……"李昖赞叹道："军势如此，可不战而胜矣！"

平壤之战结束后，明军中协在李如柏的带领下继续南下，向开城前进。小西行长、黑田长政等各路日军纷纷弃地南移，向汉城方向撤退，但是加藤清正所部仍然滞留于咸镜道。

正月二十日，明军收复开城，在连战连捷的情况下，李如松判断日军会继续采取避战的策略而收缩防线，他不顾道路在连日大雨之下泥泞深达膝部，迫不及待地指挥各路精锐骑兵，马不停蹄地向南疾进，直逼朝鲜首都汉城，企图一鼓作气把日军驱离此地。

当时集结在汉城的日军大约有五万，主要将领有宇喜多秀家、小早川隆景、黑田长政、小西行长等人。《毛利家记》等日本史籍记载他们得知明军南下的消息后，普遍认为李如松已存轻敌之心，正好迎击，故没有像不久前那样弃城而退，反而先令一批搜索队伍到临津江南岸备战，另外派遣大批人马尾随其后。留在汉城的只有作为后备的小西行长等部队。

明军大约3000骑兵的先头部队在孙祖廉、查大受、祖承训以及朝鲜将领高彦伯的率领下，在迎曙驿击破部分日军的阻拦，于27日前进到砺石岘，遭遇了大队汹涌而来的日军人马。

身先士卒的日军先锋立花宗茂，身上的铠甲竟然在两军交锋时被射满了箭，就像刺猬一样。可是明军终究是寡不敌众，只得暂时撤离战场。一场双方不期而遇的前哨战匆忙结束了，但这只是激战的前奏。

▲ 立花宗茂

▲ 追击战中的李如松（一）

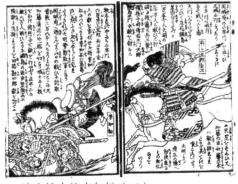

▲ 追击战中的李如松（二）

这时，宇喜多秀家、黑田长政等人已经从汉城赶来增援，做好应付明军第二轮攻击的准备。他们在砺石岘的山岭下排列了三队军阵，还在岭上布置了一支奇兵，以便策应。

大战一触即发，军情刻不容缓。李如松率数以千计的骑兵快马加鞭，经惠阴岭从后赶上，往碧蹄馆以南疾进，谁料欲速不达，竟在途中马失前蹄，从坐骑背上摔了下来，致使脸部受伤。尽管如此，明军还是及时赶到了战场，指挥各部向砺石岘进攻。

《宣祖实录》记载，明军这一仗打得比效仓促，以致炮兵没有及时跟上，前线将士仅能发射随身携带的神机箭这一种火器。密集的箭雨一度迫使日军后退。但是兵力占优的日军很快卷土重来，很多人从砺石岘的山岭背后冲出来乱射鸟铳、叫喊着前进。

两军迅速拉近距离，展开白刃战。不久，明军将领杨元等人也带队赶到，随着时间的推移，一些将士的弓箭即将用尽，有人竟陷入了徒手搏斗的劣境，而另一些将士的短剑钝劣，抵抗不住挥舞着三四尺长刀的日军，不得不且战且退。明将李宁在混战中被弹丸击中左胁，左手也被砍伤。

李如松左冲右突，在混战中从马上摔下，一名披戴金甲的敌人扑上前来正欲痛下杀手，家将李文升拼死相救，以自己的身体遮掩主帅，虽然不幸身中钩枪而死，但赢得了宝贵的时间，使李如松、李如柏等人及时回援，驱逐敌人。

李如梅一箭射死那名异常活跃的金甲日将，消除了这场迫在眉睫的危机。李如松目睹爱将李文升战死，情不自禁地大放悲声，痛泣不止。他被众将士扶持上马，从惠阴岭返回坡州。进至惠阴岭的日军也不敢穷追，撤回了汉城。

战后，各国史籍对参战军队的伤亡数据记录比较混乱。宋应昌在战后给朝廷的《叙恢复平壤开城战功疏》中转述李如松自我统计的伤亡数据是：阵亡官兵264人，伤49人，当阵斩获敌人首级167颗。日本史籍（《征伐记》《秀吉谱》等）承认己方损失数百，明军则战死一万，这个数据还不包括在后撤时掉入河中淹死的人数。可是朝鲜《宣祖实录》却记载明军"死者数百"，而斩获日军的首级却有一千余级之多。

归根结底，明军野战受挫的原因在于李如松用兵不当，他在天气不适合骑兵作战的情况下还带领部分马队轻装前进，导致缺乏炮火支援，从而被日军用鸟铳压制，再加上近战时又寡不敌众，最终铩羽而归。

李如松回到坡州，其后又退回平壤，只留下王必迪等将领驻守开城，原因是担心平壤会遭到加藤清正所部的袭击。不久，滞留于咸镜道的加藤清正鉴于已成孤军之势，也率部翻山越岭，向南撤返。

在此期间，朝鲜各地抵抗入侵的军事行动风起云涌。重新布防的明军也没有按兵不动，终于打出了一张好牌，于2月15日分兵越过临津江，奇袭汉城附近的龙山仓库，烧毁了数十万石屯粮，使日军陷入食不果腹、饥肠辘辘的困境。尽管日军出动大批部队在郊外四处搜掠，但在战乱频繁，老百姓饿殍载道的情况下获得的物资毕竟有限。而汉城守军亦难以长期依赖从遥远的釜山地区运粮接济，这样就促成了日军急于和谈的局面，甚至不惜把汉城让给明军而南

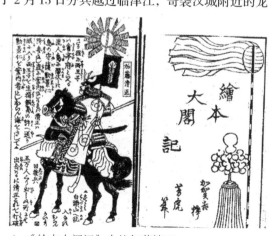

▲《绘本太阁记》中的加藤清正

▲ 日本京都的耳冢。朝鲜史籍《东槎录》记载，丰臣秀吉的部属在晋州等地割取首级以及耳、鼻等物，作为战功的凭据，然后将之送回日本，埋葬入坟冢里面

返釜山。

明朝中枢主政者也主张与日军谈判解决问题，再度派出使者前往斡旋。虽然日军在和谈期间不断搞小动作，连犯咸安、晋州等地，但是明朝没有进行大规模还击，最终与日军在同年九月达成了第一次停战协议。

尽管和谈时间断断续续长达三年，然而没有带来真正的和平，反而给好战分子延长了备战的时间。1597 年（明万历二十五年）2 月，丰臣秀吉终于对谈判桌上的讨价还价感到不耐烦，亮出了拒绝明朝册封的底牌，再次大举出兵朝鲜，和议就此破裂。

当战争又一次爆发的时候，明军却显得准备不足，主力已经在和谈期间被李如松等人分批撤回境内，只留下吴惟忠等少部分人马驻屯于朝鲜，难以力挽狂澜。值此风雨飘摇之际，下一步何去何从，考验着中枢的执政能力。

十六 时移势易

当十多万日军再次侵略朝鲜的消息传来时，明政府逮捕主张和议的兵部尚书石星以及参与和谈的沈惟敬等人，决策重新备战，并相继任命一批新的官员，以右都御史杨镐经理朝鲜军务，兵部尚书邢玠总督蓟辽，麻贵为备倭大将军，再次出兵援朝。

回顾明军上一次出兵援朝，给人印象最深的无疑是平壤攻防战与碧蹄馆的野战。巧合的是，新一轮的援朝行动刚开始时也是打了一场攻防战与一场野战，地点分别是在南原与稷山。

下面先说说南原攻防战。这场战事与平壤之战的不同之处在于日军是攻方，而明军则变为守方。

南原府，位于全罗道，管辖着一郡九县，战略地理位置比较重要。明将骆尚志在第一次援朝时曾经驻防于此，由于其过去在国内沿海地区服役时具有御倭的经验，便按照浙江地区城池的标准重新整顿了南原城的工事。城墙上的很多垛口都挂了"悬帘"，目的是用来阻挡对手发射的弹丸与利箭，具体做法是在墙垛与墙垛之间装上一个木架，木架上面悬挂着用水浸湿的毯子或者棉被，以掩护士卒。

现在接手南原防务的是杨元，他率三千先头部队于1597年五月初八先到达汉城，随后动身南下至此。作为北方骑兵将领，他虽然对守城不太在行，但是自从来到南原后，还是花了很大力气继续修城，将南原城的高度增加了一丈，又把城外的壕沟深掘一二丈，同时在羊马墙上钻了很多孔眼，以便射击火器。另外，每个城门还安装上了三门大炮。不过百密一疏，原先挂在各个墙垛之间的一些悬帘，

▲ 悬帘，采自《武备志》卷一一一

▲ 发射鸟铳的日军

却因得不到妥善的管理，日益损耗，形同虚设，结果导致在随后的攻防战中吃了大亏。

这一年7月，日军在全罗道全歼了朝鲜将领元均率领的水师，攻占了南原的屏障闲山岛，兵分三路北进，左路从庆尚道经云峰地区而向南原，共五万余人，由宇喜多秀家为将，小西行长为先锋。右路从庆州经密阳、大丘、全义馆前进，也有五万余人，由毛利秀元为将，加藤清正为先锋。还有一路偏师经釜山，自密阳、玄风进入忠清道，作为策应。

山雨欲来风满楼，南原首当其冲。此刻城内除了杨元辖下的三千名明军外，还有部分朝鲜地方军民配合作战。这点兵力与日军相比简直是天壤之别，无疑处于劣势。

日军左路军在登陆水师七千多人的配合之下，派出百余人作为先锋，以疏散的队形排成数行，于8月3日来到南原城下发射鸟铳，发起试探性攻击。《惩毖录》记载守军以胜字小炮（类似于胜字小铳，是朝鲜仿制明朝的火器）等兵器反击。然而，胜字小炮无论是射程还是准确度都比不上鸟铳，使得守军在对射的过程中伤亡比较大，战局一开始就处于不利状态。

城池的南门之外本来有很多稠密的民居，守军为了避免这些房屋成为敌人的庇护所，早已放火将其焚毁，但毁坏得不够彻底，还残留下部分石墙。因而日军在第二天进攻时便利用这些残存的石墙作为掩体，躲藏在后面用鸟铳射击。城上一些墙垛之间由于缺乏悬帘，致使部分守军被城下的火器打得不敢朝外窥探。

日军还在城的东南一隅搭起了可以俯瞰城墙的高棚，由上往下施放雨点般的弹丸，让城上的守军几乎难以立足，以致有些墙垛基本处于无人防御的状态。城中将士为了扭转劣势，派出突击队冒死出击，亦无功而返。

志在必得的小西行长派遣使者进入南原游说杨元让出城池，以保性命。杨元态度强硬，斥退使者，他当众撕烂劝退书，掷地有声地宣扬："我15岁从军，横行天下，从未退缩过！"

也许，这时的杨元还在盼望援军能及时赶到呢。

但是，守军望眼欲穿的援军迟迟没有来到，而日军的攻城却一浪接一浪，日夜不息。8月18日是关键的一天，日军一面集中大量鸟铳，利用猛烈的火力压制对手；一面在郊外采集来大量柴草树木堆放于城下，使这些东西堆积的高度渐渐与城齐平。城上的士卒早已被鸟铳打得不敢露面，根本无还手之力。当鸟铳之声突然停止的时候，日军已经蜂拥而至，成功攀登上了城头。

守军拼死突围，一时间血肉横飞。身负重伤的杨元在连中两弹的情况下仍然带着十多名亲信杀出一条血路，闯出西门，逃回汉城，他虽然在战场上拾回了一条命，不久却因丧师失地而被朝廷正法。

南原之败导致明军全线动摇，这一点与日军在平壤败后的情况差不多，正是"此一时，彼一时"。全州守将在南原失守之后亦弃城逃遁，全罗道北部就此沦陷。

日军左右两路人马于8月20日在全州会师，总数大约为十二万人，相继向汉城进军。

镇驻汉城的部队不足八千人，由于兵力过少，一些将领建议固守待缓，不主动应战。然而，从平壤急驰到此主持

▲ 杨元撕书

▲ 日军在朝鲜烧杀抢掠

大局的杨镐，猛烈抨击了守军之中存在的消极避战的思想，他与麻贵商定选择一支精干部队立即主动南下，对日军的先头部队进行迎头痛击，以挫其锐气。就这样，副总兵解生、参将杨登山、游击颇贵以及牛伯英等奉命带领两千名精兵先行出发，

而朝鲜的李元翼部作为疑兵亦进至清州地区，作为策应。

南下的明军与北上的日军，在稷山附近狭路相逢。

当时，日军先锋黑田图书助、栗山四郎右卫门、毛屋主水等率领少数将士正在渡河，他们皆穿白衣，打扮得与朝鲜人非常相像。明军一时大意，放松了警惕，直到对手施放鸟铳时才恍然大悟。官兵们连忙拿出早已准备好的铁盾排在阵前，用来阻挡日军的鸟铳，所以损失不大。同时，骑兵隐蔽在阵后，时不时瞅准机会出击一下，有效地杀伤敌人。

背水作战的日军兵力单薄，缺乏战胜明军骑兵的信心，企图撤退，可是又担心在撤退时会遭到对手的追击而损失惨重。为了避免出现这种糟糕的情况，毛屋主水建议先挑选出一批壮士发起猛攻，然后再出其不意地撤回。事实证明这是一条妙计，那些经过精心挑选的日军将士利用部队齐射鸟铳时产生的浓烟做掩护，以最快的速度冲入明军的盾阵之中，挥刀乱砍，把明军打得措手不及，迫其阵营稍为向后移动。

这个难得的喘息机会让日军将领们能够按照原定计划，在明军暂时后退的那一段时间里迅速率部撤离战场。然而，他们身后的河中仅有一道桥，仓促之间难以让所有的日军迅速返回，正处于欲进不得、欲退不能的两难境地。

《黑田家记》记载，在后方听见铳炮声的黑田长政急忙率领三千人赶来增援，正巧到达彼岸观战的猛将黑田三左卫门眼见军心不稳，不禁大吼一声，以"这是我战死的地方"为号召，带领着一批亡命之徒向着溃退士卒的相反方向冲去，越桥而过，冲到最前线去厮杀。在这名猛将卖命的鼓舞下，各路日军士气为之一振，一些原本打算撤退的将士也转过身来纷纷重新杀回去。

日军发射鸟铳，明军则连放火炮，空气中硝烟弥漫、火药味浓郁。两国将士们不约而同地拼命穿过枪林弹雨，贴身搏斗，四处刀光剑影，杀声震天。此情此景，正如一首著名的唐诗中所说的"报君黄金台上意，提携玉龙（指宝剑）为君死"。诗人李贺在《雁门太守行》里的这一名句非常出色地描述了古代将士为报国恩，殊死作战的精神，这种忠君思想在深受儒家文化影响的中日两国，可谓根深蒂固。

双方在一天之内打了六个回合，不分胜负，直到日暮才各自收兵，安营扎寨。

当晚，解生与诸将密议时指出明天必然还有激战，他鼓励部属宁可战死沙场，也不能因怯战而死于军法。

第二天，日军经过精心准备，摆出鹤翼阵，张开左右翼前进。《乱中杂录》

记载纵横驰骋的明军骑兵以炮声为号，舞动着铁鞭与敌人打得难解难分，在此之前，杨镐派出两千余骑兵，由游击摆赛带领，与解生等人在振威会师。而千总季益乔、把总刘遇节等部亦在作战时前来增援。

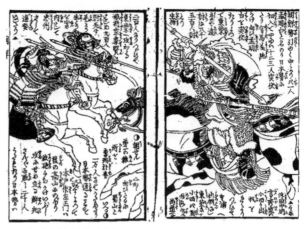

▲ 骑兵在战场上角逐

实力得到加强的明军在素沙坪等地与日军大战，并斩其骁将叶一枝。因为这场混战的地点位于山间地形狭窄的偏僻之处，所以兵力难以充分舒展。双方打了个天昏地暗，都没有达到彻底击败对手的目的。其后，日军虽然一度撤退，但不久便与毛利秀元所率的大队人马会师，实力犹存。明军没有穷追，返回水原。集结在稷山附近的日军也不再主动发动攻势，慢慢地向天安方向撤退，两军又回到了相持状态。

稷山一战奇迹般地阻止了以破竹之势挺进汉城的日军，影响了整个战局，成了一个战略转折点。对明军而言，这次野战的结果具有积极意义，比起第一次援朝时的碧蹄馆之战要好得多。

十七 攻坚硬仗

万历年间，明军经常用火炮攻坚，取得了一系列耀眼的战绩，其中比较显著的例子是李成梁攻打女真部落酋长那林孛罗的山寨、叶梦熊总督各路明军平定宁夏之乱以及李如松收复平壤之役。那么，明军用炮攻坚，是否打过败仗呢？这个问题将在随后叙述的蔚山之战中找到答案。

日军在稷山之战后，放弃了进军汉城的战略意图，而大部队盘踞的忠清、全罗、尚庆等地区，难以供应所需的全部粮草，因为当地很多城镇已成为废墟，老百姓流离失所。显而易见，要想继续在朝鲜待下去，只能依靠本国从海路运来粮食，再输送给前线。

日军将领为了能够在不饿肚子的情况下长期驻扎下去，不得不缩短运输线，将各路部队撤到朝鲜半岛南端。总共十三万多人环绕着千余里的沿海地带安营扎寨，扼守要害。具体的布置是：

岛津义弘（明人称其为"石曼子"）等人驻于泗川。

从南海到唐岛之间的 2000 余里范围之内，驻扎着立花宗茂、有马晴信、大村嘉前等水陆部队。

锅岛直茂等部驻在距离唐岛十里之遥的竹岛。

黑田长政率部驻于竹岛以北的梁山。

宇喜多秀家、毛利秀元驻军于梁山以北的釜山浦。

自釜山以北 14 里之外为西山浦，从西山浦以北再走两日路程便到达蔚山，加藤清正驻于此地。

小西行长驻守于蔚山西南的顺天。

上述军事据点首尾相连，以便互相救援。

日军既然退而采取守势，明军

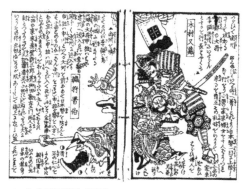

▲ 入侵朝鲜的日军

也就顺水推舟，采取攻势。1597年11月，总督邢玠调集宣大、浙江、福建等处的兵力开进朝鲜，与麻贵、杨镐等人会师，决定使用5.7万余人分路夹击东南沿海的日军。其中，左协有1.26万人，由副总兵李如梅统领，部将是卢得功、董正议、茅国器、陈寅、陈大纲。中协有1.17万人，由副总兵高策统领，部将是祖承训、颇贵、李宁、李化龙、柴登科、范进忠、吴惟忠。右协有1.16万人，由副总兵李芳春、解生率领，部将是牛伯英、方时新、郑印、王戡、卢继忠、杨万金、陈愚闻。而邢玠坐镇汉城，杨镐与麻贵则带领部属彭友德、杨登山、摆赛、张惟城等将领以及本部人马8500人亲赴前线，居中调度。朝鲜方面也出动万人左右，配合明军作战。

▲ 锅岛直茂之像

杨镐与麻贵指挥左、右两协，途经忠州、鸟岭、庆州进攻蔚州，目的是歼灭加藤清正部，中协则驻于宜城、庆州，监视全罗地区。另外，董正谊率领千余骑兵及部分朝鲜军队从南原前往顺天，一路大张旗鼓，作为疑兵以牵制小西行长。

▲ 蔚山之战屏风画（局部）

当明军主力到达蔚山一带，距敌寨60里驻营时，将士们摩拳擦掌，跃跃欲试。麻贵召见辖下将领杨登山、摆赛、颇贵等人，问他们之中哪一个愿意当先锋？这三位将军都争先恐后地表态愿打头阵。麻贵斟酌再三，决定让骑兵将领摆赛做先锋。不料，求战心切的杨登山当场动了怒，差点儿要挥拳殴打摆赛。由此可知，军队在战前的斗志比较高昂。

蔚山不算很高，与南面的岛山互为掎角，当时在这两座山上凭险固守的是加藤清正的部下加藤安正。清正本人早前已经离开此地，前往西山浦的机张地区主持筑城。

但明军一直以为加藤清正就在蔚山之内，原因是有一股前来蔚山协助筑城的日军，当他们到达目的地时，发现了围城的明军，便果断冲过封锁线，进入城内协守。这股军人以浅野幸长为首，明军误认为他是加藤清正。

12月23日，攻城的前哨战终于打响，明军先锋摆赛与千余骑兵杀向蔚山，不断地发射火箭意图引诱敌人出城作战。日军果然中计，派出部队冲出城外，不料遭到伏击，被随后赶至的杨登山所部两千名骑兵驱逐回城，损失了不少人马，此后不敢轻出。

明军水师亦不甘落后，杨芳春、解生等人率舰队在蔚山与岛山之间的河道巡逻，放火焚烧岸上的房屋，还企图乘烟登陆攻城，但在日军火炮的拦截下最终无功而返。

明军首战告捷，获首四百余级，便于次日黎明发起更大规模的攻击。杨镐这个书生亲临前线，披挂着铠甲督战，各部队击鼓呐喊，顺风向着蔚山发射各种火炮及火箭。一时间，风猛火烈，烧毁了城中很多房屋，硝烟笼罩了半个天空。

游击茅国器统领浙兵首先冲锋陷阵，连战连捷，获得661颗首级，副将陈寅在战斗时全然不顾在半空中到处乱飞的弹丸与利箭，振臂呐喊，带头摧毁了数重木栅，明军一鼓作气攻克了外城，日军受挫退保内城，坚守不出。就在明军进展顺利的时候，杨镐却下达了一个奇怪的命令，要求茅国器暂缓进攻，组织手下割取日军战死者的首级。原来，杨镐希望左协主将李如梅能够争取时间从后面赶上来夺得首功，皆因这两人曾经在辽东一起共事，关系非同一般。然而等到李如梅赶到时，已经失去了迅速夺取内城的战机，日军利用这段时间重新调整布置，增强了防御的力量。

内城建立在险峻的山坡上，共由三座城堡组成。城上建着仿佛像敌台一样跨出城外的房屋。躲藏在

▲ 蔚山攻防战

里面的敌人早已在前一天晚上加固了工事，这些工事类似日军过去在平壤所筑的"土窟"。据《征伐记》记载，他们利用当时严寒的气候，用水溅于土上，很快就结成冰，并坚硬如石。工事上布满了射孔，可以不停地往各个方向施放弹丸。

明军搬运来大堆柴草树木，试图焚烧内城。然而，抱着草束的将士们在枪林弹雨中很难接近城下，火攻计划自然泡汤。

仗打到这一步，当然需要用大炮来助阵了。可惜大将军炮、大神铳这些炮过于笨重，在崎岖曲折的山路上移动比较麻烦，未能及时出现在战场上。据《宣祖实录》的记载，一位亲临现场的朝鲜人李德悦看见明军动用大碗口炮攻坚。但是，这种旧式火炮的炮口是呈碗口形状敞开的，膛压低、射程近，发射实心弹轰城时威力有限。不过它倒是可以发射一些空心爆炸弹来杀伤敌人的有生力量。然而，山势险峭，火炮难以瞄准目标，再加上城池工事结了一层厚厚的冰，弹丸撞击在滑不溜手、坚硬如铁的冰城上面就会打滑，火箭射中那里更是马上熄灭，效果大打折扣。

心急如焚的杨镐不想再拖延下去，便亲自点将，强令首先攻克外城的陈寅再显身手，带队突击，希望能够重演奏捷的一幕。没料到时过境迁，身先士卒的陈寅在硬攻日军精心布置的火力点时负了伤，先后被弹丸击中牙齿与脚，倒在地上动弹不得。

日军的鸟铳打得比较准，在守城中发挥了很大的作用，被射中的明军将领除了陈寅之外，还有陈愚闻，后来陈万金也在攻城时被弹丸击伤，不久伤重而亡。

将士们既然久攻不下，只好撤至日军火器的射程之外，分兵驻守西生浦、釜山方向，准备堵截对方的援兵。一天后，明军进攻依山而建的岛山城时，终于出现了奇迹，有十多名壮士从东面登上了城头，遗憾的是后继部队没有及时跟上，致使城上的明军全体战死，无一人生还。

蔚山地区的战斗连续十多天没有停顿过，战场上炮火连天，明军架起飞楼，在上面频繁地发射火筒、佛朗机等火器，掩护各路部队四处攻城。日军则以鸟铳、纸炮、巨木、石块等武器反击。早前，身在西生浦机张地区的加藤清正知道蔚山被围的消息后，立即带领五百名士兵日夜兼程经水路而穿过封锁线，成功潜入城中主持大局。这时候各处堡垒中的日军已经处境异常艰难，饥渴难耐。城外的水道与粮道均被明军切断，而城内地势太高，挖不了水井，为了解渴，一些家伙只得在夜色的掩护下汲取城外壕沟的积水，还搜集战死者佩带的粮食充饥，同时屠宰所有的牛马，甚至嚼纸及煮墙壁上的泥土而食。

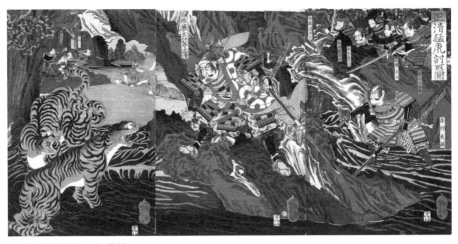

▲ 以骁勇著称的加藤清正

▲ 蔚山之内的日军

整个战区的日军尚有万余名，其中精兵未满千名。大多数人已经形同饿鬼，有时难以用语言互相交流，只能依靠声嘶力竭的吼叫声进行联系。为了拖延时间，等待援兵，加藤清正假意与明军议和，并抛出一些金银财宝于城外，意图让进攻者互相争夺,绞尽脑汁地阻滞其攻势。

1598 年（明万历二十六年）正月初，日本将领毛利秀元打算调集沿海各据点的四五万军队，以黑田长政及蜂须贺家政为先锋前去解救被围困的加藤清正。另外，小西行长亦从水路出兵，遥相呼应。

分别从釜山、西生浦、顺天等地出发的各路日军冲破部分明军设在彦阳的防线，长驱直入蔚山地区。而水师亦来到蔚山湾一带，沿着河道进入内陆，经过一番炮战，终于挫败了岸上明军的阻拦，与远道而来的陆军援军取得联系。

形势开始发生变化，虽然日军在围城期间死于战火者不计其数（明军仅斩获的首级就达到一千二百多），但是随着援军的到达，已经具备了转守为攻的能力。

相反，明军久攻不克，士气低落。督战的杨镐不惜下狠手斩杀临阵退缩的士兵，甚至将作战不力的游击将军李化龙捆绑起来示众，但都于事无补。这时候天气突然变坏，刮起寒风，下起大雨，冻死了大量马匹，一些暴露在严寒中的将士苦不堪言，有的人连手指也给冻断了。后勤方面亦不容乐观，逐渐出现了粮饷难以为继的不良征兆。

杨镐不得不放弃进攻，他误信对手有意散播的谣言，以为真有六万日军即将前来决战，便匆匆忙忙于正月初三计划撤军，各营彻夜焚烧带不走的辎重，希望能按次序平安地撤离战场。负责殿后的是摆赛、杨登山，但好战的摆赛最初的态度是抗命不肯撤退，强烈要求继续留在战场作战，在遭到上级的拒绝后只能接受既成的事实。

然而，这一切难以瞒得住经验老到的黑田长政，他已在次日早晨从侦察人员的口中得知明军营地里的炊烟微弱，故准确地判断对方必将粮尽而退，决定

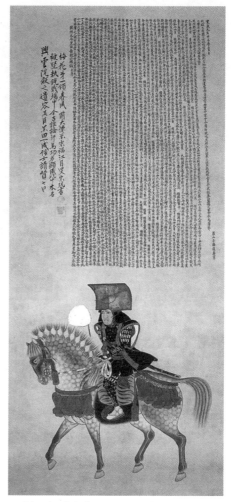

▲ 黑田长政之像

乘其未退时抢先发起进攻。经过一番筹划，日本水陆援军果断行动，并得到蔚山地区守城部队的配合，使得开始撤退的明军在突如其来的夹击之下崩溃了，沿途丢弃大量的器械物资，尸体到处散布在路上，长达四五里。

杨镐好不容易撤到庆州，接着又退回汉城。功亏一篑的明军虽然伤亡数千，但是主力犹存，各路军队分别驻扎于龙营、忠州、水原、稷山、全州、安城等地，以防日军乘胜发动战略反攻。不久，朝廷在追究战事失利的责任时罢了杨镐的官，调天津巡抚万世德为新任经略，同时责令麻贵将功赎罪。

蔚山之败，与明军火炮未能发挥应有的作用有关，假如将士们能够抢在日军

▲ 火炮对侵朝日军构成严重的威胁

援兵到达前用炮轰开包围圈中的城寨，则战局必将改写。事实证明，只要选择合适的火器以及战术运用得当，即使是坚固的城垒同样存在被轰开的可能，随后发生的泗川之战提供了这方面的例证。

泗川之战发生在 1598 年。战前，明军为了一雪蔚山之耻，向国内请求增兵再战。同年 2 月，陈璘的两广水师、刘綎的川黔兵、邓子龙的浙兵相继入朝，而朝鲜方面也积极训练新兵，渐有成效。

不久，邢玠把军队原先的三协编制改为水陆四路，各置大将。中路军由李如梅①率领；东路军由麻贵率领；西路军由刘綎率领；水师由陈璘率领。将士们各守汛地，诸路兵马连同协同作战的朝鲜军队，总计为十四万人以上。

日本侵朝部队除了部分兵力已经撤回国内休整外，其余的军队则在调整布置，重新划分防区，并将沿海根据地分为三道，东路以蔚山为中心，统帅为加藤清正；西路以顺天为中心，统帅为小西行长；中路以泗川为中心，统帅为岛津义弘；水师由藤堂高虎率领。水陆两军总兵力在七八万人。

1598 年 8 月，远在日本运筹帷幄的丰臣秀吉早已步入风烛残年，他终于躺在

① 同年4月，李如松在辽阳与鞑靼人作战时战死，朝廷召其兄弟李如梅回国，原职位以董一元代替。

卧榻上一病不起，于 13 日辞世。这人临终前似乎后悔与明朝为敌，致使兵祸连年，因而留下遗命从朝鲜退兵，他在濒临死亡的那一刻还不忘叮嘱左右官员道："勿使我十万兵为海外鬼！"

阵前撤军容易发生意外，需要时间来精心筹备，所以滞留在朝鲜的日军仍处于随时准备战斗的状态。而明朝总督邢玠、经略万世德正巧也在此时下令向日军发动全线攻势。

麻贵的东路军首先攻击蔚山，加藤清正故技重施，退保内城不出，两军基本处于对峙状态，没有打什么大仗。

董一元的中路军从星州南下，目的地是泗川。

日军在泗川的防御工事临近南江，得以扼守险要，沿岸筑有望津、永春、晋州等据点，这些据点连同位于泗川旧城的故馆（又称"旧寨"），互为犄角，它们皆以新寨为核心，分布于四周。而深掘壕沟的新寨三面环海，一面通陆，共有四层城郭，最外的一层城郭高约丈余，以石砌成，内三层则为木城，由日本国内号称劲悍的"萨摩州"士兵驻守。

明中路军进展比较顺利，连破

▲ 善于防御的日军

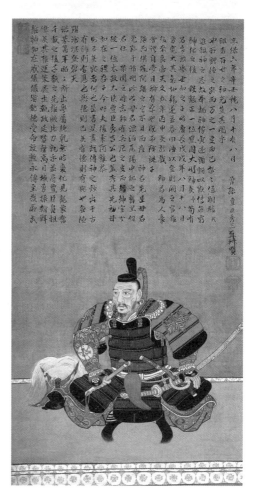

▲ 丰臣秀吉之像

望津、永春、昆阳等寨，驻军于南江南岸，于9月28日杀向泗川县城（旧寨），副总兵李宁亲率骑兵突入城垣内，在肉搏时不幸战死。游击将军卢得功亦被鸟铳射中而亡。经过惨烈的血战，势单力薄的日军难以继续支撑下去，残余部队从旧寨突围逃回新寨。

踌躇满志的董一元下令将望津、永春、昆阳等寨全部放火烧毁，他乐观地估计部下乘着连战连捷之势，肯定会迅速拿下新寨作为宿营地。可惜，智者千虑，必有一失。新寨集结了大量从各寨溃退回来的日军，兵力更加雄厚，实力反而得到增强。这些人在岛津义弘的指挥之下凭险顽抗，使明军速战速决的计划落了空。而沿江诸寨早已被大火烧得灰飞烟灭，所以明军不得不落宿于郊外的荒山野岭之中。

火炮是新寨之战中影响胜负的关键因素。明将茅国器、彭信古与朝鲜将领郑起龙的先锋军在十月初一这天一起用各类大熕（即火炮）轮番轰击当面的城垒，《中兴志》记载他们在战术运用方面比起蔚山之战要成功得多，完全按照惯例，将所有的炮火集中于新寨的大门以及城垛这两个防线中最薄弱的位置上，直至它们被轰得支离破碎为止。

战局发展到这一步，动用火炮的明军似乎已经胜券在握，接下来就是从敌人防线的缺口中长驱直入了。

没想到祸起萧墙，《两朝平攘录》记载彭信古的部下有一批平日疏于训练的京城无赖之徒，这些家伙对火器的性能不太了解，竟然违规多次发射木熕（木制火器的炮膛脆弱，只能应急使用，不可连放），结果爆了膛，连累阵中火药失火燃烧，硝烟弥空，半天俱黑。明军人马刹那间乱作一团，互相践踏。

岛津义弘当然不可能错过反击的好机会，他以破釜沉舟之势率领主力几乎倾巢而出，一边前进，一边不断放炮。彭信古的部队首先望风披靡，接着明军全线崩溃，其中骑兵逃得最快，狼狈不堪的步兵紧跟其后。

日军主力部队毫不犹豫展开远距离的追击，渐渐远离新寨。

肝胆过人的茅国器是明军中的另类人物，他在撤退时兜了个圈子，摆脱日军追兵，接着竟集结一班残兵败将重返战场，企图乘虚闯入新寨之中，鸠占鹊巢，顺手拾个大便宜。如果这次冒险成功，明军也许又有翻盘的机会，转败为胜。

新寨里面还留守着一部分日本军队，首领是富有战斗经验的岛津忠长，这人准确无误地判断出明军的作战特点是精锐在前，老弱在后。日军在他的指挥下集中鸟铳与弓箭等远程兵器专门射击那些待在明军阵后的担架工、伙夫等人。这些闲杂人员果然在遇袭的情况下惊慌失措，他们的不安情绪像瘟疫一样影响了奋战在第一线的明军精锐将士，很多人心里都七上八下，无所适从，不一会儿，精兵也情不自禁地跟老弱一起溃退出新寨之外。至此，明中路军的所有攻势全部失败。

▲ *岛津义弘之像*

　　日军的战略目的是为了守住泗川，无意重新北上。惊魂未定的董一元则退保星州，所部在撤退途中草木皆兵，130 里地到处丢弃着粮食、器械等物资，同时也散满了数千战死者的尸体，惨不忍睹。

十八 水上奇兵

明中路军虽然在泗川之战中失败，但是 9 月 20 日打响的顺天之战仍然继续进行着，刘綎的西路军与陈璘率领的明国、朝鲜水师联军，连日来轮番进攻小西行长在顺天地区修筑的城寨，其中，水师的表现尤为出色。

战前，日军在顺天地区的主要据点是曳桥寨（又称"顺天新城"），它建立于削平的山巅之上，用石台做基础，四面建楼，有的楼阁高达三层，还设有粮库及军械库。山的北端是海，海中也有水师设防。此外，日军还在顺天、光阳等地的冲要之处修建了工事。

陈璘的水师在开战时以优势的兵力首先驱逐了曳桥外围的日本战舰，控制了那一带的海面，为从海路攻城做好准备。

陆军在刘綎的指挥之下以重拳出击，一口气砸开了日军在顺天城与光阳的外层防线，逼近曳桥，在水师的配合下完成了对曳桥日军的包围。

刘綎是抗倭名将刘显的儿子，本人的兵器是一杆大刀，号称"刘大刀"，麾下有一批善战的家丁，曾经多次在西南地区讨伐兴风作浪的土司，威名显赫。但是此人治军不严，部属在腾冲执行任务时军纪松懈，竟然发生了烧毁民居之事，为此他被朝廷革职，不久又以宿将的身份再度复出，平定曲靖、罗雄等处土司的谋反。当朝鲜燃起战火时，他先后两次参加援朝，分别以副总兵、御倭总兵官的身份出征，由于长期转战西南边陲，所部可能收编了一些外国雇佣兵。据《宣祖实录》记载，朝鲜官员李恒福曾经拜访过刘綎的部队，看见里面有来自暹罗（泰国）、都蛮（西藏）、小西天竺（印度）、缅国（缅甸）以及播州（指位于川、黔交界的播州土司）等处的士卒，其中不少人身怀绝技。

不过此刻的刘綎不想硬拼，他为了兵不血刃地拿下曳桥，绞尽脑汁地制定了一条擒贼先擒王的计策，这便是以和议为名，在城外大摆筵席，企图乘机擒拿应邀赴宴的小西行长。但遗憾的是，这条计策被小心翼翼的小西行长识破。文的不行，只有动武了，明军磨刀霍霍，准备让一切历史遗留问题都在打打杀杀之中解决！

双方多次交手，进行激烈的攻防战。为了早日克城，明军临阵赶造攻城器械，据《宣庙中兴志》所载，其中包括云梯以及飞楼炮车。

云梯是一种常见的攻城器械。而飞楼炮车则能够在高耸的车顶上安装火炮，专门用来平射城头的敌人，名将李成梁以前在辽东使用过这种军械。不过，在十月初二的攻城之战中，飞楼炮车显得比较笨重，不能快速移动，因此有的车兵在推挽的过程中被日军用鸟铳打死，侥幸活下来的人都心有余悸、敛声屏气地躲藏于车后，不再卖力推车前进。主将刘綎似乎不想将手下逼上绝路，也没有严格督促。这样一来，不但攻克不了敌城，而且攻城军队的纪律也开始松懈，一些疲惫的车兵干脆钻起了空子，躺在车中酣睡。

城寨里面的日军密切注视着战场上的一举一动，明军暴露出军纪不严的弱点，自然逃不过他们的眼睛，同时，一场秘密出击也在酝酿中。

当夜幕降临，潮水退落的时候，城中悄悄潜出一百多名日军，摸入明军的前沿阵地一阵乱砍。在前沿布防的是隶属于副总兵吴广的部队，这些人被突如其来的袭击打了个晕头转向，四处乱窜，以致混乱之中共有十多名在战车中睡觉的车兵被杀。日军在回撤时顺手放了一把火，将那些飞楼炮车烧了个干干净净。

刘綎精心准备的攻城器械毁于一旦，这令他难以履行事先与水师提督陈璘约定的计划，不能共同夹击敌寨，从而延误了战机。

陈璘也是一位久经沙场的战将，本来带领陆军赴朝，但兵骄将悍的部属进至山海关时竟然因待遇问题而鼓噪不前，从而惊动了朝廷，因而被勒令改为指挥水军。现在他为了拿下敌人的据点，积极备战，打算出动一万三千两百人以及五百多艘大小战舰，种类包括福船、楼船、沙船、苍山船、叭喇唬等等，除了配备弓弩刀枪等冷兵器，还有虎蹲炮、喷筒等火器。此外，七千三百名朝鲜水师也奉命协同明军作战。

当水师在第二天夜间按照原定计划乘涨潮之机向曳桥寨发起猛攻时，陆军却没有用实际行动来配合，只是仅仅用鼓声来响应。这一晚，水师千炮齐发，曳桥寨在战火中岌岌可危，连小西行长所居住的房屋也被三发炮弹击中。

日军慌忙抽调主力聚集在城寨的东北面，一边救火，一边苦战，而西面则兵力空虚。城寨中一名被掳的女人拼死翻墙而出，跌跌撞撞地跑进明军的陆军阵营之中，哀求迅速派人从西面入城。但刘綎只顾保存实力，按兵不动，连朝鲜使臣多次请战也无动于衷。

水师孤军奋战到当夜的二更时分，潮水突然退了，致使二十多艘明军战舰在海滩上搁浅，竟然被缒城而下的日军焚毁。

水师选择时机再度攻城，但陆军仍不积极配合，这令水师将士非常愤慨，陈璘怒气冲冲地上岸，策马驰入刘綎营中，亲手把帐中悬挂着的"师"字旗一把扯了下来，撕个粉碎，当面痛斥刘綎居心叵测，并表示要将此事上奏总督，以儆效尤。刘綎吓得脸如土色，抚胸叹气，将责任全推诿给下属，希望借此而敷衍了事，蒙骗过关。

当董一元在泗川败退的消息传来后，刘綎忧心忡忡，他害怕遭到中、西两路日军的夹攻，再也无心恋战，匆匆忙忙地在10月7日夜间毁营、撤军。

数万名西路军在顺天日军毫不知情的情况下，利用一夜的时间安全撤离，第二天，日军只看到一个寂无人影的空营。可见，刘綎指挥的阵前撤军，比起杨镐在蔚山搞的那次撤军要高明得多。

身在南原的监军王士琦得知刘綎擅自退师，及时派遣使臣制止这种荒唐的避战行为，同时将力主退兵的刘綎部下王之翰等人斩首示众。刘綎在无可奈何之下，重新派部分官兵返回顺天地区安营扎寨，静待时机。

当陆军撤退时，水师却乘潮而进，继续攻城。陈璘大义凛然地对将士宣布："我宁愿做顺天之鬼，也不像刘綎那样临阵退缩。"当晚，水师又战斗到退潮为止，一些搁浅船只上的官兵被日军俘虏，其中有个小卒不愿成为俘虏，独自一人战斗到精疲力竭，投火自焚而死，这种悲壮的行为令所有的观战者无不动容。另外，还有一百四十多名将士突出包圈，从泥泞的海滩中走到岸上，他们所持的刀枪全部在激烈的搏斗中弯曲变形，上面染满了敌人的鲜血。

▲ 侵朝日军诸将

经过多番苦战的水师，于9日离开松岛这个临时栖息地，返回古今岛休整，准备迎接更加激烈的战斗。

前文提到丰臣秀吉病死前留下遗命从朝鲜撤军，此时前线的日军遵命陆续撤回。1598年11月17日五鼓时分，驻扎在蔚山的东路军由加藤清正率领先期撤返，集结在庆州以南居昌等地的日军接着回国，他们都没有遭到明军的阻拦。麻贵随后跟进，占领蔚山、岛山、西生浦等地。

以小西行长为首的顺天地区日军，于同月上旬偃旗息鼓地在刘綎部队的眼皮底下由海路驾船撤到松岛，准备开往济州岛，然后返国。其后，驻扎于顺天地区的明军，立即占领曳桥，擒杀来不及撤走的一些日军，斩首160级。

这时，在古今岛休整的明朝与朝鲜水师已经获悉日军撤退的情报，陈璘与朝鲜将领李舜臣等人决定派出联军全力阻击日军。

李舜臣是一位出类拔萃的水师指挥官，在整个战争中，先后取得唐浦、闲山岛、安骨浦等海战的胜利，使侵朝日军始终控制不了制海权，居功至伟。现在他带领的朝鲜水师，共有各类战船三百余艘，其中特别值得一提的是龟船，这种大型战船的船身上覆盖着一块刻有十字小槽的甲板，上面插满了利刃与尖锥，可以防止敌军强行攀登。船头的龙口与船后的龟尾各有一个洞穴，两边的船舷也凿有六个洞穴，这些全部是用来施放火器的射孔。龟船是世界上首创的装甲战船，反映了随着火器的日益先进，战船也必须与时俱进，加强防护，以提高生存能力。

联军舰队先行到达光阳湾口的猫岛，堵住了日军先遣船队的去路。小西行长连日来指挥船只左冲右突，怎么也冲不出重围，只得向驻扎在泗川、南海的日军乞援。

岛津义弘率领庞大的舰队从泗川出发，于18日夜间驶向光阳湾，以解小西行长之围，途中会合从南海开来的宗智义部水师，动用共约五百余艘战船以及过万兵力，在露梁海峡以西的海面上与明军前锋——年过70的老将邓子龙迎头相撞，两军遂在次日展开较量。

邓子龙率所部一千士卒连同三艘巨舰在朝鲜海军的配合下，使用火炮与日军的鸟铳对射。两军施放的弹丸在空中穿梭交错而过，刹那间一些中弹的战船木屑乱飞，水花四溅。

自恃宝刀未老的邓子龙为了夺得首功，亲自带着二百壮士跃上被围困的朝鲜船只，做好了与日军进

▲ 朝鲜水师龟船

行白刃格斗的思想准备。他们的战术是用铁钩钩住敌舰的船舷，然后不断将一些燃烧性火器近距离地抛向敌人的船舱，令那些战船焚毁于烈焰之中。然而，双方很多船只已互相混合在一起，处于犬牙交错的状态，在这种情况下投射火器，很容易误伤自己人。意外发生了，邓子龙的战舰在混乱中不幸被友军误掷火器而失火，可这员老将仍然在硝烟中坚持到底，最后在与乘乱爬上船舱的日军作战时不幸殉国。战斗在前线的陈璘得知邓子龙失利的消息，紧急命副将陈蚕前往支援，可惜还是来迟了一步，没有能力改变既成的事实，让英雄起死回生。

这时，联军主力舰队已经来到了战场，兵分两路由南、北方向夹击大岛以东海面的日军船只。所有人都不遗余力地拼搏着，弹丸、利箭、石块，甚至燃烧的木柴都在空中抛来抛过去，喊杀声与擂鼓声互相呼应，茫茫大海亦为之震撼。

岛津义弘所部渐渐支持不住，暂时放弃前往猫岛与小西行长会合的计划，在天亮时退入观音浦港口。这是一个浅水的海湾，不适合大型海船航行，躲藏于此正好能避开明军福船等巨舰的打击。《万历三大征》记载陈璘随机应变，指挥"苍唬船"配合朝鲜水师进行追击。

所谓"苍唬船"，是苍山船与叭喇唬船的合称。据《筹海图编》所载，戚继光昔日在浙江抗倭时对苍船（即苍山船）的作用说过一番中肯的话，大意是："假若贼舟（指倭寇船只）甚小，闯入'里海'，致使我军大福船与海沧船等大型战舰不能尾随而进，就必须出动苍船予以追击。不过，此类船比较小，在水面上高不过五尺，加上以木材打造的棚架亦不过五尺，体积与贼舟差不多，因而不能像大型战舰那样依靠'冲犁'来撞沉敌船，只能在两船相交时以短兵相斗的方式决胜负。如果我方士兵不擅长近身搏击，那么就会误事。然而，此船'吃水六七尺'，'捞取首级'比较容易，在水中往来亦'摇驰而快便'，可以弥补自身的缺陷。"《武备志》记载叭喇唬船采用底尖面阔设计，首尾一致，底

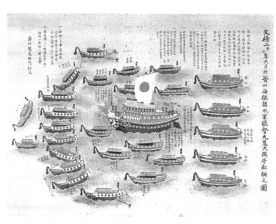

▲ 曾经多次被李舜臣击败的日本水师

用龙骨，直透前后，阔约一丈，长约四丈，两旁各有八至十支船桨，士兵划动起来"其疾如飞"，有风时可在船桅上竖起布帆，桨斜向后，"准作偏舵，亦能破浪"，可起到帆桨并用的效果。此船"便于追逐哨探"，"倭奴号曰'软帆'，贼亦畏惧"。总之，联军驾驭这类小型船只跟着日军进入浅水的海湾，意味着即将发生一场血腥的肉搏。

▲ 苍山船

观音浦是绝路，日军在里面喘息一阵后又狗急跳墙一般沿着原路冲出，杀了个回马枪，当场围住了跟踪而至的朝鲜将领李舜臣的战船。陈璘拼死驾船前往相救，也被大批日军船只团团围住。

陈璘当机立断，命令战船下碇不动，然后用炮轰击那些纷纷汹涌而来的敌船，试图自保。明军将士隐蔽在盾牌后，一边避开迎面而来的鸟铳弹丸，一边伺机用长枪刺向像蚂蟥一样依附在战舰外舷的日军，致使这些人纷纷落入水中。海面上浮起了数以千计的尸体。在这场你死我活的搏斗里，有两名日军沿着船舷舍命攀登，终于跃上了船头并扑向陈璘。陈璘的儿子陈九经在千钧一发之际用自己的身体挡在父亲之前，被敌人用刀砍得鲜血淋漓，也毫不退缩，真是虎父无犬子。最后，这两名凶狠的日本杀手被纷纷赶来的明军所困，死于乱枪之下。

▲ 叭喇唬船

战斗仍然持续着，明军动用喷筒顺风喷火，击碎与烧毁了不少敌舰，海面被

▲ 李舜臣之死

▲ 露梁海战以日军惨败而告终

熊熊烈焰映成了红色，然而还是未能突出重围。

在这危急关头，李舜臣发现有三名日军将领坐在一艘大楼船上督战，遂想办法调集部分精锐部队前往攻击，并用箭射死其中一人。果然，围攻陈璘的日军船只争先恐后地掉头回救，让陈璘得以解围，与李舜臣会师。

中朝联军慢慢扭转了形势。据《李忠武公全书》《宣庙中兴志》等史书记载，当时水师将士频繁发射虎蹲炮，连碎贼船，使得一些不太坚固的日本船只由于船板损毁严重，机动性大不如前，丧失了主动权。

突然，冲锋在前的李舜臣被敌人用鸟铳射中左腋，受了致命伤，他临死前叮嘱身旁的侍从要注意保密，秘不发丧，以免影响官兵士气。

各种战舰在海面上交错，血战到中午时终于决出了胜负。日军大败，被烧毁二百多艘船只，将士或死或伤，溃不成军。据说岛津义弘仅带着五十多艘战船逃脱。

联军虽然重创了岛津义弘所部，可是竟让小西行长乘隙逃出猫岛西梁，消失在一望无际的海洋之中。

观音浦附近的激战结束后，余波仍未平息，陈璘所部继续转进至南海乙山一带，捕斩了九十多名藏身于岩洞中的残敌，并反复搜索，以免漏网之人继续贻祸朝鲜。

　　发生在露梁海域的这一场精彩的歼灭战落下了帷幕，同时也意味着日军长达七年的侵朝战争以失败而告终。

　　朝廷战后论功，以陈璘为首，刘綎次之，麻贵第三。由此可知在最后阶段的战争中，战绩彪炳的联军水师其风头完全盖过了陆军，不惜马革裹尸而还的邓子龙可谓死得轰轰烈烈，而为国捐躯的李舜臣也成了反击日本侵略的朝鲜民族英雄。

十九 平定播州

刘綎与陈璘这两员将领在援朝之役中显然合作得不太愉快，但并不妨碍他俩在其后发生的播州之役中再度共事。

播州之役是"万历三大征"中的最后一仗，这场战事起源于川、黔相邻的播州宣慰使司，此地纵横三千里，西北环山，东西临江，境内山谷盘亘，悬崖峭壁耸立，道路崎岖，人马难以并行，是一个山高皇帝远之处。

播州宣慰使司的首领杨应龙在 1573 年（明万历元年）年仅 21 岁时即袭土司之位，他不但放纵奢侈、荒淫无度，而且肆意妄为，竟然在身上穿的衣服上面绣起了皇室御用的龙凤纹，还擅自把一些净身男子收为内官以及将一些选中的民间女子当作宫眷，并下令辖区内的老百姓称自己为"千岁"，俨然为一方的土霸王。

这种倒行逆施的做法自然会引起群情激愤，因而播州土官何恩、宋世臣等人如实向朝廷反映。而贵州一些官员同样没有坐视不顾，于 1590 年（明万历十八年）相继上疏弹劾杨应龙。朝廷怪罪下来，命令四川、贵州两省巡按官员会勘，彻查此事。

惹祸上身的杨应龙不得不硬着头皮亲自前往四川重庆为自己辩护，可是遇上办事拖沓的地方官僚，在事情未能得到妥善解决的情况下，遭受了两年多的囚禁。那时正值抗日援朝之际，朝廷四处调兵筹饷，一心想逃出囚笼的杨应龙秘密指使自己的亲信携带财物入京，结交官员，上下打点关系，声称播州愿出兵五千赴朝效命，并纳银十万两助饷，他慷慨解囊的行为终于打动了明神宗的心，提前获得释放。

但是四川官员在释放杨应龙的时候还留了一手，将他的次子杨可栋扣留在重庆，作为人质。

回到播州的杨应龙果然原形毕露，多次抗拒朝廷命令，再也不肯重返回重庆协助调查，甚至还擅杀奉命来访的官差。

四川巡抚王继先与巡按林道楠为了维护朝廷的声威，一意主剿，他们指挥辖下官兵于 1594 年分兵四路，正式进攻播州。其中，四川明军由川东、川南、川北三路组成，是这次进剿的主力，共约五万余人。而贵州一路只是作为牵制，并未出战。

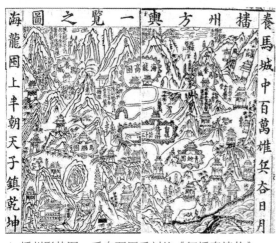

▲ 播州形势图，采自万历重刻的《征播奏捷传》

杨应龙可动用的兵力达到二十余万，他选出骁勇善战者七八千人，号为"老虎军"，他精心布置，准备应战。果然，川东一路明军在开战不久就因麻痹大意而误中埋伏，损兵折将，惨败而归。川南一路到达娄山之后，不再冒进。川北一路虽然屡获小胜，但对大局无关痛痒。看来这次作战注定要徒劳无功。不久，明军的后院起火，主战派王巡抚突然在官场中失势，黯然下台，他的强硬政策也随之被继任者弃如敝屣。各路明军仓促撤退，遗留在沿途中的辎重全被杨应龙的手下烧毁或抢走。

明军首次进剿失败之后，川、黔两省官员互相推卸责任，攻讦不休。朝廷特命邢玠总督二省军务，在南京兵部侍郎张国玺的协助下率兵讨伐。当时朝鲜战火未息，在一定程度上牵制了明朝的力量，因而邢玠力主招抚播州，他命令太守王士琦带着数十人前往招安杨应龙。

杨应龙态度软化，表示愿意归顺朝廷，按时缴纳税粮，还答应交付四万两银子作为罚金以及让位给儿子杨朝栋，还承诺以后不再滥用酷刑，虐待人民。

至此，邢玠自以为招抚之策已经大功告成，便于1595年（万历二十三年）撤军北返。

但是，邢玠撤军后，和局却最终没有达成。原来，杨应龙要求四川官员先放自己的儿子出狱，然后再履行诺言，但官僚们怕再次上当受骗，不肯先行放人。双方互相推诿，时间就这样拖过了一年。

"天有不测风云，人有旦夕祸福"，身为人质的杨可栋突然暴毙于重庆狱中，杨应龙得知这个消息后，悲愤填膺，派人到重庆索取儿子的尸体。四川官员却不肯交出尸体，扬言要取得赎金后再一手交钱一手交货。

恶向胆边生的杨应龙强硬地回复道："只有我的儿子复活，才能交出赎金！"他亲自率领大军直抵重庆城外，为儿子发丧招魂。播州军队四处劫掠，所到之处，州县残破，鸡犬不宁。

四川当局决定大张挞伐，于 1599 年（明万历二十七年）2 月派遣万余军队进讨播州，不料却在飞练堡一带误中埋伏而全军覆没，西南大震。

恰巧在此前后，日本从朝鲜撤退，使得朝廷终于能够腾出手来用武力解决西南面临的困局。辽东巡抚李化龙被改命为总督川、贵、湖三省军事，并兼职四川巡抚，还征调刚刚从朝鲜凯旋而还的名将刘綎与陈璘等人入川备战。

局势演变至此，战争似乎成了解决问题的唯一办法。杨应龙抢先动手，出动六万军队分为三路出击，攻陷綦江，在城内滥加杀戮，投尸蔽江。此举让合江、南川、江津至重庆一带的百姓惊恐不已，为了避战，人们纷纷逃难。

当时，重庆作为全蜀的门户，城内守军不多，一旦失守，则四川危殆。可是，杨应龙没有迅速长驱直入，只顾大肆掳掠，他在綦江停留了整整五天，延误了进军的好时机，退兵之后活动于三溪等处，仍时不时出兵骚扰。李化龙充分利用这段宝贵的时间，四处召集援军进驻重庆，加强城守，很快便扭转局面，转危为安。同时，又有大批部队开到南川、合江、泸州等地，准备反击。

经过一番筹划，总兵刘綎、马礼英、吴广与副总兵曹希彬进驻四川地区的綦江、南川、合江、永宁；总兵童元镇、李应祥与参将朱鹤龄进驻贵州地区的乌江、兴隆、沙溪；总兵陈璘则进驻湖广偏桥。八路大军（每一路兵力为三万人左右），共约二十余万人，将用分进合攻的方式向播州挺进。

这是刘綎与陈璘从朝鲜返回之后再次并肩作战，尽管在昔日的朝鲜战场上，陈璘的风头盖过了刘綎，但是从这次向播州进军的整个军事布置来看，刘綎还是得到了重用，他经綦江出发的这一路军责任最为重大。

刘綎这次的表现没有让人失望，一出发就拿下丁山、严树等地，接着与两三万播州军队在楠木、桐山附近激战。正月十五日，明军越过李汶坝等关卡，攻到峒山之前，在前沿督战的刘綎以左手拿银子，右手持剑，大声吼叫道："服从命令而奋勇作战者，重赏银两；临阵退缩者必将军法从事，死于剑下！"山高林密的地方最适宜火攻，将士们在鸟铳的掩护下砍伐了大量树木，堆积在敌垒之前，再顺风点燃，烧死以及俘房了很多敌人，其余的均逃无踪。

杨应龙对刘綎又惧又怕，令其子杨朝栋抽调包括"老虎兵"在内的大批精锐苗军部队，以四五万人的兵力分为三路由松坎、鱼渡、罗古池等地举行反攻，计划经綦江入南川，袭扰明军的后路。

为了对付从松坎、鱼渡方向的来犯之敌，刘𫖯所部把主力集中于罗古池，并在三月初一围歼了一部分企图乘夜劫营的播州军队，斩首数百，追逐50里。这一战，刘𫖯表现出了骁勇善战的本色，他参加了白刃格斗，挥舞着大刀亲手杀死几名挡路的敌人。声威所及，作战失利的杨朝栋不敢再轻易冒进，也只将部队驻屯于石虎关，静待时机。

刘𫖯随即移师东溪，以防后路被截断。可是这种谨慎的措施遭到朝廷的误解，竟以这一路军队前进速度过慢为理由，要将刘𫖯革职。只是总督李化龙认为大敌当前，不宜阵前换将，因而顶住了压力，仍然继续挽留刘𫖯在前线。

在朝廷的严厉督促下，刘𫖯只能兵行险着，经九龙子绕道夜郎旧城而疾进，途中用火器消灭负隅顽抗的敌人，一口气拿下三坡、石虎关、闷头等地，将措手不及的杨朝栋打得大败而逃，逼近了兵家必争之地娄山关。

娄山关位于高耸的山峰上，中间只有数尺小道可以往来（沿途挖满了陷阱，里面插着竹签）。两旁万木参天，左右群山亘绵不绝，人烟罕至。作为通往杨应龙巢穴的主要入口，这座雄关由石、木等材料筑成，共有十二座关卡，每一座关卡的楼阁上都堆满了滚木、石块等武器，而外围又竖立数层木栅，栅前乱七八糟地堆放着砍伐的大树，作为障碍。

守军虽然占了地利，但滚木、石块等武器毕竟过于原始，很难与明军威力强大的火炮抗衡，而他们手中弩箭的准确度又比不上明军的鸟铳，致使优势大打折扣。

3月29日，刘𫖯指挥部队奇袭娄山关，令主力从正面毁栅填路，鱼贯而上，另外出动左右两路奇兵绕到关后进行包抄，分进合击，连破十二座木关，打得对手四散溃逃，跳崖而死者不计其数。

拿下娄山关后，明军于四月初一在附近的白石口、永乐庄等地宿营，不料一时大意，屯于松门垭的一处宿营地遭到了播州军队的袭击，损失了两千多士卒。幸而刘𫖯反应及时，急忙派兵赴援才稳住了阵脚。敌人自此不敢再"复窥娄山关"。

到目前为止，经綦江出发的这一路部队进展比较顺利。其余各路也捷音频传，从南川进军的明军已经连破桑木、金子坝、海门等关卡。经合江、永宁两处出发的明军也势如破竹，招降叛军数万，夺取了岩门关、永宁路等地。特别值得一提的是，总兵吴广辖下五百善用鸟铳的家丁有不俗的表现，据《两朝平攘录》所载，他们于3月底在磨枪垭这个地方把前来迎战的播州悍将郭通绪打落马下，再刺死，从而威震敌胆。将士们浴血奋战，一直打到距离杨应龙老巢海龙屯仅有10余里的地方安营扎寨，着手准备总攻。

然而，从贵州乌江出发的明军却遭受挫折，在渡江时遇到敌人袭击而死伤无数。战后，主将童元镇被逮捕至京，军法处置。另外两路从贵州进军的部队，分别经沙溪、大红关、落濠关与草塘、松坪、箐网屯、黄滩关等地，先后接近了海龙屯。

从湖广偏桥方向出击的是总兵陈璘所部，尽管这一路汉族将士比较少，土司士兵比较多，可战斗力仍然不容小觑，沿途连克白泥、龙染山等地，到达袁家渡河边，再伐木为舟，用绳索将多艘船只连贯在一起而形成浮桥，得以飞速过江，长驱直入至苦练坪、苦菜关等地。这时，贵州明军在乌江失败的消息已经传到了陈璘的部队，有人散布谣言称刚刚在乌江获胜的杨应龙将调集十万军队大举反攻，上述种种言论造成军心不稳。恰巧这个时候出现了粮饷不继的问题，部分将士便公开要求退兵。陈璘不得已，只好暂时停止前进，申请增援。正在重庆这个大后方统筹全局的李化龙对敌情了解得比较清楚，他知道播州军队总数不满五万，已经自顾不暇，根本无力反扑，便及时指示陈璘所部不要听信流言蜚语，要大胆挺进，配合四川其余几路军队逼近敌巢。重获信心的陈璘带领部队经楠木桥、湄潭等地继续向前，用百子铳、发熕等炮攻破敌军驻守的长坎、玛瑙、保子四囤等据点，先后歼灭了数千人。守备陈九经、白元洁等将领在冲锋陷阵时浑身被飞来的利箭射中，幸亏他们均披上了厚厚的铠甲，并未受伤。可捐躯者也有不少，把总吴应龙就不幸被石块砸死，可见战斗的激烈状况。其后，陈璘所部于3月24日攻下了三道关，逼近海龙屯，终于按照原定计划与刘綎等人会师。

海龙屯素有"播州第一险固"之称，拥有数十里宽的田地以及数十间储存了大批粮草、武器等物资的营房，周围全是山势险峻的悬崖绝壁，号称"飞鸟不能渡，猿猴不能攀"。屯前仅有一条小道可供通行，四处散布着九个险要的关口，一是"海门关"、二是"飞凤关"、三是"海道关"、四是"铁柱关"、五是"飞虎关"、六是"飞龙关"、七是"朝天关"、八是"太平关"、九是"海源关"。此外，屯后还有两个关口，即是"万安关"与"永清关"。周围修建了龙爪、望军、海云等屯，养马、养鸡等城，形成了多层次的防线。杨应龙所部的装备以冷兵器为主，基本编制是每十名士兵为一队，其中包括三名长枪手、三名弩手、三名刀手、一名斩马刀手或捞钩手。

海龙屯虽然易守难攻，但其被朝廷从四川、贵州、湖广等处调来的二十三万大军于4月间团团围住，危如累卵。最后的决战开始了，各军轮番进攻，连克养马城、

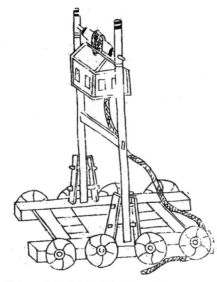

▲ 巢车，采自《武备志》卷一百九

▲ 陈璘攻打朝天关，采自万历重刻的《征播奏捷传》

望军、养鸡城等据点，进一步缩小了包围圈，并在四面设立木栅，严防敌人突围。

明军统帅部计划以铁柱、飞龙两关作为突破口。各营积极筹备云梯、巢车①，做好了啃硬骨头的准备。明军于 4 月 25 日起合力进攻，用鸟铳打死了素以"悍勇"著称的播州将领杨珠。

守军内部更加惶恐不安，以致疑神疑鬼的杨应龙在一夜之间处死了两三百名被他认为怀有异志的手下，以防祸起萧墙。为了化解危机，杨应龙有意放出风声，称自己将畏罪服毒自尽，同时多次派出使者往来于明军大营之中求和，提出愿意交纳巨额赎金等条件，以换取明军退师，不料遭到对方的断然拒绝。《两朝平攘录》记载无计可施的杨应龙在此期间寄希望于"妖术"，用一些旁门左道的办法妄图克敌制胜，例如根据以阴制阳的理论，让数百名妇女脱下衣服立于高处施展巫法，据说能令明军的火炮失效。当然，这类愚昧无知的做法只能徒增笑料，不会有任何作用。

然而，天有不测之风云，竟然连下了七八日大雨，明军的攻势不得不暂时停止，直到五月初十天气转晴时，陈璘、曹希彬诸军又抓紧时间进攻，一举夺得铁柱关

① 又名"攻车"，由收降的倭人坐在里面，可以用鸟铳压制城墙上的守军。

前面的两个制高点，这两个制高点
不但可以清晰地观察到海龙屯中的
动静，而且可以断绝其樵汲之道。
接着，千总马积冒率兵登上了铁柱
关正楼之侧，成功在对方的防线上
撕开了一个口子。刘綎也不甘落后，
亲自督促手下在城墙脚下挖出了五
个大坑，每个长五六丈，有效地破
坏了敌人的防御工事。

▲ 刘綎、吴广两总兵大战播州将领，采自万
历重刻的《征播奏捷传》

各路明军将士经过一番厮杀，
纷纷登上了铁柱关左侧的水关楼，
焚毁两座楼阁及数处房屋。烈火顺着风势四处蔓延，将铁柱、飞虎两关几乎烧得
一干二净。只剩下飞龙、朝天、太平三关。

海龙屯的核心部分已经逐渐暴露在明军面前。为了进一步提高协同作战的能
力，统帅部将各路军队合为五营，即刘綎的綦南营、吴广的永合营、陈璘的偏桥营、
李应祥的平越营与马礼英辖下的边兵，在屯前驻扎。从5月19日起，各营抽调精兵，
用车轮战的方式轮番出击，一直打到24日，天又下起了大雨，战事亦暂时停顿下来。

海龙屯近在咫尺，却就是拿不下来。原因之一应归咎于连绵的雨天，但也与
明军长期使用正面强攻这种呆板的战术有关。陈璘早就知道屯前地势险要，易守
难攻，而屯后的地势则比较平坦，有利于进取，因而乘此僵持不下之机，提出专
攻屯后的建议，并身体力行，他率先于5月22日移营到屯后，准备履行避实击虚
之策。他令部下在营前树立起鳞次栉比的木栅，木栅之外再铺着装满铁钉的板子，
又令将士把一百多面铁盾列于营前，以防御敌军的弓弩，做好了进可攻、退可守
的两手准备。

轮到刘綎率部参战，他身先士卒，在炮火的掩护之下与部属齐心协力地攻破
了海龙屯外围的一道防线——土城，接着又攻陷了第二道防线——石城，从正面
敲碎了海龙屯的两处坚固外壳，被公认为立了首功。他虽然在朝鲜顺天之役中表
现失常，但在这一战中却改辕易辙，发挥出色，用新的功勋抹去了过去军旅生涯
中的污迹，总算为自己挽回了一点面子。

步步紧逼的明军好像"抽丝剥茧"似的，每攻克一个地方，便着手巩固，为

▲ 杨应龙散财鼓励部属士气，采自万历重刻的《征播奏捷传》

▲ 传令班师的陈璘，采自万历重刻的《征播奏捷传》

了防止敌人反扑，用佛朗机、百子铳等火器封锁海龙屯内城的大门，打死一大批企图从城门口冲出来收复失地的播州部队，即使杨应龙父子亲自督战也于事无补。

杨应龙还不死心，当天晚上准备好了数以千计的金银财宝，大张旗鼓地招募敢死队进行反击。但内部人心涣散，无一应者，此情此景，他自知大势已去，回到家里声泪俱下地对妻儿子女说："你们以后要学会自己照顾自己，我已经无能为力了。"

在这最后的时刻，陈璘又从后面给对手再加上致命的一刀，指挥部队静悄悄地乘夜出发，经屯后的山坡攀拉援引，牵挽而上，于次日早晨出其不意地登上了海龙屯内城的城头。

早已丧失了斗志的播州军队已经"死猪不怕开水烫"，很多自暴自弃的人干脆擅离哨位，躺在僻静处酣睡，根本未能组织起任何有效的抵抗。陈璘的手下在城头上切瓜剁菜般杀死了二十多个敌人，坚起旗帜、点燃号炮，发出总攻的信号。各路明军争先恐后地涌进海龙屯内城，在巷战中清剿残敌。

仗打到这个份上，杨应龙的败局已经不可逆转，他的死亡只是时间问题。那么，在刘綎与陈璘所辖的两支劲旅之中，究竟谁能够成功夺取杨应龙的头颅呢？看来，竞赛还未到结束的时候。

早已万念俱灰的杨应龙得知明军入城，便携带着爱妾登楼自焚，在放了一把火的情况下还怕自己命硬死得不够快，随即又在烈焰中上吊。

这时天已经亮了，总兵吴广与陈璘的儿子陈九经等人从乱军之中脱颖而出，一路猛冲猛打，闯进了杨府，并扑灭大火，迫不及待地从灰烬中扒出了杨应龙的尸体。就这样，吴广与陈九经"冷手拾了个热煎堆"，揣掉了杨应龙的老窝，成了笑到最后的人。谁知好事多磨，吴广在灭火时遭到烟熏，一度失声，几乎昏厥在地，休息了好一阵子才过神来，可谓乐极生悲。

▲ 海龙屯遗址之一，包括海龙屯遗址在内的中国土司遗址被联合国教科文组织于2015年七月列入世界遗产名录

各路明军从出师到大功告成，共用了114日，合计斩首二万余，生擒杨应龙的妻子田氏与儿子杨朝栋、杨兆龙等百余人。俘虏们被塞入槛车，押送到京城问罪。战后，明朝废除了播州的土司制度，将其改为遵义、平越二府，由朝廷派出流官治理，成功地实施了"改土归流"之策，以顺应潮流。

▲ 海龙屯遗址之二

显赫一时的万历三大征，至此已经全部结束。据统计，宁夏平叛用银二百万，首尾七年的朝鲜之役用银七百万，平定播州用银二百万，由此造成财政上的一大负担，消耗了大量的国力。国家财政入不敷出，皇帝以矿监、锐监等名义派遣使者到各地想方设法搜刮钱财，不料激起了此起彼伏的民变，而朝中的官僚们又党同伐异，内部斗争越演越烈，致使明朝的政治、经济、社会等危机不断加深。不久，又迎来了更严峻的考验，随着后金这个新兴政权在关外崛起，明朝的辽东地区掀起了血雨腥风。包括老将刘綎在内的一批平播将士，还要风尘仆仆地继续奋战在最前线。

第五章　关外硝烟

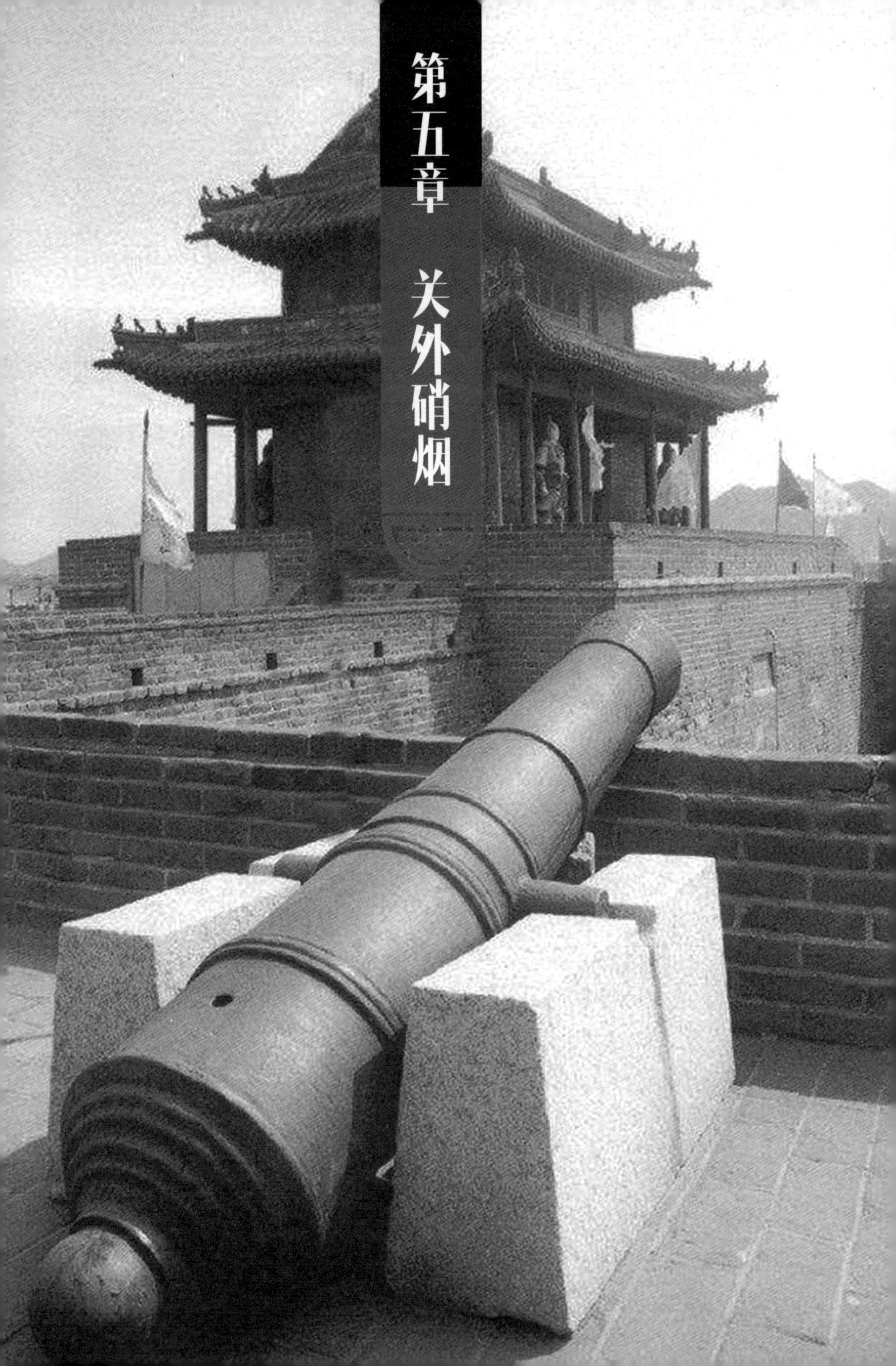

二十 后金崛起

1618 年（明万历四十六年，后金天命三年）统一了女真各部的努尔哈赤誓师讨明，揭开了长达四十余年的明清战争序幕。

努尔哈赤生于 1559 年（明嘉靖三十八年），是著名的女真贵族猛哥贴木儿的后裔，由于世代接受明朝羁縻卫所的官职，活动于苏子河以西的赫图阿拉一带，难免要与毗邻的辽东边境驻军打交道。自从鞑靼左翼诸部迁至辽东后，经常联系一些女真部落侵扰明境。而努尔哈赤的一些亲属出于利益的需要不得不为明军效鞍前马后之劳，不料因此在 1583 年（明万历十一年）2 月遭到了突如其来的横祸。原因是辽东总兵李成梁所部从抚顺出塞攻打建州卫都督王杲的儿子王台时，不慎在混乱中错杀了负责带路的努尔哈赤祖父觉昌安与父亲塔克世，致使努尔哈赤的命运发生了巨变。

为了消除这次滥杀无辜带来的负面影响，明政府允许努尔哈赤袭职卫指挥使，并赐以敕书、银两、马匹等物作为补偿。从此，努尔哈赤凭着父亲遗留下的十三副铠甲，开始了统一女真的大业，经过二十多年不懈的努力，他先后转战于长白山、鸭绿江、黑龙江、乌苏里江地区，相继征服建州女真、海西女真以及野人女真的很多部落，于 1616 年（明万历四十四年，后金天命元年）在赫图阿拉称汗，国号大金，史称后金。

在此期间，努尔哈赤制定了一整套军政制度，例如先后选择费阿拉城、赫图阿拉城作为中枢机构所在地，设置了大臣、都堂等处理政务的官员，还主持创建了本民族的新文字等等，而在军事上影响深远的措施是八旗制度的逐渐完善。八旗的基本组织"牛录"，约管辖三百人，首领叫"牛录额真"；五个牛录组成一个"甲喇"，首领叫"甲喇额真"；五个甲喇组成一"旗"，"旗"又可称"固山"，因而"旗主"也即是"固山额真"，由努尔哈赤的子侄等亲属担任。旗的总数为八，分别以黄、红、蓝、白、镶黄、镶红、镶蓝、镶白等旗帜做标志，作为军政合一的组织制度，平时可以有效地进行生产，战时则抽兵出征。

后金作为一个新兴政权，打破了明朝对女真部落推行分而治之的政策，对其在关外的统治构成了严重的威胁。双方的矛盾日益尖锐，在边民往来、经济贸易、领土疆界等发生了一系列的纠纷，最终兵戎相见。

先下手为强的努尔哈赤在1618年4月以报仇雪恨的名义向辽东发起了凌厉的攻势，迅速攻陷了抚顺、清河等地，收降游击李永芳，打死总兵张承胤、副总兵颇廷相与参将邹储贤等人，震惊了整个明政府。

辽左（辽东别称）的军事失败让明神宗着急不已，为了挽回颓势，他重新起用因在朝鲜蔚山惨败而被免职的杨镐做辽东经略，连同杜松、马林、李如柏、刘綎[1]等将领以及蓟镇、宣大、山西、陕甘各处兵马，准备分成四路讨伐后金。

西路军由总兵杜松率领，约二三万人，经沈阳从抚顺出塞，直扑后金的根据地赫图阿拉城的西南面。

▲ 努尔哈赤之像

北路军由总兵马林率领，约一两万人，经开原、铁岭从靖安堡出关，向赫图阿拉的北面突击。南路军由总兵李如柏率领，约二三万人，经清河从鸦鹘关向赫图阿拉的南面前进。东路军由刘綎率领，约一两万人，经宽甸、凉马佃等地出关，目标是赫图阿拉的东面。据统计，各路明军不足十万，号称"四十七万"。此外，朝鲜亦应明朝之约派出一万三千人，在元帅姜弘立的率领下赴战。女真叶赫部作为努尔哈赤的死对头，也派遣两千兵马协助。

据《满文老档》《清太祖实录》诸书记载，后金在前不久夺取抚顺时可能陆

---

[1] 陈璘已于十一年前病死，失去了与刘綎并肩作战的机会。

▲ 演义小说中的刘綎，采自万历重刻的《征播奏捷传》

续动员了十万兵力，而在这一次即将来临的生死决战中，估计也是倾巢而出，努尔哈赤计划采取"凭尔几路来，我只一路去"的打法，集中主要兵力，对各路明军逐一击破。

1619 年（明万历四十七年，后金天命四年）2 月 28 日，明朝西路军从沈阳出发，越过二道关于 3 月 1 日到达浑河。这支部队的统帅杜松非常轻敌，他肆无忌惮地脱掉战袍，裸体骑着马，率领部分骑兵抢先渡河。据《山中闻见录》记载，后金派人突然决开上流之堤，致使河水暴涨，把明军断为两截，因而车营便被先头部队远远抛离在后面。从明军的编制来看，其威力巨大的铳炮主要配置在车营，而轻装前进的骑兵，火器数量必定打了折扣。然而杜松对此似乎不太在意，他敢于带着骑兵脱离车营单独行动，显然希望沿用著名的"捣巢"战术，以速战速决的方式把对手打一个措手不及，从而捣毁敌营。过去明军用类似的战术对付鞑靼等松散的部落时屡试不爽，然而用来对付后金效果如何却还是未知数。

不过，事实表明后金的作战风格与鞑靼有很大区别。这些区别在很大程度上与双方各自不同的传统习俗以及生活方式等因素有关。鞑靼人属于游牧民族，在塞外过惯了居无定所、"逐水草而生"的日子，善于在草原上流动作战，经常打一枪换一个地方；女真人属于渔猎民族，很多部落散居于关外的山区，有固定的地盘，善于山地战，因而山区的各个城寨也成了频繁作战的地点。比如《李朝实录》记载瓦剌权臣也先在正统年间侵扰女真根据地时，"野人（指女真人）畏惧，契家登山"，日本学者和田清据此指出："'登山'是女真人紧急避难的常法，其设备完善者，即形成表示该地方特色的山城而发达起来。"事实正是这样，在山区修筑城防工事简直成了女真人最惹人注目的军事传统，这样的例子多不胜数，《明实录》记录明朝与朝鲜在 1467 年（成化三年）出动五六万人围剿建州女真诸卫时，先后攻打了张打必纳、戴咬纳、朗家、嘹哈、宋产八、李欹赤、马木冬、李古纳、佟火赤、赤王马、伐苦如、兀弥府等寨，据靖虏将军朱永给朝廷的奏章称，女真人多数盘踞在"万山中"。而且地理环境是"山林高峻，道路险狭"，正适合据险而守，仅仅是明军，就破了四百五十余寨，可见数量之多。到了明朝中后期，逐渐恢复元气的建州女真以及别的女真部落在关外的山区筑了更多的城寨，就以辽东名将李成梁为例，他除了荡平过王台、卜寨、那林孛罗等女真部落酋长的山寨之外，还攻击过王杲的寨子。而据《清太祖实录》所载，努尔哈赤统一女真诸部期间，也相继在山区攻打或招降了不少城堡与寨子，其中包括图伦城、班嘉城、兆嘉城、齐吉达城、瓮郭洛城、

▲ 万历年间的明军

安图瓜尔佳山寨、拔义浑山城、托漠河城，鄂勒浑城、完颜城、洞城、富尔佳齐寨、钗哈寨、多壁城、哈达城、蜚优城、辉发城、鄂佛罗、宜罕山城、鄂谟、逊扎泰、郭多、金州、乌拉城等等。即使是努尔哈赤本人亦善于在山区筑城，曾经在二道河山修建过费阿拉等城，后来又在赫图阿拉的山坡上建起一座更加坚固的城垒，作为大本营。当传来明军大举进犯的消息后，努尔哈赤故技重施，紧急出动一万五千民夫在通往赫图阿拉的必经之路上运石筑城，而选择的地点就是界藩山，计划按照传统的打法御敌。

正因为女真人习惯在崎岖的山区作战，所以经常采取"步射"的方式作战，因而不同于草原上游牧将士所擅长的"骑射"[①]。努尔哈赤统一大部分女真部落后，已经掌握了一支强大军事力量，可以团结一致对外。他的部队拥有多个兵种，能够协同作战，经常出动步、骑兵，在云梯、楯车等器械的配合下攻击敌人坚守的

---

①"骑射"的意思可以解释为"骑马"或"射箭"；也可以解释为"骑着马射箭"，这里专指后者。

据点，并不惜代价死磕到底。除了抢掠之外，在战略上还注意攻城略地。相反，鞑靼诸部是一盘散沙，长期互相倾轧、各自为战。这些游牧队伍以骑兵为主，很少强攻明朝的大城镇以及尽量避免旷日持久的硬仗，他们只是乐于抢掠，没有扩张的野心。

显然，当辽左明军的主要对手由鞑靼转向后金的时候，如果不及时有针对性地改变战法，难免会碰壁。杜松尚未摸清敌情就冒冒失失带着部分人马赴战，可说是凶吉未卜，随后发生的萨尔浒大战充分说明了这一点。

萨尔浒山位于浑河与苏子河交汇之处一带，附近还耸立着铁背山、界藩山与吉林崖，是山水相连的要冲之处。努尔哈赤的儿子代善与皇太极先后率部分人马来到这里，会合界藩山上筑城的民夫，抢占了吉林崖，一起拦截杜松。明军也采取应战措施，以一部分人登上萨尔浒山，另一部分人攻打吉林崖，《建州闻见录》记载，将士们一开始气势不错，在混战中取得了一些战果，但随即暴露出了军纪不严的缺点，将士们纷纷争割死者的首级，以此作为凭证而待战后领功受赏。最夸张的时候，一个后金军人倒下，竟然有十余名明军骑兵下马争夺，场面混乱不堪。在此期间，努尔哈赤也来到了战场并指挥部队反扑，以破竹之势纵横驰奔，陆续击破了萨尔浒山与吉林崖等处的敌人，打死杜松等将领。激烈的战斗结束之后，兵器四散在道路上，尸体浮满了弯弯曲曲的浑河。

杜松身中十八箭，致命伤是脑袋被射中，这说明后金军队曾经集中多位弓箭手专门射击这位明军将领。其实，富有作战经验的努尔哈赤早就要求部下在作战时专打对手的统军将领。他指出敌人来犯，带队前进的肯定是头目，只要在战斗中杀伤其一两个头目，敌兵必然溃败。

随着战事的延长，越来越多的明军将领像杜松一样死于后金军队的利箭之下，这与其铠甲制作低劣也有关系。由于长期武备废弛，明军很多将士除了胸甲与背甲之外，身体其余部位并无任何盔甲的保护。后金军队在五步之内专门用弓箭射击对手毫无防护的面部与胁部，中者必毙。相比之下，后金军人的甲胄却非常精良，不少人除了配备有头盔、面具、护肩、臂手、护心镜之外，还制造了用于保护胁部的"护腋"甲，将全身上下包裹得严严实实，甚至连一些战马也披上了重铠。这些甲胄皆是精铁所造，不但能抵挡弓箭，也对快枪、夹靶（一种火门枪）、三眼铳这类射程不远、命中率不同的火器有较佳的防护作用，即使是鸟铳，如果枪管比较短小，也不能击穿它。后来，明人吸取了教训，尝试采取补救措施。例如军火专家徐光启曾经提出要制造可以洞穿后金铁甲的大号鸟铳（长约五尺五寸以上），用来应急。

《山中闻见录》记载，被杜松抛在后面的车营一不留神竟然遭到了后金奸细的暗算，很多火器在一场人为的纵火中被焚毁，实力受到严重削弱。这支含有部分步骑兵的车营部队以龚念遂为首，大约还有一万人左右，他们在斡珲鄂谟这个地方掘壕列炮，进行防御。

这时，北路明军已于3月1日晚来到了附近，由马林率主力立营于抚顺西北的尚间崖一带，潘宗颜以另一部分人马进驻西南的斐芬山。

明军分散布置正给了后金军对其各个突破之机，努尔哈赤与皇太极在初二日亲自带队向斡珲鄂谟展开冲击，很快歼灭了龚念遂所部，接着集中兵力，准备拿下尚间崖。

尚间崖的明军绕营掘了三道壕沟，在壕沟内布阵的骑兵全部下马备战，壕沟之外还设有四层由骑兵与炮手组成的阵线，这些装配了火器的骑兵排在炮手的前面，摆出了一个可以连射火器的阵形。

努尔哈赤原本打算抢占尚间崖的制高点，让骑兵由上往下俯冲明

▲ 后金铠甲

▲ 斡珲鄂谟之战，采自《清太祖实录》

军阵营，但还没有行动，他又及时发现前线明军正在重新调整布置，营内的士卒纷纷渡过壕沟与壕沟外的人马会合，似乎是打算放弃防御，主动出击。据此，努

▲ 尚间崖之战，采自《清太祖实录》

▲ 斐芬山之战，采自《清太祖实录》

尔哈赤马上放弃了登山的计划，当机立断组织部队全线出击，训练有素的后金骑兵就像平时打猎一样，在混战中击溃了队形不整的明军，总兵马林仅以身免。而在斐芬山立营的潘宗颜部则成了后金军的下一个打击目标。

斐芬山的明军用战车列阵，掩护将士连放铳炮。但是他们兵力不足，骑兵数量少，难以配合步兵协同作战。后金一半人奉命下马步行展开山地战，向山顶仰攻，另一部分骑兵则殿后，做预备队，没多久就歼灭了潘宗颜所部。

西路军与北路军被歼灭后，刘綎的东路军由于山路隔阻，消息闭塞，尚不知道情况如何。这支军队自 2 月 28 日出发，在清河一带取得小胜，正按原计划向后金腹地步步前行。后金派出间谍冒充杜松的部下过来催促进军。刘綎果然中计，为了加快速度而下令部队抛弃了大量用来阻止骑兵冲突的鹿角枝等物，轻装疾进。

4 日，东路军来到群峰起伏、渺无人烟的阿布达里山时，遭到了伏击。后金军队派人抢占了山上的制高点，然后在皇太极的率领下从山上冲下来，而代善及时督师在山的西面夹击，发起了凌厉的攻势。刘綎在作战中先是被箭射中左臂，接着右臂又受伤，但他仍然挥舞着大刀，奋战不已，从上午一直打到日落时分，最后在陷入重围的情况之下被乱刀砍中面部而死。

刘綎所部的监军康应乾还在富察甸一带死守，很多士卒身披藤甲，手持狼筅、竹竿、长枪，而配合作战的朝鲜部队则头戴柳条盔，身披纸甲，而那些拥有火器的将士排成数行，不断向着敌人施放铳炮。

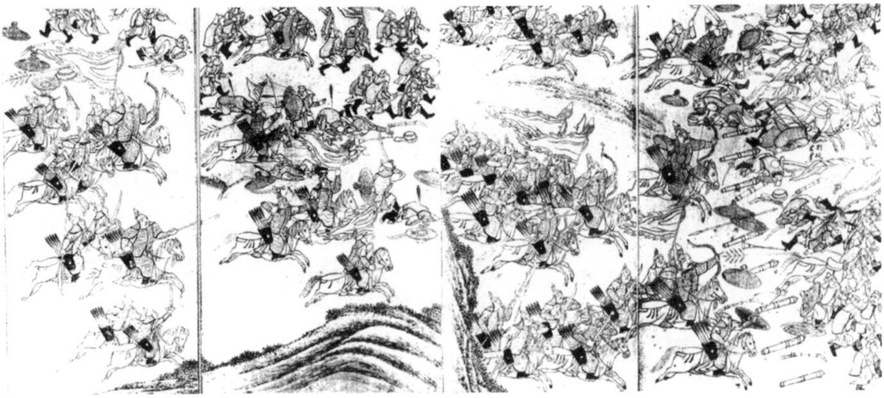

▲ *后金破刘綎之战，采自《清太祖实录》*

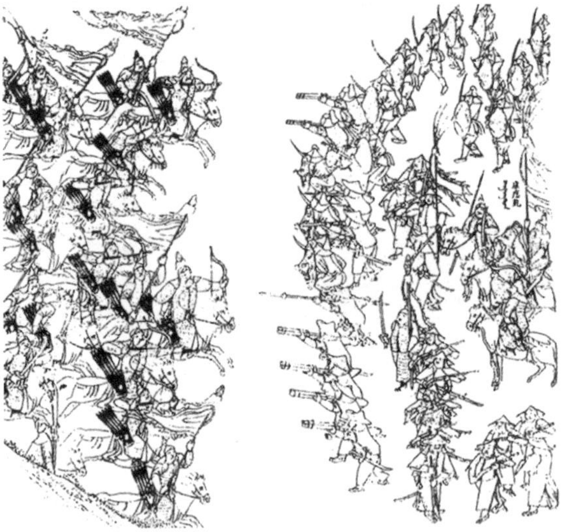

▲ *富察甸之战，采自《清太祖实录》*

《满文老档》《清太祖武皇帝实录》记载，这时突然刮起了大风，明军处于逆风的位置，火器在逆风发射的情况下，射程必然大打折扣。此外，黑火药燃烧时释放出的大量黑烟全被风吹回，容易遮住射手的眼睛，使人看不清目标。后金骑兵乘机顺风冲击，重创明军，康应乾等少数人突出重围逃了回去。而驻营于孤拉苦山的朝鲜军也独力难支，在姜弘立的带领下降于后金。

南路军的李如柏运气不错，他及时得到前线明军失败的消息，率部仓皇后撤，幸免于难。协助明军作战的女真叶赫部此前到达固城附近时，得知战况不利也慌忙回师。

明军四路出师，已丧三路。统帅杨镐指挥无能，丧帅辱国，被朝廷逮捕下狱，后来于 1629 年伏法。

决战获胜的努尔哈赤再接再厉，在同年 6 月出动四万军队突入明境，攻克了开原与铁岭^①等重镇，打死明总兵马林、副总兵于化龙、参将高贞、游击喻成名，接着，挥师北上，剑指位于镇北关之外的叶赫部，于8月下旬攻克其根据地内部的主要据点——东、西两座城寨，俘杀了金台石与白羊骨等酋长，基本完成了统一女真的大业，从而能够在未来调集更多人马到辽东与明朝展开轰轰烈烈的争霸战。

① 这时李成梁已病死，他的两个儿子李如柏、李如桢因作战不力而随后身陷囹圄。

二十一 战守之争

明军用对付鞑靼等松散部落的那一套战略战术来对付后金，结果在辽东屡受重挫。从两军在辽东的一系列作战史来看，后金的野战能力已在明军之上。

后金军擅长射箭，明军则常常依靠车营发挥铳炮的威力。双方很多时候是互相用弓箭与铳炮对射，一见面不会立即进行白刃战。弓箭的一个优点就是近距离能够抛射，当爆发山地战时，后金军便以山石、树木等物为障碍而慢慢逼近明军，在三五十步的范围之内万箭齐发，通过平射与抛射的方式立体打击躲藏在战车后面的对手。相反，明军只有白炮这类火炮可以近距离抛射大弹丸，而大部分铳炮类火器发射的弹丸都比较小（能够发射利箭的神枪系列火器已经在明朝中后期逐渐被淘汰），一般用于平射，而近距离抛射时杀伤力比不上弓箭，常常不能有效打击隐蔽物后面的敌人。

铳炮与弓箭相比，不但射击速度不够快，更为严重的是一些制作粗糙的铳炮在连射之后会发热，甚至爆膛，致使部分明军在发射铳炮时感到恐惧不安，难以专心瞄准。加之明军一些部队规定士兵在平日训练时损坏铳炮要照价赔偿，这样就导致很多士兵因害怕铳炮爆膛而不敢加强训练，从而削弱了战斗力。

后金军队破阵的方法有多种，他们有时会出动敢死队驾驭着双马或者驱赶着马群向前冲散敌阵，精锐骑兵随后乘虚而入。当遇到顽抗到底的对手时，那就要在近战中决定胜负了，这时后金军队的各兵种便会分批投入战场，冲到最前面拼搏的往往是身披重铠、手持利刃的前锋，弓箭手则紧跟其后不断弯弓射击，相反，明军的铳炮手发射速度比不上后金的弓箭手，在白刃战中用处不大，而后金的精锐骑兵相当于预备队，专门在后面负责接应，以便在关键时刻出现在关键位置上发挥关键的作用。双方混战时，谁的骑兵更强悍，谁获胜的机会就更大。女真是渔猎民族，军中士卒惯于打猎，可谓弓马娴熟，骑术水平自然要高于辽东明军的普通骑兵，故常常稳操胜券。当明军骑兵败退后，留在战场上的那些明军步兵便成为俎上之肉，任人宰割了。

综上所述，明军与后金野战时获胜的机会微乎其微。

明朝在辽东的战局日益败坏，急需杰出的军事人才负起重任，力挽狂澜。科举出身的熊廷弼顺应潮流出现在历史舞台上，他于1619年被任命为辽东经略之后，连夜出关，赶赴沈阳，亲自到抚顺附近等前沿地带视察防务，所到之处，安置流民，整顿边防，尽力稳定军心民心以恢复地方秩序。

熊廷弼不像前任杨镐那样热衷于指挥千军万马出塞捣巢，他转而提出分兵扼守险要、转攻为守的作战思想，意图在辽东采取稳妥的防御战略，暂时不要主动出击，尽量避免野战。具体的措施是在东南方向的瑗阳，南路的清河，西路的抚顺，北路的柴河、三岔儿等处各设兵三万，同时在镇江设兵两万，以便策应朝鲜。此外，辽阳驻兵两万，而海州、三岔儿河、金州、复州又各驻兵一万。总计十八万大军，九万匹马，平时分散各地独当一面，战时互相呼应，合力击敌。他除了积极招兵买马，还加强装备，专门制造了数百门二百斤以上的火炮与数百门六七十斤至百斤不等的火炮，还有七千余支三眼铳、鸟铳与五千辆双轮战车（每辆车上装载三门灭虏炮），而盔甲、盾牌等军械亦达数十万件之多。

熊廷弼的所作所为意味着明朝从战略进攻转为战略防御，而这种实事求是的战略实行得相当及时，故在他担任经略的一年多时间里，局势已经有了很大的改善。但是，他恃才自傲，脾气暴躁，得罪了朝廷中的多位大臣，再加上战略防御的策略对收复失地未能起到立竿见影的奇效，因而广受诟病，最终在辽东各项战备完全落实之前就被迫下台。

那时明神宗已辞世，其继任者明光宗在位不到一年突然病死，接着轮到明熹宗于1620年（明万历四十八年，后金天命五

▲ 明熹宗之像

年）即位。这位年轻的皇帝年少好动，尤其喜欢动手干木匠活，当他躲在宫中操起斧锯等工具亲自参与营造房屋时，只有平日身边亲昵之人才能近前，渐渐地，朝中大权旁落于阉党之手，其中以司礼监秉笔太监魏宗贤最为得宠。

熊廷弼被罢免后，朝廷改任袁应泰为辽东经略。袁应泰过去做过按察使，在辽东的后方永平治兵，并一度代任辽东巡抚，具备了升为经略的资历，他履新之初当然要顺应舆情，干一番业绩。可惜他是个不扣不折的文人，治兵非其所长，因而在此期间派遣亲信向当时朝中有名的军事专家徐光启（任职詹事府少詹事兼河南道监察御史）请教战守之策。徐光启认为守城主要依靠火器，应该尽量避免将大部队及各类铳炮调出城外野战，理由是这样做风险太大，在失败的情况下，城外的铳炮必将落入敌手，而一旦被敌军转用来攻城，后果不堪设想；正确的方法是搞好坚壁清野，将所有的火器集中于坚城之上，凭着各个敌台与城墙之间形成的交叉火力点互相掩护，以击退来犯之敌。

可见，自从熊廷弼首倡在战略上采取的守势，从而稳定战局后，现在徐光启更加谨慎，主张在战术上也要以守为主，将城外所有的兵力都撤回城内进行防御。

可惜，袁应泰对徐光启的谆谆教导听不入耳，他在任上虽然有一段时间专心整顿防务，招揽蒙古饥民协守，但是却逐渐改变了熊廷弼的战略防御之策，到了第二年便急着要转守为攻，收复失地，并计划召集大军，三路出师夺回抚顺。

然而，抢先动手的是努尔哈赤，此前，他已经舍弃赫图阿拉，先后迁都界藩、萨尔浒，原因之一是便于经略辽沈地区，到了1621年2月，又向沈阳与辽阳之间的奉集堡等地发动试探性进攻。明军勉强保住了奉集堡，但却在随后的沈阳之战中受到了更为严峻的考验。

沈阳之战发生在1621年3月，努尔哈赤率领数万大军沿着浑河于12日来到沈阳城下，打算用云梯与战车发起强攻。

沈阳的城墙原来比较低矮（高约三米，宽约两米），但经过熊廷弼在职期间的整顿，情况有所改善。城外深挖了数道壕沟，里面插满了削尖的木桩，外面铺上某些农作物的秸秆，再用土掩盖，旁边树立着粗大的木栅等物，以作障碍。每隔一段距离便筑有留着炮眼的拦马墙，还绕城排列了大量满载火器的战车。每辆战车载有两门大炮及四门小炮，战车与战车之间相隔一丈，堆着高至肚脐的土障，每一堆土障都放置了五门炮。

从这座城市的布防可以看出明军将领不怕与后金军在城外野战。

可惜的是，城中守将贺世贤有勇无谋，仗一打响便中了对手的诱敌之计，当他得知部属在前哨战中轻而易举地毙敌数人，便认定后金军队不堪一击，不顾部将张贤等人的劝阻，草率带着千余家丁于13日跑出城外寻找敌人决一死战，结果遭到后金骑兵的围攻而败下阵来。贺世贤与战死在萨尔浒的刘綎一样，都是一条硬汉，尽管身中十多箭，犹挥鞭力战，最后伤重而亡。

后金与城外明军作战期间也分兵攻城，而城池的东北一隅成了重点目标。他们用小车载土填平壕沟，然后推着楯车越过城壕，拼命往前冲。

明军收编的部分蒙古士卒见势不妙，为了保命赶紧改辕易辙，选择了投降，这些人吹断吊桥的绳索，放后金军队进城。仗打成这样，明军败局已定，在城内外溃败的兵丁达到七万，其中阵亡的将领除了贺世贤，还有龙世功等人。

明朝派遣的万余援军来迟了一步，这支沿着浑河前进的队伍来不及与沈阳守军夹击围城之敌，城池便失陷了。但将士们不愿意退却，分为两部分驻扎于浑河南北。总兵周敦吉、副将秦邦屏率部立营于河北，总兵童仲揆、副将戚金、参将张名世率部立营于河南。

努尔哈赤立即着手组织打援，指挥军队从沈阳赶来，在楯车的配合下冲锋，可是遇到了顽强的抵抗，直至降将李永芳在俘虏中挑选了一批炮手，才得以在火炮的支援下撕开了对方的防线，摧毁了浑河南北的明军营地，并击退了从奉集堡等地抽调而至的三千明军援兵。

此役，不少明军将士身披两层铠甲（一层铁甲、一层棉甲）浴血奋战，火药用尽后，便手持三庹长的竹竿枪战斗至最后一刻，总计杀死数千名敌人，虽败犹荣。

沈阳失守的惨痛教训令辽东经略袁应泰不敢再提起主动进攻、收复失地这类漂亮话，他匆忙调动奉集堡等处军队，计划集中兵力防守辽阳，但是防御方式还是老一套，除了部分守军待在城内，还拉出一批部队到城外野战。

3月19日，继续西进的后金部队开始向辽阳发起进攻。城上城下的明军连放火器，一些火炮因为射击次数过于频繁而发热，以致炮管一装入火药就马上喷出，根本不能再使用。当郊外的野战持续一段时间后，沈阳城下的那一幕悲剧又重演了，努尔哈赤的虎狼之师毫无悬念地重创了总兵李秉诚、侯世禄、梁仲善、姜弼、朱万良等人的部属，并于20日正式攻城。

一股后金士卒在城西掘开闸口，以泄壕水，同时又在东面搬运土石堵塞入水口，目的是排光那一段城壕的水，方便进攻。

▲ 明末清初的三叠阵，采自《军器图说》

明军统帅部为了扭转被动态势，决定再次出城野战，大批人马奉命开出东门之外，采用的阵势是步兵在前，骑兵在后，而前头则排列着三层枪炮手，连射不已。

努尔哈赤见招拆招，挥师反击。各兵种的协调能力比较强，一些部队进攻时，先由队伍前列的士卒推着能够抵挡铳炮的楯车①前行，掩护着第二层的弓箭手，弓箭手身后的士兵则推着载满泥土的小车，用来填平路上的沟堑，最后一层是人马皆披铠甲的重骑兵，他们等待明军射完一轮铳炮后，伺机分开左右两翼突击。

另外，装备火器的后金士卒也参加了战斗，在一次战斗中，最先出击的七百多人故意连放两次空炮，造成火药用完的假象，欺骗明军。有一千多名来自四川的士兵自以为抓住了稍纵即逝的时机，迫不及待地反攻。后金士卒耐心地等着明军进入有效的射程范围之内，再用车载铳炮进行饱和攻击，致使主动出击的那批明军仅仅剩下七人生还。

两军在城外的较量最终分出了高下，后金大队人马把握时机驱散了明军骑兵。其后，独木难支的明军步兵也跟着崩溃了，众多逃兵想撤回城内，可是拥挤在狭窄的城门口进退两难，不少人失足掉入护城壕中淹死。

后金军在这时候已经夺取了西门外的桥梁，不久又攻占了西门。辽阳就快要沦陷，城内的大批官员连夜收拾细软慌张逃命，但经略袁应泰仍以舍生取义的气概坚守在岗位上，尽力指挥明军举火夜战，直至第二天拂晓。

当战斗进行到第三天的时候，明军基本已经失去了抵抗能力，后金军队浩浩

---

① 楯车车前一般竖立着五六寸的厚木板，有些还包着牛皮，足以抵抗佛朗机、灭虏炮、碗口炮等火炮的轰击。

荡荡地拥着楯车渡壕而过，拿下了东门。在城东北镇远楼督战的袁应泰知道大势已去，自焚殉国。巡抚张铨成为俘虏，后来不屈而死。

十余万明军在这场血战中一败涂地。辽阳在 21 日被攻破后，辽河以东地区大小七十余城俱降于后金，辽沈地区的战事也暂告一段落。

明朝为了守住辽河以西地区，不得不重新起用熊廷弼为辽东经略，收拾残局。

熊廷弼不像袁应泰那样头脑发热想着进攻，他还是与过去一样注重战略防御，提出了"三方布置法"，具体是在广宁这个辽河交汇之处的冲要地段布下步骑大军，从正面抗衡敌人；在天津、登州、莱州驻扎水军，从海上威胁敌人的侧翼；另外，由经略本人驻扎的山海关也要布下重兵，以便居中调动，等到时机成熟再举行战略反攻。

"三方布置法"强调现阶段以防御为主，对此新任辽东巡抚王化贞却有不同的意见，他没有吸取袁应泰失败的教训，仍旧鼓吹以攻为守，声称要尽快挥师渡过辽河，收复辽沈失地。可见王化贞的战略思想比较激进，是一个顽固的主战派。

王化贞的主张得到朝中一些执政大臣的支持，而他本人在辽西注意收编从辽沈前线溃退回来的残兵败将，又积极插手地方军务，掌控了一定的军事力量，并意图联络鞑靼左翼一些部落夹击后金，一意孤行地推行他那一套进攻战略。熊廷弼处于被架空的状态，由于不能染指军权，坚守防御的战略也无从实施。这两个人政见不同，势如水火，终日互相争论不休，难免会耽误辽东的军政事务。

王化贞到处放出风声，扬言集中主力收复失地，还没等他动手，努尔哈赤就又一次占了先机。1622 年（明天启二年，后金天命七年）正月，后金出动五万大军渡过辽河，围住了西平堡。副总兵罗一贯凭城坚守，用火器杀伤了大量使用楯车、铁钩接战的敌人，可惜到火药、矢石用尽时援兵也没有赶到，当西平堡于 21 日失陷时，他本人绝望自刎，城内三千将士全军尽没。

以刘渠、祁秉忠、李秉诚为首的三万余援军姗姗来迟，在与敌人列阵野战之时，肩负先锋之责的孙得功不甚一击，带领辖下骑兵先溃，反过来践踏阵后步兵，致使全线崩溃，所有人一哄而散。后金军队紧追不放，追到沙岭附近，几乎把这一路明军杀了个干净。

临阵先逃的孙得功回到广宁后组织党羽，成为后金内应，在城内四处散播前线败讯，令军民惶恐不安。一批又一批的老百姓卷起铺被，携老扶幼匆匆逃难，很多士兵也泄了气，纷纷将自己系在绳子上从城墙吊下来当了逃兵，用不了多久，

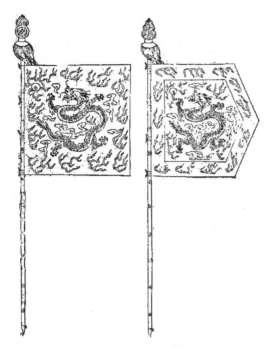

▲ 《八旗军所用旗帜》，采自《皇朝礼品图式》

昔日繁荣的广宁城就变得空空荡荡。

善于纸上谈兵的王化贞在危急关头变得不知所措，也跟跟跄跄地加入了逃难的队伍，狼狈西奔，他在大凌河碰见带了五千人马前来接应的熊廷弼，不禁痛哭失声。

兵败如山倒，事已至此，即使是智者也难善其后。熊廷弼无力回天，只好下令坚壁清野，保护成千上万的难民撤入山海关之内，把关外之地弃如敝屣。由于熊廷弼与王化贞不能同舟共济，故后来的结局也一样，全都因为丧师失地而被朝廷处死。

努尔哈赤于 24 日打到了广宁，叛将孙得功等人迎接，随即以破竹之势拿下义州等处，一直向西推进到中左所附近才退回辽河以东。他暂时没有长期经营辽河以西地区的计划，只是打算把都城迁到沈阳，以辽东霸主自命。

明朝君臣在广宁之役后总算在战略防御的问题上取得共识，不再轻言反攻。但是在究竟采取哪一种防御方式的问题上大家又有争议。例如，新任经略王在晋与蓟辽总督王象乾等人认为应该在距离山海关数里之遥的八里铺一带再修一道关，以一前一后之势共同拱卫京畿地区。而兵部尚书孙承宗、宁前兵备佥事袁崇焕、兵部司务孙元化等人则坚决反对，他们主张应该派兵前进到山海关之外，收复辽西走廊，在宁远等处附近布防。

明熹宗最后支持了孙承宗，下命让他取代王在晋出任经略。踌躇满志的孙承宗在袁崇焕等人的支持下，不但进至宁远，还兵锋直指锦州，他积极布置一条将山海关、宁远、锦州等地连在一起的防线，让敌人难以轻易逾越。此后，在短短数年时间里，明军相继在关外修复 9 座大城、45 座城堡，练兵 11 万，开拓失地

400 余里，屯田 5000 顷，逐渐形成了一条坚固的 "宁锦防线"。

可惜孙承宗后来遭到阉党的排挤，因为部属在柳河御敌时的一次小挫败而黯然下台。继任者高第不太重视主守关外的战略，此人为了增强山海关的防御，命令把锦州、右屯等地的大部分驻军撤回来，仅仅留下少数兵力在前线做哨探。经过一番折腾，宁远失去了屏障，暴露在虎视眈眈的后金面前。

1626 年正月，努尔哈赤时隔 3 年之后再次大规模伐明，率领数万大军西渡辽河，占领右屯卫、松锦等城，四处搜刮粮食物资，不久直抵宁远城下。幸好守军早有准备，事前已经进行坚壁清野，将中左屯、右屯等据点及布置在宁远城外的兵员与火器全部撤入城内。袁崇焕与总兵满桂，副总兵左辅、朱梅，参将祖大寿，守备何可纲等率领不足两万的兵力，决意只凭坚城固守，不与敌人在城外野战。

后金于 24 日发起总攻，车兵推着楯车前行，掩护后面的士卒到城下凿墙。这种外面裹着牛皮以及铁皮的车辆在过去的战争中能有效地阻挡明军的铳炮，然而时过境迁，如今却抵挡不了城墙上威力巨大的西洋大炮，每当楯车碰到西洋大炮的炮弹，就会像朽木般不堪一击。

明军的西洋大炮又叫 "红夷大炮"，这种新式的火器是朝廷采取从澳门葡萄牙人手中购买或从沿海的欧洲沉船中打捞等方式获得的。宁远城上共有十一门这样的炮，不停地轮流射击，把后金军队打得血肉横飞。

后金军队攻击西南城角时遭到守军的侧击，受挫后转攻南角，还有部分剽悍

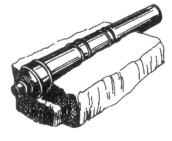

▲ 天启年间引进的红夷大炮及其欧洲标徽

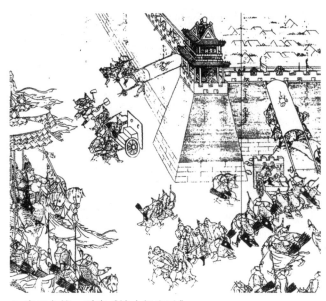
▲ 宁远之战，采自《清太祖实录》

的壮士冒死将楯车推到了城下，拼命凿墙，一共凿了十几处大坑。由于城脚下存在着火炮不能直射的死角，因而守军点燃了一些包裹着火药的棉被，向城下的敌人不断投掷；又将火药放入柴草里面捆好，再灌上油，然后抛下去焚烧敌人的车辆。

在两三天的激战中，后金军队多次被击退，大批人员遭受炮击以及火烧而死。遗留在城下的车辆又被守军乘夜缒城而下，尽数焚毁。努尔哈赤费尽心思也无法拿下宁远，只好停止攻城。他为了泄愤，转攻觉华岛，杀死守岛的数千明军后返回了沈阳。

《清太祖实录》称努尔哈赤一生"战无不胜，攻无不克，唯宁远一城不下，遂大怀忿恨而回"。可见此战具有非同一般的意义。当时还流传着一种说法，认为努尔哈赤在攻城时被炮击伤，后来伤口恶化而死。不管这个传闻是否属实，都反映了红夷大炮这种先进火器在宁远之战中做出的贡献。

事实就摆在眼前，只要明军扬长避短，采取正确的战略战术，完全可以击退来犯之敌。所谓正确的战略，就是以熊廷弼、孙承宗等人为代表的一些防御思想；而正确的战术，比较典型的是徐光启所提出的建议，这种放弃城外野战，依靠"以台护铳，以铳护城、以城护民"的御敌办法的确适应了军事上的需要，与袁崇焕实行的"凭坚城、用大炮"等措施大同小异。上述战略战术已在实践中证明是行之有效的。

从努尔哈赤开始反明，到宁远之战为止，明军用了八年时间，付出了巨额的学费，才找到了一套适当的战略战术。自此之后，孙承宗、袁崇焕等人组建的"宁锦防线"就成了后金军队挺进辽西走廊的最大障碍，在整个明清战争期间，后金

（包括后来的清朝）从未能彻底摧毁这条防线，更不用说进入山海关了。宁远之战意味着明清战争进入了相持阶段，而守将袁崇焕亦凭此扭转乾坤的一战得以跻身于中国古代名将之列，就像清朝编撰的《明史·袁崇焕传》所承认的："我大清举兵，所向无不摧破，诸将罔敢议战守。议战守，自崇焕始。"

▲《在战争中掳掠物资的八旗军》，采自《清太祖实录》

二十二 军事科技

红夷大炮的作战特点是打得远、打得准，而且威力惊人，其原产地在欧洲，本是英国制造的一种加农炮。那么它是怎样来到明军中的呢？原来，随着东西方之间新航路的开辟，很多欧洲人从万里之外远道而来，频繁出现在东亚各地。其中，不少装备了红夷大炮的英国远洋船只活动于中国东南沿海一带，一些炮因意外而沉入海里，另一些则辗转而落入葡萄牙人的手上，最终经各种途经而被运送至明朝军营。当十一门红夷大炮参加了宁远之战后，便一举成名。

红夷大炮在战场上出类拔萃的表现再次显示欧洲火器比明朝国产火器先进，这不是偶然。自从 14 世纪欧洲出现了资本主义萌芽后，生产力进步得很快，生产技术也不断提高，到了 16 世纪又发生了科学革命，各种自然科学技术蓬勃发展。西班牙、葡萄牙、英、法等国相续建立起制造火器的大型工场手工业，用资本主义的生产方式生产出各种制式枪炮，处于世界的领先水平。而远在亚洲的明朝，虽然过去也引进过欧洲的火绳枪与佛朗机，但其火器的生产方式仍然停留在小手工业阶段，这种落后的封建生产方式导致枪炮制造水平正在被欧洲不断拉大差距。

东西方的文化交流随着海外贸易规模的扩大而更加活跃。在这种背景之下，一些欧洲传教士到明朝传教时，也带来了西方先进的科学技术，例如天文、算法、农学、水利等，其中也包括军事科技，成功地吸引了部分明朝士大夫的注意，激起了这些知识分子的求知欲望，从而使明末的知识界出现了一股学习欧洲科学技术的潮流。

由于当时明朝正在辽东与后金打得如火如荼，所以西方先进的军事科技在士大夫之间格外受欢迎。詹事府少詹事徐光启、光禄寺少卿李之藻、兵部司务孙元化等人直接或间接从意大利传教士利玛窦那里学习了一些军事科技，在了解到西洋火炮与筑城技术的先进之处后，便积极向朝廷倡议对其加以引进以及仿制。于是，明政府除了在天启年间先后从澳门等地购入红夷大炮之外，还聘请了二十三名葡籍炮师与一名翻译协助训练士兵制炮用炮。

值得提及的是，在没有引入红夷大炮之前，明朝的铳炮大多数由椎击、打造与铸造等方法制成。

椎击法，是用钢钻在金属管上钻出铳口，这种方法速度很慢，一般每天只能钻一寸左右，而且不能绝对保证钻出来的铳口毫无偏差。很多火绳枪是使用椎击法制造的。

一些小型火炮则采取打造法，具体操作过程就是先将生铁炼成熟铁，制成铁板，接着将数块弯曲的小铁板均衡地叠合在一起，卷成圆筒形（炮腹装填火药之处要适当加厚），再用数个钉子把它们合在一起，最后经过铣光炮膛与安装火门等工序便算完成了。这类由熟铁制成的炮比生铁炮要轻得多，美中不足之处是炮管有缝隙。

▲ 徐光启与利玛窦

大中型火炮可以使用铸造法来造，各地匠人铸造的方法不止一种，很多火炮都是先造好几段炮身，然后再将它们连接而成，这种原始的铸造法生产出来的炮管有比较明显的铸痕，存在着爆膛的隐患。

新式的红夷炮虽然也是用铸造法制造，但是与传统的大中型火炮不同，它的整个炮身完整无缺，不能有微小的空隙或裂纹。这个优点让该炮承受膛压的能力超过了以往用任何一种方法制造的铳炮，因而更加安全耐用。

要想铸造红夷炮，需要先做好"外模"与"内模"。外模的制造方法如下：采用楠木或杉木刨制成炮身的模样，再装上炮耳、炮箍，然后一层接一层地往木炮上面涂上掺着羊毛的胶黄泥与细沙，直到厚度为木炮的 1.6 倍为止。在涂抹的过程中要缠上粗铁线、铁条、铁箍等做骨架，完成这些工序后还需要几个月的时间晾干，最后抽出木炮，便形成了泥筑的外模（残留于外模里面的木制炮耳、炮

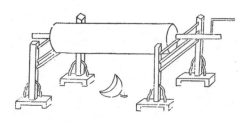

▲ 制造炮模图，采自《火攻挈要·图》

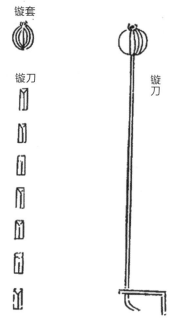

▲ 镟刀，采自《火攻挈要·图》

箍等，要放入炭火慢慢烧掉）。

搞定了外模，便轮到内模了。内模的长宽应该与炮膛相等（炮膛由口径、前膛、药室等部分组成），其核心是一根铁柱，外面均衡地涂着泥层。

有了外模与内模，可以正式铸炮了。铸炮的步骤是先将外模竖立在用砖砌成的"铸炮台"中央，再用起重装置将内模放入外模里面，当内外两模的轴心一致的时候，两模之间便出现了一个与火炮形状相似的空隙，接着往里面注入沸腾的铜、铁等金属溶液，冷却之后将内外两模移走，便露出了火炮的粗坯。

火炮的粗坯还需要工匠精心地加工，经过用镟刀伸入炮膛里面刮净残留的渣滓，削滑膛壁（行话称为"镟膛"）等一系列的工序，才可成为如意的火炮。

值得注意的是，明人在制造红夷大炮时也应用了复合金属技术。在此之前，已经使用类似的技术制造出"铁心铜体"的发熕（这类大型火炮曾经于天启、崇祯年间在辽东前线服役），后来经过发展，又制造出内壁是熟铁，而外壁浇以生铁的火炮，同样可以增强防爆膛的能力。现存于北京德胜门箭楼上的一门红夷大炮，就是这类型的复合铁炮，并赋予"定辽大将军"之类的称号。

火炮的射程有多远，与炮管的俯仰角度关系重大。在炮尾下部增加或减少垫子，可使炮管任意俯仰。炮管与地面平行时射程最近（称之为"有效射程"），与地面成45°射程最远（称之为"最大射程"），而超过45°时射程又会变近。

要想知道炮管的俯仰角度，就要依靠"量铳规"这种仪器。量铳规类似于一个四分之一的圆规，是由两根铜条组成一个直角，直角顶端悬下一条线指向一个圆弧形的"铳规"。铳规是一个刻度表，上面划

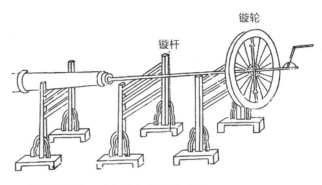

镟轮

镟杆

▲ 用镟刀镟膛，采自《火攻挈要·图》

分着平度（相当于现代的0°）、一度（7.5°）、二度（15°）、三度（22.5°）、四度（30°）、五度（37.5°）、六度（45°）等刻度。刻度表的规格不止一种，有的刻度表也分为平度至十二度。在火炮发射前，将量铳规的一条铜边插入炮口，当直角顶端的悬线指向刻度表中的平度，那就意味着炮管与地面平行；当直角顶端的悬线指向刻度表中的六度，那就意味着炮管与地面成45°。以此类推，炮管与地面在平度至六度的范围之内，刻度表中的度数每增加一度，那就意味着炮管向上提高了一部分，同时射程也相应增加了一部分。

明末的火器专著《西法神机》中，列举了当时人们用量铳规对一种火炮测试的数据，根据这些数据的记载，刻度表为平度时，火炮的射程为268步；刻度表为一度时，火炮的射程为594步；刻度表为二度时，火炮的射程为794步；刻度表为三度时，火炮的射程为954步；刻度表为四度时，火炮的射程为1010步；刻度表为五度时，火炮的射程为1040步；刻度表为六度时，火炮的射程为1052步。虽然《西法神机》的数据有些偏大，但还是反映了火炮的射程随着俯仰角度增减的事实。

炮手在战前先用量铳规测试大炮的每一个俯仰角度，然后再将平度、一度、二度、三度、四度、五度、六度等度数及其相对应的射程记录在小册子上，如果在战斗时需要将炮弹打到794步，只需翻开小册子按照里面的数据，使用量铳规将炮管调到三度即可。

守城时使用红夷大炮这种火器，能够在射程的允许范围内对远近不同的目标进行精确射击。具体做法是临战之前先用架在城上的火炮试射城外的桥梁、隘口

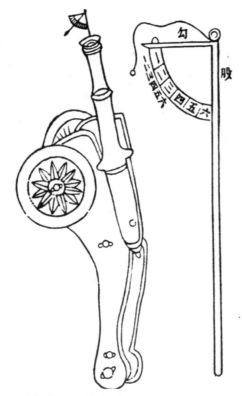

▲ 量铳规，采自《西法神机》卷下

等交道要点，弄清楚炮弹到达各个不同的目标时需要将炮身调整到哪些角度，然后再将数据记录在小册子上，战斗时按图索骥，依样画葫芦地调节好炮身的俯仰位置，便可以对各个目标进行精确射击。如果炮手在战时配上西洋引进的望远镜来观察目标，那就如虎添翼了。

明末引入中国的欧洲火炮存在多种型号。据《兵录》的不完全据计，有半蛇铳、大蛇铳、倍大蛇铳、鹰隼铳、枭喙铳、半喙铳、虎唬铳、飞彪铳、狮吼铳、虎踞铳等，这些炮在口径、身长、作用等方面都有明显差异，此外它们还分别有西洋大炮、红夷大炮等不同的称谓，例如最先引入中国的红夷大炮就属于半蛇铳。明末的一些军事著作将这些火炮按照不同的用途分为"战铳"、"攻铳"与"守铳"。

明末介绍西方军事科技的著作有很多，比较著名的除了孙元化编写的《西法神机》之外，还有焦勖所著的《火攻挈要》。这两本书分别受到欧洲传教士利玛窦与汤若望的重要影响，与传统的火器著作相比，更加重视科学实验。

孙元化与焦勖设计的火炮非常注重炮身尺寸与口径的比例倍数，这是将火炮分为"战铳""攻铳"与"守铳"的标准。

战铳主要用于野战，炮身长，射程远。此炮的口径一般在3至5寸之间，火门至炮口的距离为口径的33倍，火门至炮耳的距离为口径的13倍，炮耳至炮口的距离为口径的19倍，炮底厚度为口径的一倍，尾珠长宽均为口径的一倍，炮耳的长宽也为口径的一倍，炮身重约500至3000斤，可发射4至10斤重的炮弹。

一些佛朗机以及蛇炮属于战铳，同样有设计尺寸与口径的比例倍数。

攻铳的口径一般在 4 至 10 寸之间，火门至炮口的距离为口径的 18 至 22 倍，火门至炮耳的距离为口径的 8 至 10 倍，炮耳至炮口的距离为口径的 10 至 12 倍，炮底厚度为口径的一倍，炮耳的长宽也均为口径的一倍，可发射 10 斤至 50 斤的炮弹。飞彪铳（一种臼炮）、虎唬铳及狮吼铳均属于攻铳，各有自己的设计尺寸与口径的比例倍数。

守铳的口径一般在 3 至 5 寸之间，火门至炮口的距离为口径的 8 至 16 倍，这类炮一般可发射 4 至 16 斤的炮弹。

攻铳与守铳的长度都比不上战铳，射程也近得多。因为攻铳主要用于进攻，在接近目标时使用；而守铳主要用于防守，在敌人逼近时使用。需要说明的是战铳、攻铳与守铳的炮长、口径与发射的弹丸等各种数据也不是一成不变，例如虎踞铳这类守铳就可发射 26 至 50 斤的炮弹。另外，当一些攻铳的口径与弹丸适当加大时，威力也变得更加惊人。

火炮使用的新式弹药也多种多样，具体有：

响弹，又名"吼龙弹"，用弹模所制，以生铁铸成。弹丸里面中空，有一洞贯通内外，迎风发射时，外向的洞口可发出吼叫声，惊扰敌人的马匹。

链弹，又名"鸳鸯弹"，这种圆弹在发射后可自动分为两半，中间用长约四至八尺的铁链相连，打击面宽，在水战中可用来射击船桅。此外，分为两半的炮弹还有"分弹"，而分为四半的炮弹则有"润弹""散弹"等，它们的原理均与链弹相似。

钻弹，这种炮弹为圆形，两头各自水平伸出用百炼钢制成的尖锐利刃，专门用来攻击营寨。

凿弹，也是一种圆弹，两头各自水平伸出用纯钢打造而成的剑形凿头，在攻城时，可先发射这种炮弹凿破城墙，然后再用实心弹反复轰击，确有奇效。

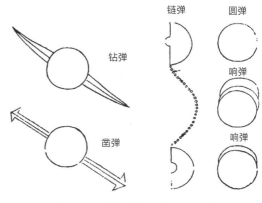

▲ 各种新式弹丸，采自《火攻挈要·图》

《火攻挈要》这本书建议枪炮手们在发射战铳与攻铳时应该采用铁弹，因为铁弹体硬，摧毁目标的能力强；发射守铳等短铳时应该采用石弹，因为石弹体脆容易破裂散开，杀伤面积比较宽广；而发射鸟铳时还是要采用铅弹。因为这种小弹丸体重，能穿透铠甲。当然，铅弹的另一个优点是质地软，即使造得比铳身的口径大一些，也可以射出去，并有利于闭气。

孙元化也在著作中认为，凡是炮弹重约1至8斤的，需要装配同样重量的火药；炮弹重约9至17斤的，装配的火药分量就要为弹重的4/5；炮弹重约18至28斤的，装配的火药分量就要为弹重的3/4；炮弹重约27斤以上的，装配的火药分量就要为弹重的2/3。经过上述的合理配置，火炮射击的效果才会更佳。

《西法神机》与《火攻挈要》都提到用醋涂在长时间射击后的火炮上，就会迅速散热。因为醋的沸点低，可以起到冷却作用。

火炮在明末有了突飞猛进的发展，而枪铳类火器也有新产品。毕懋康所著的《军器图说》中提到一种"自生火铳"，即燧发枪。这种枪比火绳枪的先进之处在于它的发火装置不用火绳，而使用燧石，燧石在撞击之后可发出火星，点燃火药，因而在刮风下雨的不良天气也可照常使用。

明末国内的筑城技术也受到了西方的影响，要想说清楚这个问题，必须回顾中国传统的筑城技术。由于在古代战争中各大城池是军事防御的主要支柱之一，故不容忽视。

早期的城池比较简单，古人一般是围绕着聚居点的四周，用土木、砖石等物修建起一道与外界相隔的围墙，这叫作城墙，其间留有一个或数个用以交通的出入口，也就是城门。其后，由于攻城器械的日新月异以及战法的不断更新，城池为了不被历史淘汰而相应地提升了防御能力，故又相继出现了角楼与敌台（马面）等新型工事。它们的共同点都是凸出城墙之外的墩台，区别在于角楼建在城池的四隅，而敌台总是与城墙的长度成正比。因此在城墙上，每隔

▲ 自生火铳，采自《军器图说》

数十米或数百米，便可以看到一座敌台。战时，角楼与敌台便成为守军的重点防御工事，将士们站在上面，能够用弓弩等远程兵器进行侧射，由此导致墩台与墩台之间形成交叉火力点，起到掩护城墙的作用。

不过，古代的角楼与敌台虽然能够掩护处在两台之间的那一段城墙，但它们在设计上以方形为主，又产生了隐患。这个隐患就是每一个方形墩台的正面，都是没有侧射

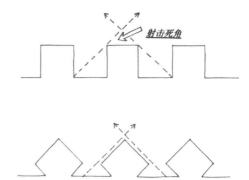

▲ 传统的方形敌台（上）与新式棱堡（下）的平面图；作者绘画

火力掩护的死角，由此，往往容易成为敌人的突破口。尤其严重的是，随着火器的发明以及各类精良攻坚火炮的陆续出现，方形墩台的正面便成了炮弹的重点打击目标，很容易遭到摧毁。

那么，怎样对这些城防工事加以改进，使之能够抵抗得住迎面而来的炮火，成了一个世界性的难题，这不但困扰着明代的中国人，也令西方的工程师殚精竭虑。即使是西欧，也有许多城堡存在同样的问题，它们凸出城墙之外的楼塔（相当于中国的角台、敌台）大多以圆形、方形为主，一旦被火炮攻击，所面临的困境将与中国的方形敌台相同。

一般认为，欧洲最早出现防御火炮的楼塔[①]，这种筑城体系刚刚面世时造型还很显得很简单，并不完善。而先拔头筹的意大利人独具匠心所发明的棱堡，还保留着古代楼塔的不少痕迹，比如凸角很钝、正面短小等等，或许将之称为"雏形棱堡"比较恰当。时间越往后，修城技术也越加成熟，渐渐，军事工程师们制造的楼塔比过去更完善了，各个正面除了五角形，还有三角形、皇冠形等多种形状，当然，其共同的特点都是正面为角形。据此进行总结，可以得出雏形棱堡的两个最基本条件：第一，为了最大限度地消除射击死角，楼塔的正面不再修筑成传统的方形

[①] 后来形成了著名的"棱堡"，较典型的形状是一种不等边的五角形，即棱形，故因以名之。

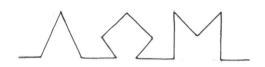

▲ 三角形敌台、棱形敌台与皇冠形敌台（从左到右）等新式的棱形敌台平面图；作者绘画

与圆形，而是角形。第二，敌人直射的炮火击中凸出城墙的角形楼塔时，容易打滑，产生跳弹，效果大打折扣。

雏形棱堡也是由西方的传教士传入中国的。徐光启在利玛窦的影响下对西洋诸国先进的筑城体系推崇备至，他在1621年4月26日向皇帝呈交的一篇疏文中，指出在辽东与后金作战的明军应该暂时避免将铳炮布置在城外与敌人野战，而要将铳炮放在城上打击敌人，为此要建筑多个附于城墙的敌台，安放铳炮，这样就达到了以敌台保护铳炮，以铳炮保护城池，以城池保护百姓的目的。他还提议加强京师及边境防务，建筑三角形敌台与圆形敌台，这类敌台又叫"铳台"。就像恩格斯在《筑城》这篇文章中所说的："棱堡筑城体系可以按照不同的国家来分类。"而"意大利派"建造的棱堡除了一些新颖的多角形的楼塔之外，还有"圆台堡"。耐人寻味的是，把西式筑城技术带来中国的正是意大利人利玛窦，而徐光启学习后，提出了要同时建立角形敌台与圆形敌台的建议，可见这一切绝非偶然。

同时，了解这种新式城城体系的朝臣还有刑部尚书黄克缵、浙江按察使陈亮采、兵部尚书崔景荣、侍郎邹元标等人。据说，与蒙古诸部接壤的宁夏沙湃一带，很可能在万历年间就已经建起了新式的西式敌台。徐光启在《时事极迫极窘疏》

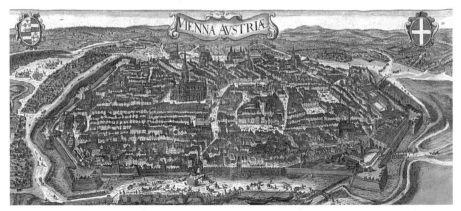

▲ 一些欧洲城市修建的棱形敌台

中称"全藉此台，虏不敢窥"。

从徐光启的文集的相关论述来看，用砖块、石料等物砌成的一些圆形附城敌台，其墙壁的厚度一般为一丈以上，而高度却达到了三十米左右（分作三层）。而西式棱堡筑城技术的发展却趋势相反，即要求棱堡尽量降低高度，以避免火炮打击。东西方的这种差异显然与那时的后金军队还未拥有威力巨大的攻坚火炮有关，而增加敌台高度的意见亦无可非议。

虽然徐光启的仕途多舛，才华长期得不到充分的舒展。但幸运的是，他注意培养学生，所以后继有人，其中最杰出的代表就是孙元化。孙元化运用从老师那里学到的知识，于天启年间分别在山海关、桃林、喜峰口、一片石、宁远等沿边要地建筑铳台。

其后，改任山东右参议的孙元化在袁崇焕的领导下有机会参与整顿宁前兵备。当皮岛副将刘兴治在崇祯年间作乱时，朝廷决定设立登莱巡抚，以防乱兵渡海骚扰山东沿海地区，而胸怀大志的孙元化经徐光启的荐举，得以调任该职，转而进驻登州。在任期间，他特意从澳门聘请葡萄牙的专业炮师到登莱铸炮以及训练士卒，正欲大展宏图。不料部属孔有德、耿仲明在1631年（明崇祯四年，后金天聪五年）年底意外叛变，而登莱也在这一场飞来的横祸中失陷，使得孙元化多年的努力化为泡影。这位封疆大吏虽然被念旧的叛军释放，但还是未能逃过法网的制裁，最终被朝廷秋后算账，处以死罪。

在孙元化留下的《西法神机》这本著作里，其中《铳台图说》一章涉及西式筑城法，并收录了四幅平面图，描述了四种叫作"铳角"的新式敌台的形状：

图一，为了掩护凸出城墙的方形马面（相当于敌台），在其两角之外分别筑起两个棱形小铳角（棱形与棱形相近）。

图二，为了掩护方形城池，在其四隅分别筑起四个棱形大铳角。

图三，为了掩护炮台（或敌

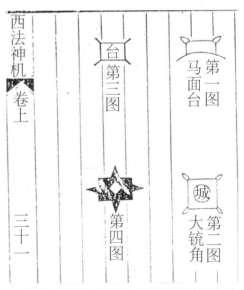

▲ 四种"铳角"平面图，采自《西法神机》卷上

台），在其四隅分别筑起四个大铳角。

图四，为了掩护炮台（或敌台），在其四边分别筑起四个三角形的小铳角。

这些图画所绘的铳角，为后世留下了真实的资料。它们虽然形状不一，既有梭形，又有三角形，但几乎都以锐角为主，显示出雏形棱堡的棱角模式还是比较单一，存在发展的余地，而钝角棱堡与直角棱堡等新型棱角的出现似乎只是时间的问题。

徐光启与孙元化的西式筑城法源自意大利人利玛窦。而明末来华的另一位欧洲传教士——德国人汤若望也将自己所知的棱堡筑城体系带来了中国。由汤若望传授、明人焦勖编写的《火攻挈要》这本书中，收录有《守城说略》一章，其中提到一种名叫"捏腰三角尖形"的铳台，也属于雏形棱堡。

正史没有记载焦勖的事迹，他的生卒年月也不详，因而此人的身份很可能只是一名铸炮工匠，所承担的任务是辅助尊奉皇帝之命制造火炮的汤若望。这一切生动地表明，棱堡筑城体系不仅仅传播于朝廷士大夫之中，而参与其事的民间工匠亦对此了然于胸。

明朝知识分子留下了很多关于棱堡筑城体系的文献资料，这些作者大多数与天主教关系密切。例如身为天主教徒的魏学谦，曾被朝廷授予庶吉士之职，他也精于西式筑城术，认为应该在敌台之外再修建"三角附城"，这种附城外表好像"菱叶"一般，能够有效地防范炮火袭击，其地基用石砌成，墙则由夯实的土修筑，炮弹轰进土里不起任何作用，而附城的旁边还开有小门可供出入。这种西式筑城术与孙元化在《西法神机》记载的四种"铳角"平面图的第一图（就是在马面的两角之外筑起两个小铳角，用来加强防御）大同小异。

魏学谦的见解被收录入方以智编写的《物理小识》中，魏学谦与方以智是朋友，两人都在明亡之后一度被迫投降攻克北京的李自成。据说魏学谦选择在李自成登基之日自杀，以此来为前朝尽忠；而方以智则在李自成败亡后出家，后来也投水自尽。

天主教徒韩霖是山西平阳府人，曾经跟徐光启学过兵法，在他编撰的《守圉全书》《慎守要录》等军事著作中提到了西洋先进的铳城体系。明亡之后，在江南抗清而死的钱旃，生前与天主教徒有过频繁的交往，接触过西方的先进文化，这人生前出版过一本名叫《城守筹略》的著作，书中也收录了韩霖对西式棱堡筑城体系的有关论述，可见韩霖的论著在当时的确是产生了一定的影响。

在韩霖的军事著作中，记录着"正敌台""独敌台""扁敌台""双敌台""双鼻之台"等名目繁多的棱堡。

"正敌台"的中央突出了一个台角，称之为"鼻"；由台角延伸而出的两边叫作"额"；敌台背后伸向城墙的两条边叫作"眉"；两眉之间的凹入处叫作"眼"；敌台与城墙的通道叫作"吭"。战时，守军隐蔽在正敌台背后的"吭"，利用铳炮掩护另一个敌台的"鼻"与"颐"，使城墙完全不留任何射击死角。这种棱形敌台中间横突的两"眉"对隐蔽在其背后的作战人员多了一层保护作用，比起孙元化设计的几种"铳角"更加先进。而下文的"独敌台""扁敌台""双眉双眼敌台""双鼻之台"都有上述优点。

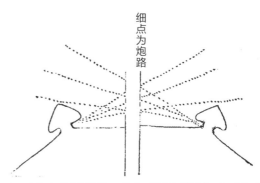

▲ 正敌台的平面图，采自《城守筹略》之《先事预防》。图中写着"细点为炮路"这几个字，所谓"炮路"，按照现代的说法，就是枪炮的"弹道"

"扁敌台"的凸角比较钝，它建于城墙中间，原因是一些城墙太长，使两个城角的敌台相距过远，彼此难以救援，故此于城墙的中间再立一台以为掎角。而"独敌台"则凸出在城门之外，专用以掩护后面的城门，防止城门受到炮击，它不像"正敌台"那样建有与城墙连为一体的通道（即"吭"），而是用桥架在敌台与城墙之间，沟通彼此。

此外，两个敌台可以纵向叠成"双敌台"（又叫"双眉双眼敌台"），既拓展了防御纵深的空间，又增强了抗炮击的能力。以此类推，两个敌台还可以横向紧挨在一起，组成"双鼻之台"，既扩宽了战线，又加大火力的打击密度。

韩霖认为大铳射击时由于产生后坐力而势必倒退，所以敌台的地面应该前低后高，以此作为一个缓冲，用来缩短火器倒退的距离。其高度约为九至十米。台基长度约为七八米，阔度约为三四米。台顶长度约为三四米，阔度约为三米左右。敌台与敌台之间的距离可为七八十步、一百余步以及二三百步不等，但都要在铳炮的有效射程之内，以便于互相策应。必须要指出的是，这类敌台的高度与徐光启过去倡议的圆形敌台相比，几乎降低了2/3，因而更利于躲避火炮的轰击。从上述附图中可看出，这些敌台大多数呈钝角（只有"双鼻之台"由两个锐角组成），

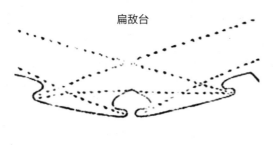

扁敌台

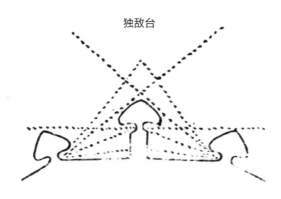

独敌台

▲ 一些欧洲城市修建的棱形敌扁敌台与独敌台的平面图，采自《城守筹略》之《先事预防》

它们与孙元化倡议的那些锐角形状的雏形棱堡，究竟谁优谁劣？根据专家的观点，锐角棱堡效果的确不好，钝角形凸角是新型要塞所不可避免的。

韩霖在《慎守要录》的《缮葺旧城新译西洋法》一章中论及改造传统的旧式敌台的问题。书中教导人们如何将正方形敌台以及圆形的小敌台改作棱堡。两个敌台相距太近则要改远。原在城外的瓮城也要改为城内。他还指出有必要在敌台的背后（大约在"吭"部的位置附近）修筑一个半月形的"眺台"用来侦察敌情，因此"眺台"一般要比城上的台基高出二丈，这样在敌台失守时还可以形成第二道防线，以便居高临下俯击敌台，但是它不能过高，否则容易被敌人的铳炮击塌。

韩霖声称当时明朝各地有越来越多的城堡受到西洋筑城法的影响，但大部分只是略存其意，完全符合新式筑城法规的比较少。同时，他也在军事著作中收录了孙元化、何良焘、王徵等人对新式筑城法的论述。其中，孙元化的相关观点上文已经提及，不再重复。而何良焘则将雏形棱堡称之为"卫城之台"，这种三角形的"卫城之台"应该建于城角，如果一座城不止四角，而是五角、六角，那么也要建五六座这样的台，彼此互相照应，每个台上都要布置六门大铳，甚至还可以在三角台之外再加筑一个"斜形方台"（外形类似于"双眉双眼敌台"），增加防御纵深。有意思的是，书中收录了天主教徒王徵的所见所闻，王徵是1622年的进士，曾经以辽海监军道的身份协助孙元化在登莱练过兵，这人对西方的机械工程深有研究，也学过拉丁文，参与翻译出版过《远西奇器图说录最》之类介绍西方科技的书籍。他自述在山西代州地区目睹有十二座用砖砌成的城堡，平均每一座相距十多里，而这些城堡的四角全部是大圆角形（外形似乎类似于"正敌台"）的空心敌台，里面的守军通过炮眼向外射击铳炮，足惊敌人之胆。

由此可知，作为源自西方的先进筑城体系，棱堡在明末传入中国后，难免会产生多种名字。据不完全统计，当时用来称呼这类新型工事的名字可谓各种各样，分别有"三角敌台"、"铳角"、"捏腰三角尖形"铳台、"三角附城"、"正敌台"、"独敌台"、"扁敌台"、"双敌台"、"双鼻之台"等。这完全不值得大惊小怪，

双眉双眼敌台

双鼻之台

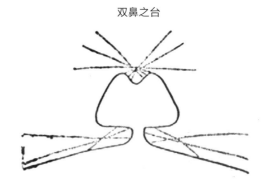

▲ 双眉双眼敌台与双鼻之台的平面图，采自《慎守要录》卷二

正如同样源自西方的火绳枪，在传入中国时，亦分别产生了"鸟铳""鸟嘴铳""噜密铳"等多种称号。

无可讳言，雏形棱堡是一种不完善的筑城体系，所以它的面世必然会受到守旧者的抨击。例如有人批评城门两旁的角台与城墙不是 90 度的直角，会造成"矢道皆斜"的后果，影响从侧面射击敌人。其实，这种缺点在欧洲的一些雏形棱堡也有，而在意大利派棱堡筑城体系中，这种现象尤其突出。恩格斯在《筑城》一文中这样指出，西方要到 16 世纪，才在棱堡工事体系中出现"完全摆脱意大利派影响"的一些原则，其中一位叫作丹尼尔·斯佩克尔的工程师认为各个需要互相掩护的工事"配置得越近直线越好，棱堡的侧面，至少是部分侧面，最好是整个侧面，应同防守线垂直……"

在意大利、德国、法国等数学家、军事家、工程师们长年累月，坚持不懈地

努力之下，棱堡新式筑城体系日渐成熟，当历史的车轮转到 1740 年前后时，一个叫作科尔蒙太涅的专家又发表了新的理论，至此，这类筑城体系才被许多人认为已经发展至完善的境界。棱堡筑城体系可以包括实心与空心的两种棱形要塞，而三角堡以及相当于内堡的封垛亦不可或缺，另外还要有壕沟、中堤、斜堤以加强防御。同时修筑了掩蔽路、屯兵场，以便守军掩蔽集结和进行反击，由此达到了攻防兼备的地步。这一系列工事全部出现在世界上还要等到 18 世纪中期。而在 17 世纪，从欧洲传到东亚的筑城技术还远没有那么先进，只能算雏形棱堡。

最后需要指出的是，由于明朝财政紧张等原因，各类雏形棱堡不可能得到广泛的推广。对传统城池进行修修补补仍然是全国各地建筑工事时的主要方式之一。但是在火炮的威胁下，那些城池城墙的高度也相应降低，并增加了厚度，还逐渐将城上的角楼、战棚等不足以抵御炮弹的设施拆掉搬走。

除了雏形棱堡之外，明末清初从西方引进国内的响弹、链弹、钻弹、凿弹等，还有毕懋康设计的燧发枪，都算是与世界接轨的产物。也由于种种原因，同样没有得到普遍采用。

二十三 精良器械

整军备武，对在辽东败多胜少的明朝有很大的现实意义。

据《明实录》记载，在 1618 年至 1621 年（明天启元年，后金天命六年）这 3 年间，朝廷仅发往辽东广宁的火器就有：天威大将军 10 门、神武二将军 10 门、轰雷三将军 330 门、飞雷四将军 384 门、捷胜五将军 400 门、灭虏炮 1530 门、虎蹲炮 600 门、旋风炮 500 门、威远炮 19 门、涌珠炮 3208 门、连珠炮 3790 门、翼虎炮 110 门、大小钢铁佛郎机 4090 门、神炮 200 门、神枪 14040 支、铁铳 540 支、鸟铳 6420 支、三眼枪与四眼枪共 6790 支、五龙枪 750 支、夹靶枪 7200 支、火药原料清硝 1306950 斤、硫磺 370680 斤、火药 9.5 万斤；此外还包括大小铅弹 142368 个、大小铁弹 1253200 个。至于刀枪弓箭等冷兵器，数量达到百万之多。制造军械的金属原料有各种黑铅、真钢、建铁、西铁等，计划运送 140 余万斤到前线，而其他的军用物资更是不可胜计。从上述的各类武器中火器的数量来看，充分说明了辽东军队对火器的高度依赖。

但这么多的火器也改变不了明军失败的命运，明臣李之藻在此期间给皇帝的一篇疏文中透露自后金起兵 3 年以来，明朝倾注了百万件各类兵器于辽东，其中包括数以万计的号称"神威""飞电"大将军等火炮，然而随着辽东的沦陷，这些兵器大都落入敌手，致使后金火器的装备水平不断得到提高，事实上已经逐渐拉近了与明军的距离。而后金在战时经常驱使被俘的明军枪炮手发射缴获的火器，配合步骑冲锋陷阵，气焰更加嚣张。有鉴于辽左的危局，为了能够继续让明军保持着装备上的优势，明朝对原有的火器加以改良，汰旧换新，使其更适应实战。军火专家徐光启就公开提出要将快枪、夹靶铳、三眼铳等射程不远、命中率又低的旧式火器（相当于火门枪）全部弃之不用，转而改用鸟铳（火绳枪），这是他根据后金士卒在战场上畏惧鸟铳的事实而坚持的主张。不过，短小的鸟铳难以射穿敌人的铠甲，所以需要制造长形鸟铳，特别是长达四尺五寸的大鸟铳，效果更佳。其后，在皇帝的支持下，徐光启训练出数以千计的官兵，这些人善于使用长五六尺的噜密铳，拱卫京城。然而，精良鸟铳的制作费用比起旧式的火门枪要高

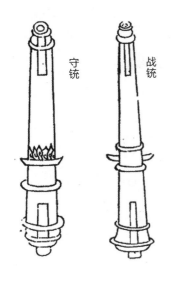

▲ 守铳与战铳，采自《火攻挈要·图》

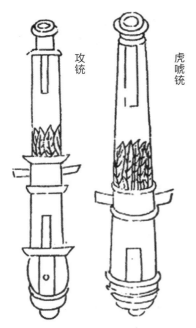

▲ 攻铳（虎唬铳也属攻铳的一种），采自《火攻挈要·图》

得多，例如大鸟铳造价就达到了白银四两。明政府由于财政紧张，不可能将所有的旧式火器全部改换上新装备。尽管如此，诸多明臣还是纷纷建议研制威力更加强大的火器，以便尽量保持装备上的优势，红夷大炮就是在这种背景下引进的。

徐光启最初为了获得红夷大炮，发动一些官员捐资从澳门购买了四门炮，据说耗资四千两白银。后来明人在聘请的葡萄牙教官的教导下学会了铸炮技术，成本就逐渐降下来了。幸运的是，明朝还通过各种途径得到了从广东沿海先后打捞上来的三艘欧洲沉船，而船中的四十二门西洋大炮也陆续押运进京。麇集于北京的欧洲新式火炮之中有十一门被运到了辽东前线，它们不负众望，在宁远大捷时一鸣惊人，威名远播。明熹宗将其中一门炮封为"安国全军平辽靖虏大将军"，并给立功的教官、炮手封官晋爵，还下令工部要多造这类炮，以增强明军的火力优势。其后，这种西式火炮得到了大量的铸造，陆续布置在京畿、辽左、宣大、山东、大江南北等地。

据记载，仅仅在1632年（明崇祯五年，后金天聪六年），朝廷依靠传教士等外籍人员的协助，顺利于北京铸造了五百门西洋火炮，而地方上采用私人捐款等方式铸造的火炮更是难以统计。

这些火炮在城市防御战中发挥了巨大的作用，特别是徐光启大力倡议建立"附城敌台"之后，他的学生孙元化秉承其志，先后在关内关外四处奔波，着意建筑可布置大炮的敌台。

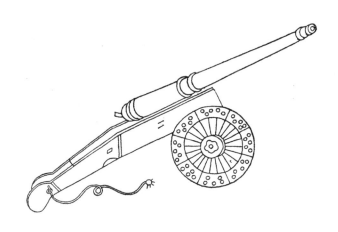

▲ 铳车，采自《火攻挈要·图》

值得一提的是，孙元化曾经奉命赶赴宁远协助袁崇焕筑城，要将该城传统的马面、角台改造成可以安置大炮的西洋铳台，以便让各个敌台上面的铳炮在战时能够交叉射击来犯之敌。这些军事工程在抗衡后金的战斗中发挥了应有的作用，使得后金在宁锦防线多次碰壁。而努尔哈赤的继承者皇太极以后改变策略绕道入关时，又在京畿、宣大等地吃过红夷大炮的亏。

红夷大炮凭着敌台守城，而在野战时则要依靠炮车，就像焦勖在《火攻挈要》中说的"大铳之用车，犹利剑之必用柄也。剑非柄难以把握，铳非车难以运动"。所以，制造炮车须比例恰当，才不至于在放炮时剧烈摇晃。炮车上面用来安放大炮炮耳的两侧墙板有凹座，当中镶以厚铁片。墙板的厚度要与炮的口径一样，长度则要超过炮管的一倍以上。拥有十四根车辐的车轮，其长度是炮的口径的 12 倍。而木板、横木栓、车毂，甚至车钉等各种配件的数量以及尺寸都有明确的规定。

明军攻守兼备的战车营中亦有红夷大炮。天启、崇祯年间，很多文武大臣都企图借助战车来抑制后金的骑兵。辽东经略熊廷弼、锦衣卫千户陈正伦、刑部主事谭谦益、蓟辽总督王象乾、通政使司左参议冯时行以及庶吉士刘之伦与申甫等人都先后奉命制造战车，但影响最大的还是蓟辽经略孙承宗组建的战车营，其中就装备了红夷炮。

孙承宗在任期间想方设法地完善防御体系，除了分别委托孙元化等人铸炮、筑城外，还让茅元仪督造战车，并主持编撰了《车营叩答合编》一书，系统阐述了车营的战法。他从 1622 年起，用 3 年时间组建了十二个战车营、五个水营，

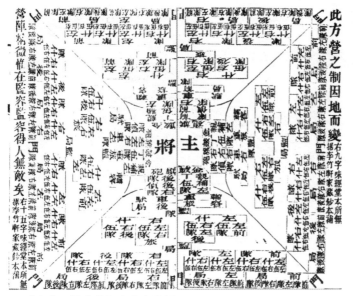

▲《车营叩答合编》中的方阵图

一共有轻车、偏厢车等战车二千五百辆。

这些车营的基本编制是"乘",一乘之中包括4辆偏厢车、8辆迎锋攒枪车、8辆辎重车以及100多名步兵与50名骑兵。步兵每一队有25人,共4队,装备了鸟铳2支、三眼铳6支、佛朗机炮2门。骑兵每一队有25人,共两队,装备了三眼铳10支。二乘为一"衡"。二衡为一"营"。另外还有叫作"权勇"的总预备队,"正权勇"有16队,共有8门火炮,平均每两队装备红夷炮、神飞炮各1门,"骑权勇"也有16队,共有80门灭房炮,平均每一队各自装备5门。权勇这支部队还装备了大批火枪,共有480支。总之,战车营的每一营拥有128辆偏厢车、256辆迎风攒枪车、250多辆辎重车,3200多名步兵、1600名骑兵;其装备的火器有包括红夷炮在内的各种大炮16门、大小灭房炮80门、佛朗机256门、鸟铳256支、三眼铳1728支以及大量的火箭。同时还有弓弩等冷兵器。

车营能够独立作战,它全部的辎重车有256辆,可运载2000石粮草,提供全营将士10天食用,再加上官兵自带的粮食以及随车牲畜,能够在30天内不怕受到饥饿的威胁,具备了一定的野外生存能力。车营可以野战,可以防御,也可以攻坚,使用哪一种打法要根据具体情况而定。例如:野战时的基本战术是轮番叠战,当在行军途中遭遇敌人时,官兵们按顺序排成四部分,在冷兵器的协同之下轮流出击。防御时一般将车营围成圆阵或方阵,采取环形防御的态势。而攻坚时强调要充分发挥火炮的作用。

孙承宗为了从海上牵制后金,还创造性地将车营与水师混编在一起。他组建的"龙武"水师营，共分中、前、后、左、右五营，每一营拥有100多艘平底沙船，每只船有士卒15人，以四船为一"舫"，设立"舫长"（相当于队长）一名，共有官兵60名。二舫为一"舠"，有船8艘，设立"舠总"（相当于百总）一名，共有官兵120人。四舠为一"艟"，有船32艘，设立"艟总"（相当于千总）一名，共有官兵480人。以二至三艟为一"营"，设立营将一名，合共官兵1440人。

▲ 孙承宗之像

如果船只过多，可另设"游艟"，直属于领兵将领。每营拥有的沙船数目为90余艘，每一艘沙船装备了虎尾炮2门、三眼铳4支，船上同时还装载了一辆战车，战车上配备有大炮1门、虎尾炮2门。整个龙武营共有480多辆战车，实际相当于两栖作战部队。当所有的船只靠岸后，每一艘除留下4人看守，其余11人便推挽着战车登陆展开军事行动，他们当中有1名车正、6名佛朗机炮手、2名鸟铳手、2名三眼铳手、携带着4门佛朗机、20门子母炮、2支鸟铳、2支三眼铳、36支火箭，此外还有6把大斧、4扇盾牌及大弩、腰刀等。

事实上，在孙承宗组建的战车营、水营中，使用火器的人数大约占了全营人数的60%，已经超过了昔日戚继光所部车营使用火器的人数。

孙承宗在辽左主持大局时将大批旧战车翻新，将包括熊廷弼主政期间遗留下来的数百辆"迎锋车"在内的所有战车改为偏厢车，并制造新战车，使各类战车总数达到六万之多。可惜，他与朝中掌权的阉人魏宗贤关系不好，被阉党抓住把柄，以前线明军于1625年（天启五年）9月在柳河地区的一次小挫败为借口，迫其离职。

孙承宗虽然黯然下台，但他在职期间知人善任，治军有方，使辽东明军士气得到重振。关外地区经过孙承宗、袁崇焕、孙元化、茅元仪等人的相继努力，大量荒废的田地重新得到开垦，先后修复大小城堡也有数十座。他们还练兵十一万，组建了车营、水营以及给部队配置了大量火器，制造的铳炮、弓矢、甲胄等各种军械亦达到数百万之巨，从而逐渐奠定了与后金一争雄长的基础。所以，明军在宁远的胜利不是偶然的，随后发生的宁锦大捷也证实了这一点。

二十四 野战能力

宁远之战充分证明了红夷大炮杰出的防御能力，此战揭示明军已经找到了抗衡后金的办法，然而在战略战术上采取守势虽然可以自保，但要想彻底消灭敌人，赢得最后的胜利，还是要靠野战。故此，对明军而言，提高野战能力已经成了当务之急。

自从辽东开战以来，明朝从外省招募来的士兵厌战情绪很严重，在战时往往裹足不前，动辄溃逃回后方。有鉴于此，以孙承宗、袁崇焕为代表的一些官员积极倡议"以辽人守辽土"，将大批在战乱中流离失所的难民组织起来加以训练，以图带领着他们恢复自己失去的家园。这些应募入伍的当地人在前线守御的同时还大兴屯田，一方面自筹部分军饷，减轻国家的负担；另一方面城堡周围遍布坎坷的田土也有助于防御，因为在纵横的沟坎之间种植农作物可在一定程度上削弱敌人骑兵的快速突击能力。

明军官兵比以往更加注重铠甲的质量，尽可能在全身的要害之处覆盖上甲片，而兜鍪、甲衣、披膊、脚裙等物也制作得比以往精良，这一切都是为了能够有效抵挡后金的强弓利箭。相反，后金却找不到抵挡红夷大炮的有效办法，他们在战时摆上第一线赖以冲锋陷阵的楯车，往往被红夷大炮射出的弹丸轰得粉碎，由此一来，战斗力就呈现此消彼长的迹象。明军在总结历年经验教训的基础上整顿防务，已经初步具备了与后金在野外争锋的能力。

宁远之战结束后，后金大汗努尔哈赤退回沈阳，8 个多月后于 1626 年 8 月 11日辞世，他的第八子皇太极继承汗位，并于次年改年号为"天聪"。皇太极是一位目光远大的君主，他在位期间因势利导，提倡学习先进的汉文化，有目的地逐步提升后金的综合国力，在军事方面特别积极推进火器部队的建设，力图赶上甚至超过拥有先进火器技术的明军。

袁崇焕以努尔哈赤去世为契机，派人赴沈阳吊丧，向后金新大汗皇太极示好。后金亦有意进行和谈。但是双方都把讲和当作一种策略，皇太极与袁崇焕之间的

▲ 皇太极之像

书信往来没有获得任何实质性的进展。后金在此期间派遣数万军队转攻朝鲜，迫使其君臣屈服于武力之下（两国结成"兄弟之盟"），解除了两线作战的隐患。而明军也乘机采取"且耕且战且前移"的办法逐步收复失地，再向前拓地170里，打算修筑中左所、锦州、大凌河三城，并重新在宁远等旧城堡中增加辅城铳台，以进一步巩固防线。

卧榻之侧，岂容他人鼾睡。皇太极不能容忍明朝的城堡修筑得离自己的根据地越来越近，他在顺利结束征朝之役后，不惜冒着溽暑继续出战，调集五六万的军队于1627年（明天启七年，后金天聪元年）5月份向辽西走廊的明军发起进攻。

明军早做好了应战的准备，由于大凌河等城尚未修好，故在当地驻扎的军人全部撤回锦州，同时，宁远、中右所、中后所、前屯卫也采取了"坚壁清野"等固守措施。据统计，明军在关外的兵力达到了八万，而山海关也有四万驻军，朝廷为了以防万一，又从关内各镇抽调三万人马前来增援。

后金于11日包围锦州，并于次日早晨攻城，战斗一直持续到夜晚。守将赵率教与监军太监纪用亲临战场督战，命令部属以火炮、弓矢等还击，多次打垮了对手的进攻，守住了城池。

首战不利的皇太极仍不死心，不断驱使部属攻城，致使这场攻守战基本成了宁远之战的加长版本，一共进行了14天。后金军队强攻的手段有限，在守军发射的红夷大炮前步步维艰，死者枕藉。

明将满桂、尤世禄、祖大寿三人率领万余从山海关赶来的援兵，会同关外部分驻军，奔赴锦州，于5月16日在笊篱山和担任阻援任务的后金军队相遇。双方进行了小规模的接触战，便各自退却。这是战斗打响后明军与后金军的首次野战，大家不分胜负，虽然作战规模不大，但也显示宁锦防线的明军已经敢于与后金野战。

皇太极随后调整布置，暂时放弃攻打锦州，集合各路军队转而扑向满桂所部退却的目的地宁远。

宁远一城原有三万五千兵马，现在加上满桂从笊篱山撤回的万余人，共计四万五千人左右。按照一般人的惯性思维，明军应该照搬上次宁远大捷的经验，将主力全数撤回城内凭着火炮坚守。

但是袁崇焕这次没有这样干，他与监军刘应坤率部登城防守，而让满桂等将领在城外掘壕安营，准备野战。这种战法与昔日袁应泰在辽阳的部署差不多，但那次明军输得很惨，现在袁崇焕、满桂等人会不会重蹈覆辙呢？

在28日黎明到达宁远的皇太极经过侦察后，发现大批明军驻在城外，以为有机可乘，故意下令全军佯退，以引诱明军追击，然后再用主力杀个回马枪，聚而歼之。当年后金在沈阳城外就是用这一招打死了守将贺世贤。但是现在的明军已经今非昔比，竟然沉住气，没有中计。皇太极无奈，只能掉转马头指挥部下向城外的明军阵营猛扑过来。后金过去的老战术是让楯车在前，掩护士兵进攻。然而，现在宁远城上与城下的明军都装备了红夷大炮，他们发射的炮弹具有轻易击毁后金楯车的能力，早已今非昔比。

死战不退的后金将士即使没有楯车的有效保护，也冒着枪林弹雨拼命突入明军阵中与对手短兵相接，展开白刃战。

激烈的战斗持续了多时，双方伤亡惨重，战死者的尸体堆满了壕沟。满桂在混战中身中数箭，却没有生命危险，这个例子也说明了明军铠甲的质量已经得到改善，而过去某些将领缺乏合身的盔甲，甚至裸着身子作战的情况不再出现。

皇太极眼见取胜的希望渺茫，只好率部撤出战斗，退到城外的首山东面喘息，同时盘算着军队的下一步去向。

就在宁远城外进行激战的时候，锦州的赵率教也没有闲着，他乘机带领一班人马冷不防冲出城外发动牵制性进攻，袭击了留在城外的部分后金军，随即迅速撤回城里。

皇太极既然在宁远捞不到便宜，又听说锦州有变，只得率领大部队急急忙忙地于30日重返锦州城下，再度围城。六月初四，金军动用云梯以及火炮等武器攻城。

▲袁崇焕之像

全部撤入城内的明军也用红夷大炮等火器由城上往下轰击。从早到晚，各种弹丸、石矢来来往往，热闹非凡。

尽管后金军轮番出击，数以千计士卒的鲜血洒在了锦州城下，但在明军的坚城利炮之下还是毫无胜算，怎么也改变不了被动的局面，最后只能停止攻势，在夜间拔寨向东撤回根据地。

宁锦之战是明军继宁远之战后的又一次大捷。从作战的过程来看，袁崇焕敢于派部队出城与后金抗衡，是因为其野战能力已经获得大幅度的提升，与昔日袁应泰那支战斗力低下、武器不够强大的队伍不可同日而言。不过，明军的野战能力仍然有限，只有在背靠坚城的情况下才能与后金一争短长[①]，要想从后赶上，还要走很长的路。

战后，辽左明军内部人事变动频繁，袁崇焕因遭到朝中掌握实权的阉党排挤，称病引退，于同年7月回乡。

不久，明熹宗去世，新继位的明思宗以英主自命，果断铲除了长期把持朝政的大太监魏忠贤，起用了一批不阿附于阉党的官僚，力图使萎靡不振的政局气象一新。可是，诸多文武官员却不以国事为重，热衷于党同伐异，他们互相争斗，徇私枉法，让人大失所望。而刚愎自用的明思宗处事又急于求成，动辄惩罚表现不理想的辅政大臣，仅仅内阁大学士便前后更换了数十人。以致后来，宫中的一些太监又得到了皇帝信任，被委以重任，干预政事，阉党势力从而死灰复燃。

---

① 这样做除了可以得到城上大炮的援助外，还能最大限度地避免被敌骑迂回包抄。

明思宗为了尽快收复失地，于 1628 年重新起用名将袁崇焕督师蓟辽、登莱、天津，主持辽东军务。

袁崇焕上任时当面向皇帝做出"五年平辽"的承诺。然而，他上任不久便在前线干了一件很有争议的事，即是在 1629 年（明崇祯二年，后金天聪三年）6 月以多项悖逆之罪为名，擅自杀死镇守辽东沿海各岛的跋扈将领毛文龙。事后，明思宗不得不接受了这个既成的事实，但君臣之间已经心存芥蒂。

"五年平辽"这个目标的前提是宁锦防线固若金汤，军队在无后顾之忧的情况下稳步向前推进。不料，袁崇焕的老对手皇太极吸取了宁远与宁锦两战失败的教训，毅然改变了正面强行突破宁锦防线的战略，转而采取迂回的办法，绕过壁垒森严的辽东，从蓟镇入犯关内。

后金想绕道进入关内，必须通过蒙古左翼的地盘，而关外鞑靼诸部的形势在此前后已经起了翻天覆地的变化，正好给后金提供了便利。

原来，自从明朝与后金开始在辽东争战，明朝的有识之士便认为应该联合鞑靼诸部来对付后金，他们认为蒙古人历来缺乏与明朝争霸天下的远大理想，只不过是经常入塞抢掠一些财物而已，仅仅算是皮肤上的疥癣小恙；相反，金人却志在夺取土地，甚至企图改朝换代，是致命的心腹大患。故此，明朝采取了扶持鞑靼左翼来抑制后金的"以夷制夷"之策，通过开放互市之地与鞑靼左翼保持贸易往来等措施，再辅以重金赏赐，企图达到彼此结盟的目的，共同抵抗后金。

最初，鞑靼左翼迁到辽东时原本主要有察哈尔及内喀尔喀两个万户，这两个万户在当地扎根后，其游牧地散处于宁前、锦州、义州、广宁、沈阳、铁岭、开原边外。随着时间的流逝，这两个万户不断被瓜分，以传承给贵族们众多的子孙后代。如今，察哈尔已变成八大部分，内喀尔喀亦变成五大部分，分别被不同的封建主所掌控。

鞑靼左翼大汗土蛮及其继承人卜台言周已经相继死去，几经反复，汗位最终于 1604 年（明万历三十二年）传给了土蛮的曾孙子林丹汗。

左翼的一些封建主看不起年仅 13 岁的林丹汗，经常对其阳奉阴违，实际处于各自为政的状态。林丹汗对此恼怒不已，暗中盘算着要消除内部的封建割据势力，加强集权。

自从后金在 1618 年向明朝开战以来，已陆续夺取开原、广宁等明朝与鞑靼左翼的贸易地点，因而不可避免地与鞑靼人发生了摩擦。

努尔哈赤自始至终力图分化鞑靼诸部，并处心积虑地与科尔沁等部落的封建主联姻，不断使出各种手段进行拉拢。当时游牧在关外的科尔沁部隶属于成吉思汗亲弟哈撒儿的后裔，长期以来受到鞑靼左翼诸部的排挤，难以和明朝展开直接贸易，只能与女真加强经济联系，这时干脆归附了后金，一起建立反对林丹汗的联盟。努尔哈赤还利用鞑靼左翼的内部矛盾，采取又打又拉的办法，先后胁迫内喀尔喀、察哈尔诸部的一些封建主与之结盟，共同对付林丹汗。

努尔哈赤死后，他的对外政策由儿子皇太极继续执行。皇太极率军接二连三地南下，严重威胁了林丹汗与明朝在宁远等地新设立的市口，使明朝与鞑靼在辽东的贸易处于风雨飘摇的状态。

林丹汗经过多年努力，始终统一不了鞑靼左翼，他自知抗衡不了咄咄逼人的后金，因而采取逃避之策，决定离开烽火连天的辽河河套，重返宣大边外的故地，然后再伺机将市口从辽东宁远转移到远离后金的宣府、大同地区，继续与明朝保持贸易往来。为此，他于1627年倾巢而出发动西征，用武力击溃了游牧于蓟镇边外的朵颜部落，接着攻击鞑靼右翼的哈喇慎、土默特诸部，仅仅一年左右的时间里就控制了位于宣府、大同以北的哈喇慎以及土默特等部的牧地。

林丹汗的兼并战争让辽东以及蓟镇、宣大边外地区一些蒙古部落损失惨重。这些颠沛流离的残兵败将在饥荒的困扰下，一齐向明朝乞粮以渡过难关。然而，为了节省开支的明思宗不但无动于衷，反而落井下石，打算革除依照惯例在互市时应该给予鞑靼右翼的赏赐，致使很多走投无路的游牧部落为了生存不得不依附了后金。由此可知，后金坐收渔翁之利，未经大战便攫取了林丹汗主动放弃的辽东旧地盘，还乘势招揽了一部分鞑靼右翼部落，势力范围大幅度扩张到明朝的蓟镇、宣大附近，不但与林丹汗刚打下的新地盘接壤，而且对明朝的首都构成了潜在的威胁。

过去，后金之所以没有在万历、天启年间绕道山海关以西入寇关内，那是因为当时有鞑靼左右翼等部落在沿边放牧，实际起到为明藩篱的作用。现在明山海关以西藩篱已经丧失，从而为后金避开坚固的宁锦防线，绕道蓟镇以及宣大地区进入关内打开了方便之门。

后金联合归附的一些蒙古部落，准备征伐林丹汗，但是在行军途中经过商议后，认为其地遥远，便改变计划转而进攻明朝。1629年10月，率部经辽河、老哈河西进的皇太极避实击虚，采用长途奔袭的方式，从喜峰口、龙井关、大安口等地突入关内，出其不意地攻克了遵化等处，目的是兵临北京城下，大肆掳掠，以此破坏明朝所实施的严密的经济封锁。在此期间，山海关总兵赵率教率领四千兵马增援遵化时，于 11 月 4 日误中埋伏，被后金将领阿济格所杀。

后金入寇，京师戒严，各地纷纷派出兵马勤王。袁崇焕亲自带领从宁锦驻军中抽调出的精兵（其中包括不少骑术甚佳的蒙古归附将士），经山海关、蓟州、通州等地回援，到达北京城外，与兵临城下的后金大军对峙。当时，除了袁崇焕之外，已经调任大同总兵的满桂及宣府总兵尤世禄也赶到了京城之外，屯营于德胜门。

20 日，北京城外的战斗开始了。后金军队这次入关带有部分枪炮手，《满文老档》记载，皇太极命令炮手向前发炮，然后再让精锐的红旗护军及部分蒙古军从西面向德胜门挺进；黄旗护军由侧翼发起钳形攻势，配合作战。尤世禄顶不住后金的军事压力而率部避战，只有满桂率部死守阵地。

袁崇焕选择广渠门作为战场，他与周文郁驻于正西面，以祖大寿率兵镇守南面，副将王承胤等列阵于西北面，故意在东面缺开一个口子以待敌。

皇太极当然不会放过袁崇焕，他命令左翼诸位贝勒（贵族的爵位称号）率所部出击，虽然在突向西北面与东南角等阵地时遭到明军的顽强阻击，但还是闯到了城壕一带，迫使王承胤等人移阵南避，另有部分兵力向西面的袁崇焕部杀过来，展开混战。一名后金将士在混乱中冲到了袁崇焕面前，挥刀直砍，但是被旁边的材官袁升高伸过刀来架开了。这时，后金集中一批弓箭手对准明军将领射个不停，利箭如暴雨般骤飞向袁崇焕与副将周文郁，致使两人的两肋密密麻麻插满了箭，如刺猬一般，幸好他们身上都披挂着厚厚的重型铠甲，并无生命危险。不久，祖大寿率南面大军赶来增援，腹背受敌的后金军不得不开始退却。明军奋勇追杀，一直追到运河边。后金军在回撤时过于慌乱，人马拥挤在一起，结果很多人踏破了结在运河表面的冰层，掉入水中淹死。

仗一直从中午打到傍晚才结束，一些明军溃兵曾经在距城稍远的树林等处发动袭击，有效地扰乱了后金的布置，为广渠门的胜利出了一分气力。

北京有惊无险地度过了这一天。正如两年前宁远城外发生的野战一样，袁崇焕仍旧背靠坚城与皇太极这位老对手较量，因为这样可以得到城上那些红夷大炮的支援。而千里奔袭的后金，亦缺乏攻城的楯车，只能用血肉之躯穿越火力网，向前突进。可是，德胜门的明军在作战过程中却被城上守军发射的炮弹误击，主将满桂与一批将士不幸受伤，战后，精疲力竭的满桂卧倒在关帝庙里养伤。

袁崇焕的胜利还与事前对军纪进行整顿有关，过去明军将士在战斗时往往分心争割敌人首级而误事，现在袁崇焕为了改变这个陋习，在未战之前先与诸将约定不许擅自割取敌人首级，因而将士们在厮杀时心无旁骛，直到获胜为止。

北京城外的战事结束后，皇太极惩罚与袁崇焕军队作战不力的军官，蘟额真康古里，甲喇章京郎球、韩岱均被削职；贝勒阿巴泰本拟削爵，皇太极从宽处理，免削其爵；游击鄂硕本拟削职，因父功，亦免削。此外，随征的一些蒙古封建主亦因表现失常而受罚。

27日，后金再次想向驻营于北京城外东南隅的袁崇焕部发动进攻，但皇太极骑马到前线巡视时，发现明军阵营比预料中的坚固，为了避免手下出现伤亡，遂放弃进攻的计划。两天后，袁崇焕秘密派出五百火器手袭扰敌营。这个虚张声势的行为让皇太极忐忑不安，随即做出移营的决定，京城之围遂解。

袁崇焕在宁远、宁锦、广渠门等战斗多次挫败后金军队，自然成了皇太极的心头大患，这个后金最高统治者精心布置了一个反间计，故意泄漏一个"袁崇焕与金国汗有密约"的假情报给被俘太监杨春知道，然后将其放走。这位太监回到京城后果然将所见所闻向明思宗做了汇报。疑心重重的明思宗本来就对京城郊外烽火连天的处境感到不满，正打算拿一两个封疆大臣开刀，现在他听信谗言，马上召袁崇焕入城，将其逮入狱中，并新账旧账一起算，在次年将之凌迟处死。

袁崇焕的被捕使关外勤王之师群龙无首，军心大乱。跟随袁崇焕入关的宁锦将领祖大寿当即带队离开北京，返回辽西。朝廷亡羊补牢，在第一时间里派出使者出关急追，虽然最终让祖大寿回心转意，可是京畿地区的勤王之师却因这场变故而实力大减。

后金军队本来一度离开京城，转而攻打良乡、固安等处，当皇太极得知少了袁崇焕这个劲敌，立即率部卷土重来，对付京城之外的满桂。而满桂也恰巧在这个骨节眼上犯了一个错误，把军队带到距离北京永定门南面二里之外驻营，致使营阵的侧后得不到城上炮兵的有效掩护。也是许满桂对京城军队乱放炮弹仍然心有余悸，才做出了这个致命的选择。

重返北京城郊的后金军队于十七日黎明成功地将满桂所部四万余人合围。在其后的进攻中，皇太极命令炮手将火炮挂在骡子身上，一边放炮，一边驱赶着它们向前，突破了明军排列着十层枪炮的阵营，将其一举歼灭。满桂在战斗中死亡，部将黑云龙与麻登云被俘。

打了大胜仗的皇太极没有乘胜展开夺取北京城的军事行为，因为他经过侦察后认为部队目前缺乏足够的攻坚能力，只好做撤兵的准备，但临走前仍指挥手下继续在京畿地区大肆掳掠，先后占领了永平、迁安、滦州等地，消灭与收降了一批明朝军队。

在此前后，为了防止后金夺取沟通关内外的咽喉要地山海关，明军令祖大寿率步骑三万入关，汇合守城的万余官军，在城的四周布下五十余门红夷大炮、二千门灭虏炮，严密监视敌军动向。

皇太极不想啃硬骨头，他没有向山海关进发，转而率领主力从董家口出关，踏上返回沈阳的归程，仅留下部分八旗军队驻守遵化、滦州、迁安、永平四城。这也是八旗军队在关内驻防之始。

虽然后金留在关内的兵力史无明载，但人数处于劣势却是板上钉钉的事，由于与集结在京畿地区的各路勤王之师近在咫尺，故危机四伏。一旦号称二十万的明军大举反攻，即使皇太极愿意从千里之外派来援兵，也将鞭长莫及。

自从袁崇焕被捕之后，朝廷便改命孙承宗镇驻山海关，统率诸军。这名老将不孚众望，于1630年（明崇祯三年，后金天聪四年）5月9日调集山东、山西、锦州等地的明军，在地方乡兵的协助之下开始了收复失地之战。

5月10日，明军首先进攻滦州。后金八旗军队的固山额真（一旗的军政长官）纳穆泰等人登城固守，还在城外掘壕，以加强防御。驻扎在遵化的后金贵族阿敏贝勒是关内八旗军队的最高指挥官，而直辖的兵力仅有五千多人，可算势单力薄，也是泥菩萨过江，自身难保，他只是派出少数人援助滦州，根本不能扭转被动的局面。

在此之前，阿敏为了避免各地驻防部队被明军各个击破，已经匆匆忙忙地离开遵化，途经迁安时又强行将城内军民迁出，挟持着向永平出发。然而，阿敏已经永远没有机会来到滦州了，因为这座城市已被战火吞噬。为了尽快入城，明军不惜出动了笨重的红夷大炮。过去，这种新式火器多用于守城及野战，参与攻城还是头一回，其主要特点是能够准确地对城上的固定目标进行猛烈的轰击，所以攻坚能力远远超过佛朗机、灭虏炮等火器。经过一番饱和攻击后，滦州城墙的多个垛口在红夷大炮的火力之下，毁坏的毁坏、崩塌的崩塌，甚至连城楼都烧成灰烬，守军完全只有挨打的分。

不想坐以待毙的后金守将无可奈何地率领残兵败将于12日夜间突围而逃往永

平。不料途中竟祸不单行，碰上了滂沱大雨，个个被淋成了落汤鸡，很多将领与部属失去了联系，士卒们到处乱窜，死于明军追兵之手的达四百余人。

当滦州守军狼狈不堪地跑来永平后，阿敏大惊失色，他在来不及请示皇太极的情况下决定放弃关内的据点而撤回辽东，所部离开永平时还对城中的百姓进行了屠戮，接着慌不择路地率军从冷口出关。其后，留守遵化的部分后金军队亦从北门而出，一溜烟向沈阳方向逃亡。

阿敏在逃回沈阳的途中碰见了一支由杜度贝勒带领的军队，这批人马本是奉皇太极之命入关换防，可现在四城已经丢失，任务当然不可能完成。两军会师后，一起返回根据地。

关内四城的丢失使皇太极悲愤异常，他为此严惩了那些败军之将，并幽禁了阿敏。

明军的红夷大炮在收复滦州之战中尽显霸气，深刻揭示这种火器在未来的战争中必将前途无量。具有讽刺意味的是，往后的岁月里，真正在攻城略地中将这种火炮发挥得淋漓尽致的并非明军，而是后金军队。

二十五 红衣大炮

红衣大炮，就是红夷大炮。后金统治者讳言"夷"字，所以将其改为"衣"字。

后金能够拥有红衣大炮，要归功于首次入关之役，当时八旗将士以及附属的蒙古诸部攻掠遵化、永平等处时，俘虏了一批明军炮手（其中可能包括部分炮匠），这些战俘跟随后金来到沈阳，皇太极给予其较为优厚的待遇，每人分有田地以及协助耕作的"帮丁"，成为专业的炮兵。而归附的炮匠也没有让皇太极失望，于1631年正月铸成了第一门红衣大炮。

后金占领辽东，本来就从明军手中缴获了一批火器，现在铸出了红衣大炮，实力又是一个飞跃。从此，明朝前线军队在火炮方面的优势大减，后金也可以更加放胆地对宁锦防线展开攻击，这是一个历史性的转折。但是女真将士不懂得操作先进的火器，所以红衣大炮在战时由汉军炮手发射。皇太极任命手下将领佟养性专门管辖炮兵部队。

后金的红衣大炮首次在战场上大显身手是在1631年7月发起的历时3个月的大凌河之战。大凌河距离锦州达40里之遥，是明军为了进一步巩固宁锦防线而修建的城堡，驻扎了军民三万余人（其中官兵人数过万），以祖大寿、何可纲等人为将。

皇太极为了拔掉这个据点，在7月底动员八旗军并会合归附的蒙古部队，共约八万人，兵分两路西进，于8月6日抵达大凌河。他有鉴于后金军队过去在宁远、宁锦两次强行攻坚的失利，决定改变打法，采取长期围困的方式，指挥军队在大凌河城外3里的地方环城挖掘了周长30里的壕沟。壕沟深一丈、广一丈，壕外加筑了高约一丈的土墙，墙上有垛口。同时，还在距离土墙五丈之外掘了广五尺、深七尺五寸的壕沟，上面盖着黍秸，再掩上一层泥土。另外，后金军营外围也掘了广、深五尺的深壕，起到双保险的作用。

在加紧布置围城的同时，后金动用四十门红衣大炮以及将军炮对大凌河周围的一些附属墩台进行轰击，相继攻克了城东及西南面的墩台。

大凌河守军突围无望，与后方的联系亦被切断，他们在固守待援的同时不断派遣小股部队出城骚扰敌人。驻扎在锦州、松山等地的明军也曾经多次派出小股人马袭击后金军队，企图打乱对方的围城布置，其中比较大的一次行动是发生在同年 9 月中旬，当时，辽东巡抚丘禾嘉与总兵吴襄、宋伟率七千兵前来救援，可在半途遭到后金阻击部队的拦截，不得不一直溃退回锦州城下。幸而驻军及时在城外排列战车、盾牌以及枪炮予以接应，才不至于受到更大的损失。敌对双方在城外经过一番激烈的角逐后，各自撤回。

明朝大规模援助大凌河是在 9 月下旬的时候，领军的是监军道太仆寺卿张春，总兵吴襄、宋伟等人。他们于 24 日率领四万余步骑兵从锦州出发，向大凌河方向而进，摆出了一副不惧怕和敌人野战的姿势。必须指出的是，虽然辽东明军曾经在宁远城外以及北京广渠门与皇太极进行过野战，而且没有落败，但均是采取背靠城墙的方式才能支撑到底。至于收复关内四城之役，只能算以绝对优势兵力取胜的特例，不能证明明军的野战能力已获得突破性的提高，现在，这支军队敢于远离锦州城墙的庇护，能否确保在野外一举粉碎皇太极的攻势？恐怕谁也不能打保票，可假如他们见死不救，肯定会被朝廷追究，因而只有横下一条心，硬着头皮上路。

这支援军渡过小凌河之后，接着掘壕立营，排列战车，摆放盾牌、枪炮，与扼守长山的敌军对峙。前来迎战的皇太极见明军壁垒森严，不想强攻，便故意引军后退，目的是诱使明军拔营前进，然后再在运动中加以歼灭。

张春等人果然中计，于 27 日 4 更督促部队出发，渡过大凌河后来到了距城 15 里外的长山口。皇太极见时机已到，率两万人迎战。

明军立即采取防御措施，四面布置大小枪炮应战，将士们一齐开火，弹丸如雹，声震天地。同时，军中的弓箭手也没有闲着，射出了雨点般的箭。

雷厉风行的皇太极不等战车部队来到战场，便下令精锐骑兵向前猛冲，一下子闯进了对手的阵营，接着，后继部队从突破口一拥而入。吴襄等明将见势不妙，带头逃跑，大量明军士卒随即四散而逃。但是有部分残存明军仍留守原地，并集结在一起重新列阵，试图顽抗到底。

尽管很多八旗军忙于追击溃兵已经远离战场，皇太极还是想办法召集了所能掌握的有限兵力，牵制与打击明军残部，其中佟养性辖下的后金汉军特别卖力，不断地向对手阵营东面发射大炮与火箭，可惜由于逆风射击，因而杀伤力大减。

明军乘机顺风纵火，希望能摆脱被动的局势，不料稍后却出现了戏剧性的一幕，风向突然改变，反过来烧伤了不少自己人。当后金军队的楯车赶到战场时，皇太极果断发起总攻，命令车兵掩护步骑向前推进，并不断用弓箭压制对方的火器。

明军的大炮或许射击时间过长而发热，或许是弹药不继导致威力大减，总之，明军对不断迫近的楯车束手无策。随着两军距离的不断缩短，后金骑兵伺机一跃而出，以迅雷不及掩耳之势驱逐了明军的火器手，然后在步兵等兵种的配合下摧毁了明军阵营。

明军的这次驰援行动彻底失败了，战死者无数，吴襄、宋伟等人乘乱逃脱，而以张春为首的二十三名将领则成为俘虏。后来，张春不屈被杀。

《满文老档》记载后金战果丰硕，夺得三门红夷炮、七门大型将军炮、六百门小型将军炮、一万门无名炮。皇太极打算将刚刚缴获的火器用来攻城，由于前线的炮手不够用，他为此紧急下令从沈阳、抚顺等地征调合适的人选，以免贻误战机。

到了 10 月份，后金已经布置妥当，便于 12 日出动炮兵攻打大凌河城外一个叫"子章台"的堡台，后金军凭着六门红衣大炮与五十四门将军炮连续轰击三天，打坏多处城垛，打死五十七人，逼使明参将王景率所部数百人投降。此战起到了杀一儆百的作用，在大凌河周围百余个堡台的守军见大势已去，纷纷投降。《清太宗实录》评论此次军事行动道："至红衣大炮，我国创造后，携载攻城自此始。若非用红衣大炮攻击，则于'子章台'必不易克；此台不克，则其余各台不逃不降，必且固守，则粮无由得，即欲运自沈阳，又路远不易致。今因攻克'子章台'，而周围百余台闻之，或逃或降，得以资我粮糗，士马饱腾。以是久围大凌河，克以厥功者，皆因上创造红衣大炮故也。"

大凌河城被围历时 3 月，已经严重缺粮，有大批士卒饿死，甚至发生了人吃人的悲剧。守将祖大寿眼见难以解围，无奈之下只好带领残存的万余军民投降，何可纲因拒绝投降而被处死。

祖大寿投降后是"身在曹营心在汉"，时刻想逃跑。他向皇太极献计，自称愿意潜回锦州做内应，再伺机除掉城中官员，让后金不战而得锦州。皇太极见有利可图，便信以为真，释放了祖大寿。但祖大寿回到明朝后立即变卦，重新负起守御锦州的职责，继续与后金为敌。

皇太极虽然上当受骗，但是拿下了大凌河城也可聊以自慰。他下令把这座城的城墙拆毁，然后于 11 月上旬撤军。

大凌河一役无可辩驳地证明了后金已经具备使用红衣大炮的能力，打破了明

▲ 孙元化之像

军长期垄断这项先进军事技术的局面。皇太极尝到甜头后，更加重视火器的发展，不断扩建炮兵，最终于 1633 年（明崇祯六年，后金天聪七年）建立了一支由一千多户汉军组成的炮队，以石廷柱接替病故的佟养性为"昂邦章京"（汉语为"统领"的意思）。这些训练有素的后金枪炮手，其战斗力足以傲视明军火器部队。皇太极没有故步自封，继续积极招降纳叛，用各种办法从明朝挖走火器人才，终于使后金的火器技术有后来居上之势，出现了超越明朝的迹象，这个历史性的转变与明将孔有德以及耿仲明的归附有莫大关系。

孔有德与耿仲明原是毛文龙的部下，毛文龙死后转投登州巡抚孙元化，他们的部队装备有一些产自欧洲的优质火炮，还有很多由葡萄牙人直接训练出的工匠与炮手，在那个时代绝对是一支出类拔萃的高科技部队。关于这支部队的来龙去脉，要从徐光启从澳门购买火炮及聘请炮师训练炮手的时候说起。自从红夷大炮在天启年间的宁远之战一举成名后，满朝文武都对这种火器刮目相看，经过徐光启的大力倡议与推动，朝廷于 1629 年再次派人前往澳门购买红夷大炮，并聘请了二三十名外籍炮师、工匠以及翻译等人员。这些人当中，以一位名叫"公沙的西劳"的统领以及一位名叫 "陆若汉"的传教士为首，但真正的葡萄牙人只有七名，其余的都是生活在澳门的非洲黑人、南亚的印度人与一些混血儿。这些人随身携带的火器有三门大铜铳、七门大铁铳、三十支鹰嘴铳（属于火绳枪），他们来到北京训练出了二百多名炮手。不久，徐光启又奏请朝廷，建议从澳门购买更多的火炮以及聘请更多的炮师助战，可这个计划由于种种原因未能完全实现，而葡萄牙人公沙的西劳与陆若汉等外籍炮手与工匠后来离开北京，转往山东登莱协助在当地出任巡抚的孙元化铸炮练兵。孙元化作为徐光启的学生，对西洋火炮非常重视，在他煞费苦心的多方策划之下，依靠陆续到来的二三十名外籍炮师的悉心教导，终于训练出了一营能够熟练掌握铸炮、用炮技术的军队，这支军队还装备着一些购自澳门的优质火炮，其将领就是孔有德与耿仲明。

当大凌河之战在关外爆发之时，孙元化奉兵部之命调孔有德统率三千人前去救援，不料这支部队行到吴桥（今河北吴桥）时因缺粮而哗变，回师山东连破数城，并于同年的 12 月进攻登州，与城内的耿仲明里应外合，一举夺取了州城。孙元化被俘，而葡萄牙人公沙的西劳等十余名外籍炮手被乱军用箭射死，唯有陆若汉带着十多人侥幸突围而出，逃往北京。不久，这些为明朝效力了两三年的外籍炮师亦全部返回澳门，不再训练明军。

登州失陷后，虽然落入叛手之手的孙元化很快就被念旧的孔有德释放，但他还是在从山东前往北京的途中被朝廷派人处死。而登州叛军自知打不过陆续前来的平叛部队，便于 1632 年 11 月夺船出海，冲破明军水师的阻拦驶向辽东半岛，归附了皇太极。就这样，明朝辛苦多年训练成功的一支掌握先进技术的队伍竟然落入敌人手里，真是"为他人作嫁衣裳"。其后，孔有德、耿仲明率部配合八旗军攻取了旅顺，打死守将黄龙。过了一段时间，驻守广鹿岛的原毛文龙部将尚可喜也投降了后金。

皇太极封孔有德、耿仲明与尚可喜为"三顺王"，指挥他们与八旗军队一起再次进攻与明朝藕断丝连的朝鲜，用武力逼使朝

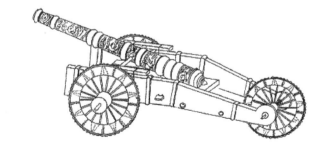

▲ 红衣炮，采自《大清会典》之《武备》

鲜称臣朝贡，两国关系由原先的"兄弟之盟"改为宗主与附庸；接着，又夺取了明朝在辽东沿海的大本营皮岛，致使明朝在辽东沿海的防线全部瓦解。

后金在接纳"三顺王"部队以及攻打皮岛的过程中获得了五十多门红衣炮，尤为重要的是，收编了一批由葡籍炮师训练出来的铸炮工匠与炮手，使其掌握的火器技术获得了进一步的提高。复合金属技术也在铸炮中得到应用，并造出由双重金属（"铁心铜体"）复合而成的红衣大炮，后来又拥有由熟铁与生铁混合涛制的三重金属复合炮[1]。总之，八旗军中红衣大炮的质量愈加上乘，数量也日益增多，因而势必在战场上取得越来越大的战绩。

---

[1] 工序比双重金属复合炮要复杂一些，目的同样是为了增加耐膛压的能力。

二十六 后来居上

　　红衣大炮成了后金主动发起的松锦大战中不可或缺的火器，这是明清战争史上继萨尔浒大战之后又一次关键性的决战。

　　此战之前，后金已经对活动在宣大边外地区的蒙古人进行了犁庭扫穴式的打击，皇太极于1632年四月初从沈阳出发，联合附属的蒙古诸部，召集了大约十万大军对林丹汗所在的归化（今呼和浩特）发动了千里奔袭。这时，林丹汗虽然与明朝在政治与经济上都基本恢复了正常关系，但明朝在大规模农民起义的冲击下统治摇摇欲坠，难以兼顾塞外局势，而林丹汗结交的西藏朵甘、外喀尔喀等封建盟友也是远水难救近火。

　　由于林丹汗在右翼的高压统治已经丧失人心，故无力抵抗后金即将到来的如猛虎扑食般的攻势，为了保存实力，以待他日东山再起，林丹汗只好暂时放弃眼前利益，离开能够与明朝进行贸易往来的宣大边外地区，向西急退，企图联系一些从漠北移牧到青海的外喀尔喀部落，控制嘉峪关一带，再在延绥、宁夏、甘肃地区与明朝重新通贡互市。

　　这位鞑靼大汗往西逃奔时，把归化城里能带走的东西都带走了，很多牧民不堪其暴虐，抗命不跟从其撤退。

　　皇太极随后接管了归化这座空城，控制了宣大边外地区，共俘获人畜十万有余，当这支如狼似虎的部队离开时，昔日繁荣的归化只剩下一片废墟。

　　从此，宣府、大同一带通往漠南的贸易通道就逐渐被后金所控制。后金统治者经过深思熟虑之后实行了变通措施，把在漠南缴获的顺义王之印交付给归降的顺义王后裔鄂木布，令其重返故地，以右翼首领的名义和明朝官员洽谈互市贸易事宜。宣大地区的一些明朝官员深知后金的厉害，为了避免因互市停顿而遭到后金的报复，对皇太极间接通过鄂木布与关内进行贸易一事予以默认。这样一来，明朝对后金实施的经济封锁政策就不像过去那样有效了。

　　再说林丹汗在西渡黄河后，竟然遇上了糟糕的天气，被连续两个月的大雨淋得狼狈万分，随行人员在颠沛流离中失散与死亡了不少，连马匹也死了2/3，显得穷困潦倒。残部企求与延绥、宁夏、甘肃地区的明朝官员恢复经济联系，想不到被无情拒绝。鞑靼人迫不得已，只好铤而走险，伺机入塞掳掠，但因遭到明军的反击而收获不大。

无计可施的林丹汗于 1634 年（明崇祯七年，后金天聪八年）在打草滩（甘肃天祝自治县一带）郁郁而死。鞑靼左翼残部耗尽粮食后不知何去何从，便化整为零劫掠不已，最终溃散，分布于漠南各地，成为外喀尔喀、明朝、后金的招抚对象。

后金高度关注林丹汗遗部的动向，皇太极亲自致书招抚这些人，声称凡归附者都可以官复原职，接着，又积极派遣军队在林丹汗遗部出没之地反复搜索，招降纳叛。他软硬兼施的招抚政策起了良好的效果，包括林丹汗的多位福晋（后妃）及儿子在内的大部分部属络绎不绝地前来归附。

经过努尔哈赤、皇太极等人的不懈努力，后金终于收服了鞑靼左右翼的大部分人马，并控制其漠南牧地，从而几乎对明朝的整个长城沿线地区造成威胁，为将来的逐鹿中原奠定了良好的基础。

皇太极统一了漠南蒙古后，接着在国内进行了一系列的改革，他更改了族名，将诸申（女真）改为满洲。接着在 1636 年（明崇祯九年，清崇德元年）正式称"帝"，改国号为"大清"，改元"崇德"，充分显露出与明朝一争天下的决心。

皇太极为了突破阻止其入关的最大障碍——宁锦防线，悍然决策夺取锦州，但为了避免强攻坚城导致无谓的伤亡，因而又一次采用了长期围困的战法。

1640 年（明崇祯十三年，清崇德五年），清军在距离锦州东北面 90 里的义州一带屯田，打算以战养战。同时，皇太极下令赶造了六十门红衣大炮，并招募工匠制造军械以及从蒙古诸部购买马匹，把大量的战备物资源源不断地运到前线囤积，甚至计划从朝鲜征调人员物资，为下一步的军事行为预先做好铺垫。敌对双方开始在前线发生冲突，到了 5 月 22 日，皇太极亲自指挥军队西进，包围了锦州。八旗汉军用红衣大炮轰击了锦州城外的一些哨所，另一些将士则乘机抢先收割了明军种在城外的庄稼。可皇太极不急于攻城，在巡视完锦州地形后返回了沈阳，留下堂兄弟济尔哈朗在前线主持大局。

锦州守将是皇太极的老熟人祖大寿，这个对明朝还抱有希望的将领吸取了大凌河失败的教训，不断派小股部队主动出击，尽量不让清军掘壕围城。

明朝新任总督洪承畴曾经在关内镇压农民起义军，立下过显赫的战功，有一定的作战经验，跟随他执行任务的旧部也久经沙场，如今在辽东驻军的配合下并不惧怕与对手一较高低。洪承畴密切注意清军的动向,并在开平、古冶等地设立机构制造枪炮、铅弹与火药等兵器;还抓紧时间修建城池、台堡等据点,完善防御工事。朝廷也尽量予以物质上的支持,例如工部就给前线军队发了五十门灭虏炮以及一批弓箭,以示支持。尤其重要的是明军统帅部吸取了大凌河之战时缺粮的教训,想方设法往前线运粮,到这一年的9月上旬为止,锦州的粮食已足够7个月之用,而附近的松山、杏山与塔山的粮食也比较充裕,似乎已具备和清朝拼消耗的资本。

锦州内外,明军与清军不停地进行着大大小小的战斗,战事断断续续地延续到1640年年底。到了次年年初,清军一直未能彻底切断锦州与外界的联系,八旗将士在城外以3个月为一期,轮流换防,坚持围困。值得一提的是,在皇太极派弟弟多尔衮与长子豪格来到前线接替堂兄弟济尔哈朗指挥作战期间,军纪逐渐松懈,围城的军事行动变得徒有虚名,明军竟然可以自由出入锦州。在这段时间里,还有大量粮食从杏山运送入了锦州,其中规模较大的一次运粮行动是发生在正月初七,有三千四百辆大车将一万五千余石粮草安全送进了城里。

清军围困锦州的效果不显著,身在沈阳的皇太极对此非常不满意,他派人到前线调查清楚事实之后,斥责并处分了玩弄职守的多尔衮等人,同时于3月间把济尔哈朗重新调回前线,立即着手整顿战备,加紧围城。

济尔哈朗到达锦州,马上督促部队逼近城池,将之严密地围了起来。锦州城为方形,共有四面,清军在城外的每一面均立两营,并绕营深挖壕沟,再沿着壕沟筑起垛口,营与营之间还掘起了长壕,壕里设有木栅,而壕的四周满布哨探,一有风吹草动立即发出警报。同时,城外的乳峰山等处也设置了军营,力图切断城中守军与外界的一切联系。

锦州分为内城与外城,在外城协防的一批蒙古降明士卒看到清军来势汹汹,自知不敌,便考虑叛变,他们秘密与清军串通,于3月24日黄昏夺取了外城,迫使明军退入内城防守。

锦州孤城里的明军需要得到有力支援才能解困。明思宗急令后方的洪承畴挥师向前线挺进,以解燃眉之急。从1641年(明崇祯十四年,清崇德六年)4月上旬开始,明朝援军在锦州外围的松山、杏山等地与清军多次交锋,其中打得比较激烈的一仗是25日发生的战斗,当时大约有三万清军步骑兵埋伏在通往锦州的要地——乳峰山,东、西石门与松山一带,阻击六万明军。

济尔哈朗面对人多势众的明军，并不打算把部队布置在平坦的官道上进行阻击，而是将之拉上乳峰山，在山顶立起营寨，计划把洪承畴拖入一场山地战。八旗将士以山上的树木、石块做掩护，用弓箭进行步射，或者倚靠营寨的工事设防，清军这些传统的强项从清太祖努尔哈赤称霸的时代起便屡试不爽，如今在锦州、松山一带丘陵起伏的山坡中正好故技重施。

两军果然围绕着这座山展开了较量，并波及附近地区。激烈的战斗自然少不了火器的参与，然而明军的战车在山地战中派不上用场，而装备的大量铳炮也不能彻底压制对方的弓箭，显得一筹莫展。清军同样出动了火器，用牛车拉动三十门红衣大炮，发弹数百发（每发重七八斤）。战事一直到傍晚才停止，双方不分胜负，各自回营。次日，松山一带的黄土山、长岭台再次狼烟四起，可明军仍旧突不破清军设置在山区的防线，无功而返。之后，洪承畴以粮饷不继为借口，把部分兵力撤回宁远休整，而前线战事也呈胶着状态。

六月初四，多尔衮与豪格再次率部从沈阳来到锦州前线，接替伤亡不小的济尔哈朗所部，仍然打不破僵局。

期间，祖大寿派遣一名士卒穿过封锁线跑回后方，向朝廷汇报城内情况，指出锦州城内的粮食足够支持半年，只是缺乏薪柴而已，因而建议来援的明军切勿轻易决战，只宜在车营的掩护下稳打稳扎，慢慢进军，以确保万无一失。但是兵部尚书陈新甲认为松锦前线的战事迟迟未能解决，已经耗费了数十万军饷，不宜再拖，他基于种种考虑，并在明思宗的支持下再三敦促洪承畴前进，速战速决。的确，那时明朝面临内忧外患，已被自然灾害与农民起义搞得精疲力竭，又要防范清军绕道入塞，因而财政捉襟见肘，在关外再也打不起消耗战了。

身处前线的洪承畴在朝廷君臣施加的压力之下不敢再拖延，于 7 月 26 日誓师，亲自带着六万大军向锦州外围的松山开进，其余各镇援军先后出发。实际参战的部队共约十三万人，而随征的战车达到两千辆以上，火炮也有两千余门。

明军来到与锦州近在咫尺的松山后，一方面让步兵环城驻扎，掘壕以及设立木栅，并立营七座压阵。骑兵则布置于松山的东、西、北三面，待机而动。

这时清军已经提前登上战略枢纽地带乳峰山。坐镇松山的洪承畴赶紧指挥明军抢占山岭西侧，与山岭东侧的清军对峙。

为了打通松山与锦州的联系，将士们从 8 月 2 日起与阻击的清军在乳峰山反复展开山地战，力图撕破清军的防线。距乳峰山六七里之遥的锦州守军也从城中杀出，前后夹击清军。主帅多尔衮面临着严峻的考验，竭尽全力抵抗，不让松山与锦州的明军会师，他多年以后回忆起这一次惊心动魄的战斗时称："洪军（洪承畴所部）于南山向北放炮，祖大寿从城头向南放炮，我军存身无地，神器实为凶险。"①

遗憾的是，明军没有击溃乳峰山上的清军，仅斩获一百多首级。锦州守军接连闯过围城清军的两道防线，也未能突破第三道防线，不得不撤回城中。接下来的数日里，两军多次在乳峰山较量，但一直未能分出胜负。10日之后清军不再出战，只是固守待援。

▲ 多尔衮之像

身在沈阳的皇太极不断接到前线要求增援的消息，竟然急得患上"鼻衄"（症状是鼻子流血不止，可能是高血压的一种并发症），他不惜带病亲征，全面动员国内壮丁助战，于8月14日出发，不分昼夜地驰骋数天，于19日到达前线与多尔衮会师。这一次，清军在人数上超过了明军，据说参战人数达到了二十四万之众（《明季北略》卷十八），这个有所夸大的数字似乎揭示了清军已经倾巢而出，孤注一掷。

皇太极充分利用出敌不意的优势，派遣大批部队绕到松山后方的王宝山、寨儿山、灰窑山等处扎营，形成了对松山明朝援军的包围，同时组织人员在松山背侧的大道上掘了三道壕沟，其中有的壕沟约丈余宽，深达八尺，这些壕沟从陆地一直通向海口，周围有兵丁把守。

清军动用大量人力物力切断了松山与后方联系的同时，也等于堵截了杏山通

①《摄政亲王起居注》顺治二年闰六月初七条。

往松山的饷道，使洪承畴所部得不到一粮一饷的支援。皇太极为了方便就近指挥作战，还将御营向前移到离松山三四里远的地方，不过这个距离正巧在明军红夷大炮的有效射程之外。

松山明军连续于 20 日、21 日出战，企图突破包围圈，但大部分人受挫而还，仅有数千骑兵突出重围逃回杏山。这时，包围圈中的明军仅剩两三天的余粮，败局已定，部队士气低落，将领们各怀去志。总兵王朴于 21 日夜间率部先跑，诸将跟随其后溃逃，兵败如山倒，局势一发不可收拾。明军在逃亡的过程中互相践踏，乱成一团，他们遭到严阵以待的清军的四处追击，很多人慌不择路，逃到海边被涌涨的潮水淹死。最具戏剧性的是一部分突围的明军左冲右突，竟然钻入了清军的阵营里，甚至有的士卒在勇将曹变蛟的带领下闯入了皇太极的御营中，但被清廷侍卫击退，曹变蛟亦因此负伤而退回松山。

明军在数天的大逃亡中损失了五万余人，除了王朴、吴三桂等部分人马侥幸经杏山、高桥等地逃回宁远之外，白广恩这员将领则另辟蹊径，经锦昌等处穿过辽河河套，经小红罗山回到了后方。

留守松山危城的洪承畴只剩下二万兵力。稳操胜券的清军采取了围而不打的老战术，只是经常缘着城池四周掘壕。壕沟里立有木桩，木桩上有绳，绳上有铃，而铃的旁边还有狗，目的是彻底断绝守军的突围之路。一直到第二年的 2 月 18 日，松山城里的副将夏成德终于知道不可能会有援军到来，因而在绝望的情况下选择了投降，他伺机打开城门，放清军入城。就这样，以洪承畴为首的一批将领沦为了俘虏，城里的大批军械也落入了清军之手，其中红夷炮与鸟铳的总数达到二千三百七十三。

松山的陷落令锦州的守军信心失尽，主将祖大寿在坚守了一年后终于心灰意冷，于三月初八率残部七千多人投降，皇太极对这位曾经背叛过自己的将领既往不咎，以较好的态度对他予以安置。

清军拿下松山与锦州之后，接着于四月初八用红衣大炮轰破塔山城墙，全歼城内七千守军。21 日，清军再用红衣大炮轰塌杏山城墙，六千守军被迫弃械投降，以保性命。

历时两年的松锦决战以明军的失败而结束。自此，宁远以北的城堡、据点皆尽失陷，驻扎于锦州的清军已经拥有近百门红衣大炮，而逃回宁远的吴三桂仅仅剩下十门红夷炮。这表明关外的清军兵力、火力都已令辽西走廊的明军望尘莫及。

明清在松锦地区作战的结果显示随着火炮威力的加大，战术也要不断更新，过去的火炮在攻城时一般使用的主要手段有两种，第一，轰击城门，以便长驱直入；第二，轰击城墙上面那一排用来掩护士兵的凹凸状矮墙——垛口，目的是让城上的士兵失去遮蔽，从而增加伤亡。现在，红衣大炮有了专门用于攻城的型号，这种巨无霸再配上专用的攻城炮弹（例如凿弹），就具备直接轰塌坚固的城墙的能力。皇太极曾经在战时发出过战术指示，他认为炮兵开炮时不应该像过去那样对准城墙上端的女墙，而是要对准城墙的中间位置进行猛烈轰击，待其完全颓坏，再令士兵登城。

松锦大战之后，清军的大炮无论是从数量还是质量上均后来居上超越了明军，这样一来，明军在辽西防线剩余的军事据点面临着巨大的潜在威胁，处于风雨飘摇的状态中，而内外交困的明王朝离末日也不远了。

第六章 改朝换代

二十七 逐鹿中原

明朝末年，由于边境连年用兵，国家财政濒临破产的边缘，因此不得不加派赋税，从而加重了普罗大众的负担。在经济危机以及战乱的影响下，白银的进口量大减，而国内的银产量不多，远远满足不了市场的需求，当时的官僚政府还制定了不收实物，只收银子的新规定，这就使得农民不得不贱价卖出粮食以筹集白银交纳赋税。种种弊政令贫困人口日益增多。恰巧在此期间自然灾害频仍，赤地千里，更多的老百姓被迫离乡别井，走上逃荒之路。特别是西北地区，天灾人祸格外严重，流民们相继落草为寇，一些人与从边境退回内地的逃兵互相纠集，活跃异常，终于酿成了危及明朝统治的农民大起义。

1627年2月开始到1630年之间，形形色色的起义队伍逐渐遍布陕北各地，其后，暴动的浪潮又波及山西、中原等地，终于形成燎原之势。名目繁多的起义队伍从各树一帜、各自为战发展至互相配合、协调作战，致使各地官员频繁告急。明政府不得不调集重兵围追堵截，进行严厉的镇压，先后杀死王嘉允、王自用、高迎祥等一批起义领袖，重创了农民军，招抚了一批参加起义的农民，但未能彻底平乱。

西北农民起义军虽然屡遭挫折，一度转入低潮，然而那些坚持斗争的各路队伍逐渐走向了统一，形成了以李自成及张献忠为首的两股主要势力。

李自成转战陕西、四川等地时，在1638年（明崇祯十一年，清崇德三年）遭到明军的大举围攻，连连失利，力量受到严重的削弱，只能率少数残余部属潜伏于陕西、湖广、四川交界处的崇山峻岭之中，静待机会东山再起。等到明军把注意力转移到活跃于湖广、四川的张献忠时，他把握时机于1640年六七月间取道湖北房县经陕西平利、商丘等处，率千余人乘虚进入河南，很快恢复了元气。恰巧此时，河南又出现了新的灾荒，许多农民颗粒无收，甚至发生了人相食的悲剧。重新出山的李自成针对性地提出了"均田免粮"的口号，有意维护下层贫困农民的利益，结果招徕了大批饥民的归附，竟然众至数十万，势力获得了空前的大发展，并于1641年正月攻克了洛阳城，处死了福王朱常洵，产生了很大的政治影响。然

▲ 明代流民，采自《流民图》

而，李自成从 2 月上旬起，至 9 月中旬止，前后三次进攻开封均未能得手，后来因为黄河决堤，洪水泛滥，不得不抱憾而去。不过，他在此期间纵横驰骋于项城、襄城、朱仙镇、郏县等地，连连告捷，歼灭了大量明军，因而声势仍有增无减，继续活跃在河南、湖广等地，并于 1643 年（明崇祯十六年，清崇德八年）在襄阳自称"奉天倡义大元帅"，正式建立起中央政权。

明朝被连年的内外战争搞得精疲力竭，损兵折将，沦落到在中原基本无兵可调的地步，在残存的部队之中最有战斗力的主要是三个军事集团：其一是驻扎在关宁（山海关、宁远）防线的辽东集团，然而该集团承担着抗击清军的重任，难以抽身入关；其二是人多势众，长期参与围剿起义军的左良玉集团，但是该集团昔日在朱仙镇等地受过李自成的打击，实力已大不如前；其三是陕西集团，这支由陕西三边总督孙传庭统率的军队虽然过去在河南郏县作战时受过挫，可是返回陕西后经过重新招兵买马，实力又有所恢复，成为击败起义军的唯一希望。可惜，明思宗的希望很快破灭了，兵发陕西的孙传庭奉命于 1643 年八九月间深入河南与李自成决战时，因供应线被对手出奇兵切断而在南阳

▲ 镇压起义的明军（注意：图右上方绘有火炮），采自《剿匪图记》

一带大败，战死四万余人，从此一蹶不振。

李自成乘胜挥师席卷陕西，于1644年（明崇祯十七年，清顺治元年）正月在西安成立"大顺"政权，改元"永昌"。其后率部挺进山西，相继攻克太原、大同、宣府等重镇。这支起义队伍经过长期战争的锻炼，已经成为一支能征善战的雄师，并拥有一批火器。例如《豫变纪略》记载，1642年（明崇祯十五年，清崇德七年）的开封之战中，义军通过地道在城墙底下凿开大洞，放置数石火药，用引信点燃，烧毁了部分城墙；在次年2月的襄城之战时，又动用火炮强攻，城墙在"炮石丛发"之下"雉堞尽毁"，为顺利破城创造了良好的条件。李自成也注意招揽火器人才，例如曾经跟徐光启学过兵法的韩霖，此人精通西洋火器，编撰的军事著作有《守圉全书》《慎守要录》《神器铳谱》《炮台图说》等。韩霖在山西归附起义军，立即便获得重用，成为李自成倚重的参谋。

取道山西的起义主力以不可阻挡之势经居庸关、昌平，抵达北京。驻于城外的京师三大营早已经腐朽，在强敌面前竟然放弃抵抗而于3月17日投降。《明季北略》记载起义军因而得到了大量的战车、火炮、蒺藜等武器，随即将缴获的京营火炮用来攻城。隆隆的炮声震荡着大地，都城之内人心惶惶，根本组织不了有效的抵御措施，整座城市在没有经过激烈战斗的情况下便于短短的一两天里失守。明朝的最后一位皇帝——明思宗在万念俱灰的情况下，携同心腹太监王承恩逃出皇城登上煤山（今景山）自缢身亡。至此，长达二百七十六年的明朝灭亡。

当李自成在北方艰苦奋斗时，张献忠也没有闲着，他的战斗历程同样跌宕起伏、扣人心弘。不过在整个农民起义处于低潮的时候，他曾经于1638年接受过朝廷的招安，但很快便在次年重新造反，进军至湖广、四川、安徽一带继续坚持斗争。其后，在河南叱咤风云的李自成吸引了明军的主要注意力，张献忠乘机南下连克汉阳、武昌等地，正式建立政权，国号"大西"，自称为"大西王"。接着，其势力又

▲ 明思宗殉国处

从湖广进一步发展到江西。但是，张献忠对在中原纵横驰骋的李自成部有所顾忌，同时为了避开驻扎在安徽的明军左良玉部，遂决策向四川进军，他率领全部人马离开湖广、江西，顺利攻入四川，控制了该省的大部分地区，占领重庆、成都等地，于 1644 年 11 月称帝，建立了大西政权。

李自成与张献忠所部是推翻明朝的主力，就在明政府摇摇欲坠的时候，清军也频频出动，给关外的明军施加了强大的军事压力，又接连绕过关宁防线，进入长城之内趁火打劫，袭扰的范围包括京畿、山西、山东等地，还一度攻陷了济南，杀伤了包括明宣大总督卢象升在内的一大批文臣武将。值得一提的是，深入内地清兵的曾经于 1638 年 11 月攻克高阳，俘虏了曾经督师关外的孙承宗。孙承宗当时已经卸任回乡，正居住于城中，他不顾七十六岁的高龄，率领家人拒守时不幸落入敌手，最后拒绝投降而投缳自缢、殉国尽忠。

清军多次入关，掳走了大批人畜财物，极大地削弱了明朝的实力，无疑加速了这个政权的败亡。

明朝灭亡之际，中国共有四个互相敌对的政权，分别是李自成的大顺政权、张献忠的大西政权、关外的清朝以及由明朝遗民在南京建立的奉朱明后裔为帝的弘光小朝廷，史称"南明"。这意味着新一轮的角逐即将展开。

大顺政权与清朝由于地理上比较接近的原因必将首先发生碰撞。那时没有后顾之忧的清朝，其势力范围东起辽东、西至漠南蒙古，已经对大顺政权所控制的京师、山西以及陕西等省份形成了战略包围的有利态势。在这种微妙的状态下，李自成没有及时调整政策，搞好与官绅地主势力的关系，以组成统一战线抵御关外的清军，相反，他为了筹集军饷，继续执行追赃助饷的策略，扣押了大批前明官僚，索取饷银，严重侵犯官绅地主势力的根本利益，将这个阶层推向了对立面。恰巧此时，发生了一件对大顺政权不利的事，那就是吴三桂之叛。

吴三桂参加过 1641 年的松锦之战，战败后逃回了后方，成了幸存的主要将领。而明朝也由此被迫收缩防线，退守山海关与宁远这两个主要据点。到了北京陷落前夕，在关外掌握重兵的吴三桂奉命率所部四万余人弃守宁远，当他带着随行的大批百姓撤入关内时，明朝的灭亡已经无可挽救，大顺军抢先拿下了北京。

此后，吴三桂接连收到留在北京已成为人质的父亲吴襄等人的劝降书，一度决意归降李自成，但在前往北京的途中得知父亲遭到大顺将领刘宗敏的严刑拷问，被勒令交出粮饷，甚至爱妾陈圆圆也被夺走时，不禁"冲冠一怒"，当即回师占据山海关，不久后投靠了清朝。那时皇太极已经病死，继位的是6岁的小儿子顺治帝，实权则掌握在睿亲王多尔衮手中。当时，多尔衮率大约十三四万部队正准备乘明朝灭亡的机会入关捞一把，他在半途接到吴三桂的求助之信后，火速率部前往山海关。

1644年4月21日至22日，李自成率十万大军与吴三桂所部在山海关进行会战，正在难解难分的时候，清军突然出现在战场上，从此胜利的天平不再倾向于李自成。清朝凭着与关内农耕民族作战的丰富经验，出其不意地击败了从来没有与关外民族较量过的大顺军，赢得了关键的一战。

▲ 山海关（老照片）

李自成从山海关败退后，于29日放弃北京。而清军在山海关经过短暂的休整，随即疾进，于五月初二进入北京这座空城。多尔衮采取了一系列笼络人心的政策，取得了在京官绅地主的支持，站稳了脚跟。其后，清军相继在保定、庆都、定州等处展开追击，在红衣大炮的助攻下于真定等地战胜大顺军的殿后部队，又在怀庆潞安府一带出动红衣大炮平息了当地的一些反清力量，初步巩固了关内的地盘。然而，清军没有及时跟随大顺军的主力进入山西，而是暂时按兵不动。

局势瞬息万变，自从大顺军在山海关失败之后，其控制的河北、河南、山东等处的大部分地区，因官绅地主发动此起彼伏的叛乱以致沦落敌手，实力再度受到大幅度削弱。

李自成所部退守的山西，其战略位置非常不利，因为清朝已经从东面的京师到西面、北面的漠南蒙古对这个省份形成了战略包围。明军凭着宁锦防线才能与后金（清朝）在辽东对峙一二十年，但大顺军缺乏固守城池的经验，而且统治区内部不稳，叛乱不断发生，所以不可能像明军那样环绕山西建设一条坚固的防线与清朝长期对峙。基于上述原因，这支队伍唯有在野战中击败清军，才能获得生存发展的机会。

然而，大顺军要想在野战中击败清军，需要争取时间整训、练兵，这需要一个比较稳定的环境，而山西似乎不是一个理想的地方，或许是基于上述原因，李自成除了留下部分兵力在这个省份阻击清军之外，率领主力于 6 月初渡过黄河回到了陕西。

不久，清军攻入山西，于 9 月间包围太原，最初在守军的顽抗下进展不大，直到 10 月 3 日从后方调来了红衣大炮，才将城墙的西北角轰开了一个数十丈的缺口，大批清军从这个突破口涌入，总算夺取了太原，接着，整个山西逐渐被清军用武力及招降的手段所控制。在此前后，清朝已经乘山东、河南局势混乱之机，对当地逐步加以控制，这将再次导致大顺军的陕西根据地处于不利的位置——清军从东面的河南到北面山西，以及西面的漠南蒙古重新对该省形成战略包围。

休整了大约半年的大顺军主力在李自成的带领下，来到河南及陕西交界处的战略要地潼关，与西进的清军在 12 月 29 日展开了大战。这一路清军以多尔衮的弟弟多铎为首，他一面布阵应付大顺军的攻势，一面耐心地等待从后方运来红衣大炮，一直等到第二年正月初九，红衣大炮终于运到了前线。多铎立即转守为攻，指挥部下用火炮连番轰击对手掘壕坚守的潼关，占尽上风。这时，另一路由阿济格率领的清军取道山西与漠南蒙古等处，迂回进入陕西，攻打榆林、延安等地，兵锋直指西安。在潼关激战了 13 天的李自成为了避免被两路清军合击而不得不于 11 日往西安方向退却，接着撤出陕西，经河南撤往湖北。

大顺军潼关之战失败后，极力避免与追击的清军进行野战。一支既不能坚守又不打算野战的队伍，只能四处流动。不久，李自成进入湖北，与原先驻守在襄、荆地区的队伍汇合在一起东下，将要打击的目标很可能是偏安南方的南明政权。然而，一个偶然的意外事件改写了历史，那便是李自成于五月初在湖北通山县境内九宫山带领少数人马侦察地形时，遭到地主武装的袭击而死，从此，大顺军再也没有出现一个众望所归的领袖，故这次意外事件产生的严重后果不亚于山海关之败。尽管如此，剩下的一部分起义队伍仍然坚持抗清，直到 1664 年（清康熙三年）在夔东全军覆灭。

从大顺政权由盛转衰的全过程来看，这支起义队伍先后在京师、山西、陕西与清军作战，其所在的地盘始终摆脱不了被对手扼喉的被动态势，总是处于不利的战略地理位置是李自成接二连三战败的重要原因之一。

李自成死后，张献忠在四川建立的大西政权也受到清军的毁灭性打击。这个政权建立之初，由于张献忠的某些过激政策，没有受到四川各阶层民众的广泛支持，故而在成立的短短一两年内就不断出现问题，先是因各地官绅地主的纷纷反抗而相继失掉了重庆等地，后来又由于内乱而不得不放弃成都。最终，张献忠率部转战到西充县凤凰山时遭到了迅速入川的清军的突然袭击，这位声名赫赫的起义军领袖在迎战时被乱箭射中左胸而死。但大西军没有就此溃灭，余部陆续撤向西南，仍然坚持着抗清斗争。

二十八 天下兴亡

清朝正与各路农民军由北往南拼个你死我活的时候，南明弘光小朝廷却在坐山观虎斗，朝中君臣没有打算乘机北伐收复失地，只想偏安一隅，做着历史上东晋、南宋割据半壁河山的旧梦。当清朝打败李自成部，便放手来收拾南明了。

当满洲贵族率虎狼之师大举南下，突入江淮地区时，兵骄将悍的南明军队内部矛盾重重，根本没有进行过什么有效的抵抗，而江北防线也随之岌岌可危。长驱直入的清军于1645年（清顺治二年，南明弘光元年）4月17日迫近扬州，紧接着在24日用红衣大炮攻陷这座城池，俘杀督师史可法并屠城，军民死者不可胜计。而在此一个月前，南明镇守武昌的左良玉集团为了避免与退入湖广的大顺军正面交锋，以"清君侧"为借口造反，带着大批水陆部队沿长江向南京进军。弘光小朝廷惶恐不安，不得不从江淮前线抽出部分兵力堵截叛军，致使本来就脆弱的江北防线呈现拆东墙补西墙的残局。左良玉走到九江时病死，其子左梦庚眼见南下的清军势不可挡，便率领部队于5月13日向讨伐农民军而进至长江流域的清军阿济格部投降。

扬州易手，意味着南明的江北防线已经接近瓦解。接着，清军又于5月上旬在瓜洲一带顺利渡过长江，占领镇江，兵不血刃地进入了南京。当时，南京城内的守备勋臣赵之龙、朱国弼以及王铎、钱谦益等高官显要屈膝而降，南明第一个小朝廷寿终正寝。弘光帝朱由崧稍早前已经出逃，不料在芜湖被叛军挟持而献给了清军追兵，被重新押回南京，成了阶下囚。在此期间，清将准塔所部携带五十门红衣大炮，平定了长江沿岸的清河、淮娄、睢州等地，控制了长江与淮河之交的漕运要道。

南明大学士马士英护送皇太后逃到了杭州，拥立潞王朱常淓做监国，当清军兵临杭州城下时，朱常淓无心抵抗，随即投降。朱由崧、朱常淓被押到北京后，于次年5月被清朝以谋反的罪名诛杀。

被胜利冲昏了头脑的满洲贵族统治者自以为天下可传檄而定，勒令各地人民限期剃发梳辫，遵从清朝服制，结果激起了江南各阶层民众轰轰烈烈的反剃发斗争。

首先举起义旗的是南直隶常州境内的江阴县，士民们拘禁了清朝知县方亨，在陈明遇、阎应元等人的率领下会同二十万乡兵于 1645 年（清顺治二年，南明隆武元年）闰六月守城抗清。清军调集数万军队来攻，迟迟未能得手，不得不于 8 月中旬派遣孔有德所部使用红衣大炮破城。城墙的东北角在遭到许多红衣大炮的猛轰之后裂开了一个大口子。数不尽的清军踏着崩塌下的砖石从缺口处冲上来，闯入城内大肆屠杀。全城死者难以估算，据说最后仅数人幸存。

举起义帜的还有嘉定县民众，他们赶走了清朝派来的知县，在黄淳耀、侯峒曾等有名望的士绅的领导下召集十余万乡兵抗清。清吴淞总兵李成栋带队前来镇压，出动大炮攻城，同时派出精兵潜至城下凿墙，最终于 1645 年七月初四破城，对城中之民反复屠戮，前后罹难者数以万计。

就在全国各地抗清斗争风起云涌之时，南明在浙江、福建、广东等残存地方的文臣武将以及流亡官吏、士绅等纷纷拥立朱明后裔，企图恢复失地。受到拥立的分别有在绍兴出任监国的鲁王朱以海、在福州称帝的唐王朱聿键等，朱聿键死后，他的弟弟又在广州称帝。不过，这些政权在清军的凌厉攻势下大多数昙花一现，唐王兄弟先后被俘杀，而鲁王则在浙东根据地被清军占领后，长期漂泊于东南沿海，居无定所。

能够与清朝进行长期对峙的是在 1646 年（清顺治三年，南明隆武二年）年底于广东肇庆成立的南明永历政权，这个政权的首脑是桂王朱由榔，主要拥立者是广西巡抚瞿式耜与湖广总督何腾蛟等人（朱由榔于次年称帝）。永历政权成立之初曾经因为正统之争而与广州的唐王政权发生过冲突，然而，真正对这个政权构成重大威胁的依然是清朝。当席卷东南各省的清军向中南与西南挺进之时，朱由榔为了避开敌人而放弃肇庆，逃到了广西。幸巧瞿式耜等军政要人临危不惧，率辖下兵马与敌人周旋，并在聘请的澳门炮手的帮助下用西洋铳作战，于 1647 年（清顺治四年，南明永历元年）3 月至 5 月间勉强守住了桂林，暂时挡住了清军前进的步伐。

显然，澳门炮手在桂林保卫战中出了不少力，这些人能够前来助战，是永历政权要求的结果，因为在此之前，信奉天主教的司礼监掌印太监庞天寿奉永历帝之命远赴澳门向葡萄牙人求援，除获得百余支火铳之外，还带回了三百名葡籍军人。种种迹象表明，天主教对永历小朝廷具有比较大的影响力，西方传教士在宫中很受重视。永历帝、两宫太后、皇后以及太子慈煊都信奉该教，甚至连宫中的勇卫军军服也以"西番书"①做符识。

清朝同样招徕西方传教士为自己服务，让汤若望、龙华民等耶稣会传教士长期掌管钦天监，观察天文，编订历法。清军也利用传教士铸造先进的火炮，以逐鹿中原。随着清军在战场上的优势越来越明显，澳门当局最终倒向了清朝一边。

然而，永历政权不肯就此罢休，竟然决定派遣波兰传教士卜弥格为使者，并带着一名19岁的汉族信教人士为随从，赴欧求援。卜弥格与随从携带着几封由皇太后与庞天寿分别写给罗马教皇、耶稣会总会长等人的函件，从中国云南地区出发，南下东南亚，取道印度，经地中海于1652年年底到达威尼斯，最后来到了目的地罗马。但是，卜弥格的使命因没有得到欧洲教会人士足够的支持而难以完成，原因之一是亲近清朝的传教士卫匡国也在1653年从中国返回了欧洲。卫匡国公开反对教廷为了支持南明而得罪控制大半个中国的清朝，因为这样会影响天主教在东方的发展。卜弥格一直等到1655年底才获得教皇的接见，然而在会谈中没有获得实质性的进展。卜弥格带着几封由教皇、耶稣会总会长、葡萄牙国王及法国国王的复信于1656年离开欧洲，经安南潜回中国，不幸尚未来得及与永历政权朝中人士会面，即于1659年下半年病逝于边境，死时仅有随从侍候在身旁。卜弥格的死亡意味着永历政权向欧洲求援的意图彻底成了泡影，这位西方传教士与其说是忠于南明，还不如说是忠于天主教在华的事业，为此不惜献出生命。

清军虽然一度于桂林城下受挫，可是在其他省份却连连告捷。李成栋部控制了广东，还有一路人马在孔有德、耿仲明、尚可喜等三位汉人藩王的率领下由湖北杀向湖南，将湖南明军统帅何腾蛟驱往广西。至此，明清两军在湖南与广西之间处于互相拉锯的状态。

清朝自入关以来获得了惊人的胜利，在不太长的时间里收编了大量前朝的军队，但未能妥善处理好与明朝降将的关系，长期隐藏的矛盾一旦激发，势必会引起连锁反应。1648年（清顺治五年，南明永历二年），江西的金声桓、广东的李成栋都自认为劳苦功高，却没有得到实至名归的奖赏，纷纷倒戈一击，反清而归附南明。而北方山西的姜瓖等降清将领也起来反正。清朝摄政王多尔衮赶紧调兵遣将平定内乱，谭泰、尚可喜等人分别平定了江西与广东。金声桓兵败自杀，李

---

① 据天主教史专家方豪先生的考证，所谓"西番书"相当于中世纪欧洲十字军戎服上刺绣的"十字"。

成栋则在战败的撤退途中溺水而死。

值得一提的是，清军在 1650 年（清顺治七年，南明永历四年）围攻广州之战中，又一次大规模使用了火器，《平南王元功垂范》记载，尚可喜为了尽快拿下城池，下令在从化铸炮，准备攻坚。造出的这类火炮应该属于"攻铳"，以便发挥最大的效用。由于一些大型攻铳重达万斤以上（能够发射超过百斤的铁弹），体积显得比较庞大，因而仅仅动用人力或畜力把它们从遥远的北方一路跋山涉水拖运到南方的沿海地区，显然并不容易。看来，尚可喜所部出发时没有携带过多的重炮，直到兵临广州城下才命令随军出发的炮匠加以铸造。经过一番紧张的筹划之后，炮匠们一共铸造了四十六门火炮，再加上军中原有以及在半途缴获的二十七门火炮，总共达到七十三门之多，平均每门

▲ 明末广州城防大炮，重两千斤，铸造于崇祯十七年，现陈列于广州越秀山城墙遗址之旁

配备了五百个弹丸以及充足的火药，这些重型火器在炮车的运载下陆续到达前线，已经在火力上形成压倒性的优势。果然，广州城墙从十一月初一三鼓时分起遭到一列列重炮的猛烈轰击，到了次日中午，西门北面的城墙已经坍塌了三十丈。清军从缺口入城，大肆杀戮，城中军民遇难者甚众。

在此期间，多尔衮已经亲自率兵平定了山西大同姜镶之乱，而济尔哈朗、孔有德等也不辱使命，相继在湖南击退南明军队，俘杀何腾蛟。这样一来，江西、广东、山西大同等地重新被清军控制。对南明永历政权而言，一度好转的抗清形势亦付之东流。

1650 年 11 月，孔有德率部从湖南又一次卷土重来，如愿以偿地打进了广西，

在桂林俘杀了瞿式耜。朱由榔退往南宁，永历政权已经奄奄一息。在这千钧一发之际，一支农民军横空出世，于 1652 年（清顺治九年，南明永历六年）六七月间重创了在战场上屡屡得手的孔有德部，挽救了处在危难当中的永历政权。此后，由落难贵族与流亡官员组成的南明最后一个政权，在李自成、张献忠等农民军旧部以及郑成功军队的支持下又苟延残喘了十多年。郑成功军队的活动范围在东南沿海，而在内陆与清军作战的主要是农民军旧部。

　　原来，最早主动联合南明政权抗清的是李自成旧部，他们分别在李锦（又名李过）、郝摇旗等人的带领下尊奉南明皇帝为主，目的是为了获得官绅地主阶级的支持，此后，转战湖广、江西、广西等地，以救亡图存。其中，郝摇旗所部曾经于 1647 年 11 月在全州大败清军，显示出了较高的战斗能力。尽管李自成旧部立了战功，但还是一直受到南明统治者的歧视与排斥，未能充分发挥作用，李锦于 1649 年（清顺治六年，南明永历三年）冬病死后，前线一些将领为了摆脱困局，于 1650 年年底陆续经贵州等地转入四川北部与湖北西部的夔东山区，以此为根据地坚持抗清斗争。

　　显然，在广西击败孔有德的农民军并非是李自成旧部。那么，这支及时出现于抗清前线的部队到底是什么来历呢？这就要从已经覆灭的大西政权说起了。自从张献忠在四川战死之后，大西军余部撤往西南地区，孙可望携同李定国、刘文秀等人经过连年奋战，相继收编了一批地方部队以及吸纳少数民族入伍，拥有的兵力号称"三十万"，逐渐控制了云南，正欲取道贵州与四川进行北伐。他们为了团结抗清力量，多次表示愿意在永历政权的旗帜下作战。朱由榔最后也接受了义军的要求，封孙可望为"秦王"。

　　1652 年，大西军余部经过长期的精心准备，出动主力分作数路在湘、桂、川展开了规模宏大的反击。李定国率部于 4 月突入湖南，收复了靖州、武冈、宝庆等大批州县，再以雷霆万钧之势席卷广西，在全州与桂林等地重创清军，孔有德兵败自尽，其残部逃往广东。清廷急命敬谨亲王尼堪率领十万满汉大军南下，急如星火地奔赴湖南。从广西重返湖南前线的李定国指挥若定，带领部队故意示弱，屡战屡退，将部分清军追兵引入到衡州附近的预设战场，然后将其重重包围，猛攻猛打，当场击毙了有勇无谋的尼堪，迫使清军余部不得不撤回长沙。

　　李定国连续打死孔有德与尼堪两位名王，辟地千里，声威大振。但他与孙可望的关系不大融洽，当孙可望从贵州来到湖南前线后，为了避免激化内部矛盾，李定国所部便转往广东作战。

孙可望在湖南也出手不凡，指挥部属在火炮的支持下于 11 月 22 日攻克了辰州这一重要据点，可是随后却在宝庆作战失利，退回了宝庆西南的城步，此后便与清军长期对峙于靖州、武冈一线，湖南战局也迟迟未能打破僵局。

湖南、广西狼烟四起之际，四川也杀声震天。刘文秀所部五六万人击败了从汉中入川的吴三桂、李国翰等人，夺取了包括重庆、叙州等处在内的四川大部分地区，随后又在保宁发生了一场大战。此役发生于 1652 年 10 月 11 日，刘文秀在攻城时布下了一个半月形战阵，将部队横向排列长达十五里。站立在最前面的是一头头战象，其次分别是炮手、鸟铳手、挨牌手、扁刀手、弓箭手、长枪手等等，一层叠着一层，厚达一里有余。待在阵后的是由原南明军队改编而成的张先壁所部，想不到这支斗志薄弱的队伍竟然被久经沙场的吴三桂选中为首先打击的目标，抵抗不住冲出城外反击的清军而四散溃逃，导致刘文秀的战阵出现了致命的缺口，继而被一拥而入的清军步骑兵完全摧毁，只有部分残余人马撤了回来，而夺取保宁的行动也遭到失败。

清军虽然守住了保宁，并在湖南站稳了脚，可是由于此前吃了一连串的败仗，损失极为惨重，这就使得清朝上层统治者不得不更加倚重汉臣。这时摄政王多尔衮早已病死，亲政的顺治帝于 1653 年（清顺治十年，南明永历七年）任命洪承畴为湖广、江西、广西、云南、贵州五省经略，全权负责与南明的战事，以挽回颓势。

李定国在这段时间里没有放弃进攻，他在 1653 年、1654 年（清顺治十一年，南明永历八年）这两年里连续攻入广东，攻击了驻守在肇庆与新会的尚可喜所部。虽然均以失败告终，但他在两广地区前后多次与孔有德、尚可喜等"三顺王"军队作战，如果能够消耗掉清军一部分铸炮、用炮的技术人才，必然会对清朝的整体军事实力造成一定的削弱。

可惜，西南地区的抗清事业最终被孙可望破坏殆尽。张扬跋扈的孙可望对帝位垂涎已久，他把退入贵州的永历帝朱由榔迁到安龙这个属于自己势力范围的地方，挟天子以令诸侯，以便进一步篡位。同时，他也容不下在前线抗清的李定国，对其多方掣肘，破坏了内部团结。

寄人篱下的朱由榔为了避免被废黜的命运，利用孙可望与李定国之间的矛盾，秘密派人联络李定国，封其为"晋王"，命其入卫勤王。因而李定国于 1655 年（清顺治十二年，南明永历九年）2 月突然从广东前线返回贵州安龙，派兵将朱由榔接到云南昆明安置。阴谋破产的孙可望恼羞成怒，调动军队进攻李定国，但他内讧的行为不得人心，部属纷纷临阵倒戈，反过来支持李定国。众叛亲离的孙可望狼狈不堪地逃往清军的驻防地长沙，投降了洪承畴。清朝由此尽知南明在西南地区防务的虚实，遂于1658年（清顺治十五年，南明永历十二年）放胆出兵，先后调动号称"二十万"的军队，分作三路从四川、湖南、广东夹击西南，不久就完全占领了四川及贵州，并继续向云南突进。南明因为刚刚经历过激烈的内讧，力量已变弱，尽管李定国多次策划反击，均未能成功，其中激烈的一仗发生在腾冲怒江岸边的磨盘山，李定国所部潜伏于山间，设下三道埋伏，企图阻击清军，但终因叛徒泄漏军机而功亏一篑。

南明最后一个政权支撑了15年，终于走到了尽头。被迫撤离昆明的朱由榔一路向南流窜，后来进入了缅甸。1661年（清顺治十八年，南明永历十五年）12月，缅王在清将吴三桂施加的强大军事压力之下，将朱由榔交出。这位南明末代皇帝结局不佳，于次年4月15日在昆明被吴三桂的手下用弓弦绞死。

李定国撤退到云南边疆人烟稀少的地区坚持斗争，他得知永历帝朱由榔已死的噩耗后，自知复国大业已经无望，痛不欲生，于同年6月间病死于景线，所部分崩离析，相继降清。

永历帝这面具有号召力的抗清旗帜倒下了，而在抗清战争中成为中流砥柱的大西军余部从此也在国内销声匿迹。但是夔东地区的大顺军余部以及东南沿海的郑成功军队仍然不屈不挠，继续抗争到底。

二十九 海外孤忠

当南明各个政权与清军在内陆浴血奋战的时候，在东南沿海地区也活跃着一支实力雄厚的抗清队伍，统帅是大名鼎鼎的郑成功。郑氏集团长期割据一方，其内部的不少案卷得以保存下来，一些文人利用这些文献资料辗转抄写，传下了《从征实录》《海上见闻录》等书，从而使得郑军的战史得到比较完整的记录，其中既有挫折，也有令清廷寝食不安的胜利。相反，另一些军队就没有这么幸运了，例如大顺军的案卷丧失殆尽，只能从明清官修史书以及民间文人墨客的著作里寻找蛛丝马迹，由于官绅地主阶级把大顺军之类的部队当作"流寇"，故读书人囿于立场在叙述其事迹时很难保持公正的立场。

郑成功原叫郑森，他的母亲是一位叫作田川氏的日本女人，这是因为其父郑芝龙年轻时往来于日本、台湾与福建等地谋生期间，在异国组织家庭所致。正所谓"子凭父贵"，郑芝龙依靠海外贸易发迹，并以海盗集团首领的身份在 1628 年接受明政府的招安，其后一路官运亨通，从参将升至总兵官。此人扫除了海上的异己势力，长期把持海上贸易而积累了大量的财富，逐渐掌握了福建的军事大权。而郑森也在七岁时被父亲从日本接回了福建安平，接受儒学教育，曾中过秀才，21 岁成为南京国子监太学生。1645 年，唐王朱聿键在福建称帝，树起了抗清大旗。因为郑芝龙拥立有功，所以郑森也得到了朱聿键的赏识，被赐姓"朱"，改名"成功"，史称"郑成功"。

1646 年，清军攻入福建，俘杀了朱聿键。放弃抵抗的郑芝龙投降之后被满洲贵族挟持前往北京，而福建旧部由于群龙无首随即四分五裂，甚至连其留在安平老家的妻子也惨遭清军污辱，被迫自缢。父亲的倒行逆施促使郑成功与之分道扬镳，而种种国仇家恨，又令这位年仅 23 岁的年轻人弃文从武，更加坚定地起兵，进行反清复明。

郑成功在叔父郑鸿逵的帮助下于 1646 年竖起义旗，最早仅有数千兵马，规模不大，经过多年来不断在福建同安、海澄、泉州、云霄以及广东潮阳、揭阳等处的辗转作战，终于初具声势。到了 1650 年，他用计吞并了曾奉鲁王为主的同族兄

▲ 郑成功之像

弟郑联与郑彩的水师，占领了金门、厦门（又称"中左所"），才得到了一个具有战略意义的抗清基地，拥众至四万余人，并遥奉南明永历帝为主。

郑成功一面发挥海上贸易的特长，以所得的利润作为抗清经费，同时也派兵在内陆四处筹饷。有一次，福建清军乘郑成功率主力南下广东筹饷之机，偷袭了厦门，把郑氏家族长年累月积蓄的大量金银财宝以及几十万斗米粟掳掠一空。等到郑成功仓促回师救援，清军早已撤回内陆。为此，他杀掉了失职的将领，削夺了留守后方的郑鸿逵的兵权，并以此为契机统一了郑芝龙的旧部，兵力增加到六万余人；同时，根据实战的需要对部队进行整编，还设置了军器局制造藤牌、战被、火筒、火罐等兵器，逐渐建成了一个壁垒森严的独立王国。

郑成功不断招揽其他抗清力量，实力逐渐强大，便于1651年5月开始对清朝发动了一系列的攻势，先后出击了海澄、漳浦、云宵、诏安、平和、长泰等地，打败清闽浙总督陈锦[1]所部，并于1652年4月对闽南重镇漳州进行了长达半年的包围。为此，他组织人手环绕着漳州筑起了一道短墙，防止守军逃逸。参与围城的各个军营均在营地之外掘开一丈的河沟，再设置一层鹿角、一层木栅，木栅之内还堆放着大量装满砂石的竹篮，每三个竹篮之间安放一门铜百子铳，以强大的火力压制城内之敌。

---

[1] 陈锦在逃回同安后因心烦气躁任意打骂家人，被家丁李忠等人刺杀。

清朝不可能对在沿海地区叱咤风云的郑成功坐视不顾，不止一次企图救援漳州，其中规模最大的一次竟然动员万余满汉骑兵，在平南将军金砺的率领下不分昼夜从浙江赶赴福建。这支队伍于 9 月 19 日到达泉州，会同福建提督杨名高所部向漳州推进。郑成功为了避免腹背受敌，决定于 26 日解围，将部队移至城南古县地方，据险备战。清军也于同一天进入漳州城内与守军会师。

漳州之围虽解，可战事仍未结束。金砺于十月初一率军迫近郑军营垒，准备与郑成功打一场野战。两天后，两军正式开战。当时西北风盛发，清军占据上风的位置，分作二股冲了过来，首先冲击郑军左翼的一股清军苦战了数个回合，未能取得优势，而后路又被从树林里冲出来的郑军伏兵所袭扰，遂失利而回。但是，退回的清军很快又会合另一股部队一齐顺风反攻，冲击郑军右翼。郑军频频发射火箭、火炮，拼命抵抗。

此刻的西风吹得非常猛烈，郑军射击火器时冒出的大量浓烟被风逆吹了回来，令阵营前面一片昏黑，遮住了将士们的视线，以致阻挡不了凭借烟雾的掩护而向前突击的清军，最终四散而走。郑成功亲自举着战旗督战也无济于事，只能率残部且战且退，一路退到濒临大海的海澄城。

野战获胜的金砺没有就此罢手，还想再打一场攻坚战，拿下海澄，便又向朝廷提出增兵的要求。清廷下令从南京与杭州等地拨兵一千，由额黑里、吴库礼、吴汝玠等将领统率，赶赴福建增援，大有一举把郑成功所部赶下大海之势。

新的战斗在 1653 年五月初四爆发，抢先进攻的清军调集了数百门铳、炮，对准郑军驻守的海澄据点，不分昼夜地轰击了两三天。当时，海澄的上空弹如雨下，把郑军建筑在阵地上的工事打得面目全非，不少营垒崩塌毁坏，仿如平地一般。情况随着时间的流逝而越来越严重，前线将士们在炮弹的威胁下几乎到了没有立足之地的程度。郑成功无可奈何之下，令官兵各自挖掘地洞藏身。这样做似乎显得有点消极，但是却能够有效地保存实力，随后的事实也证明，就算郑军各个营垒被炮火打得千疮百孔，可藏身于地洞中的将士们并没有因此而遭受多少伤亡。

郑成功熬过了最困难的时刻，苦苦等候扭转劣势的时机，终于，形势在初七日早晨为之一变，他在清军发起总攻时果断下令点燃了事先埋藏在道路上的"地炮"，把许多企图攀登城池的敌人烧得四处逃窜。这时，猛将甘辉乘机带兵冲出城外拼杀，歼灭了一批清军精锐将士。攻城受挫的金砺已是黔驴技穷，只能连夜灰溜溜地撤军。

海澄之战的胜利使郑成功保住了闽南沿海地区一个比较重要的抗清基地。而经过此战的考验，郑军逐步发展成为一支不可轻侮的力量。

前文提过，清朝在1652年前后在南方各个战场受到一系列的挫折，既被出滇的大西军余部打得狼狈不堪，现在又不能用武力将福建的郑军歼灭，在这种背景下，只好考虑对郑成功进行招抚了。从1652年10月开始，清朝令软禁在北京的郑芝龙写信劝降郑成功，并不断派出使者到福建福州、厦门等地与郑成功议和。郑成功将计就计，利用和谈的机会派遣人马在闽粤沿海地区四处活动，征收粮饷，扩充兵源。清朝地方政府处境尴尬，只能按兵不动。尽管清廷给出了种种让步以及优厚的招抚条件，但谈判一直到1654年都没有结果，最终因为郑成功拒绝剃发归降而破裂。在"忠孝不能两全"的情况下，郑成功选择了为国尽忠，后来，失去利用价值的郑芝龙于1660年（清顺治十七年，南明永历十四年）被清廷处死。

谈判破裂后，双方接着大动干戈，清朝派定远大将军济度于1656年（清顺治十三年，南明永历十年）率领三万满汉大军进入福建。郑成功为了避免与清军硬拼，将早前推进至福州、泉州、兴化各州县之兵撤返漳州，并把收复的漳、泉二州所属城邑折毁，所得的石块、木料等建材全部运返金门与厦门等处修筑工事。同时，他指派部分水师分作两路出击，一路北上浙江，一路南下广东，目的是使福建的清军主力陷入左支右绌，应接不暇的困局。

北上浙江的郑军水师进展顺利，占据了舟山群岛、台州等地。而南下广东的郑军却一波三折，在揭阳一战中失利，不得不撤回厦门，主将苏茂因指挥失当而被处死。清军驻福建主力部队没有机会与郑军在陆上决战，只好调集船只4月份对白沙、金门、厦门等地发起进攻。16日两军水师在泉州港外战斗，清军一艘战船被郑军左协的铳船用发煩击沉，其余船只不敢再进。这时狂风大作，大雾弥漫，清军很多来自北方的官兵不谙水战，一些战船在迷雾中无法返港，有的船只随波逐浪而误入金门、青屿等处，不得不向驻守当地的郑军投降；还有的船只漂出外洋；而在风浪中被火焚烧的船只也不在少数。

战后，清军返回的船只不满十艘，损坏及损毁的达到了三十余艘，另外还有十多艘大船落入郑军手中。

虽然郑成功在保卫金、厦的战斗中获胜，但是在海澄镇守的将领黄梧却在6月下旬向清军投降，从而令郑军损失了二十五万石粮以及数不清的铁甲、藤牌、铳炮、火药等军械。这个重要的后勤基地的易手使郑军失去了一个向福建内陆挺进的桥头堡。同年 8 月下旬,清军为了消除郑军对浙江这个财赋重地的威胁,乘其舟山水师兵力空虚之际,重新占领该地,将岛上的城郭夷为平地。

郑成功为了扭转形势不断组织反击,最值得一提的是在福州附近策划的军事行动。郑军于 7 月间夺取素有"省城门户"之称的闽安镇,控制了闽江的入海口,让福建地区的清朝官员如坐针毡。次年,浙闽总督李率泰乘郑成功主力北上经略浙江之机,于九月初八聚集优势兵力攻打闽安,在红衣大炮的配合下连攻四昼夜,歼灭了五六千郑军留守部队,解决了福州的隐患。

在此期间,郑军主力频繁活动于福建、浙江沿海地区,到处搜刮粮饷,进行了多次大大小小的战斗,其中影响比较大的一次血战发生在宁德护国岭一带。1654 年 12 月,郑军将领陈魁与陈蟒等人在此地与清朝八旗梅勒章京(副将)阿格商所部狭路相逢,双方短兵相接,刺刀见红。阿格商当场被乱刀砍死。然而,这个战斗到最后一刻的劲敌给郑成功留下了深刻的印象,他认为阿格商之所以能够在身中数刀的情况下犹奋勇力战到底,主要是因为全身披挂了铁甲。

事后,郑成功根据此战的经验组建了一支铁人军队。所谓"铁人",是指全身披挂铁甲的军人,这些军人头上戴着铁盔、脸上盖着铁面(铁面上绘有用来吓唬敌人的画)、手上穿着铁臂、身上披着铁裙,很多相邻的甲胄互相用锁固定,使之不得脱落。看得出来,铁人们由头到脚都覆盖着铁甲,防御能力比较强,据说,他们全身的披挂不少于三十斤。很明显,只有雄壮强健的人披挂上这些铁甲时才不会在行军中感到疲惫。

郑成功准备从军队中挑选出一批将士进行考试,欲委以重任。所有参加考试的将士都要提着三百斤重的大石绕着演武厅走上三圈,只有达标者才能最终成为铁人军队中的一员。

铁人军队组建之后,平时每天操练两次,还经常考试武艺。队伍里以班为基本单位,每一班有班长等六人,主要装备有云南砍马刀、盾牌、弓箭等,战时任务多数是与敌人短兵相接。行军时,铁人军队每班须招募三名伙兵,负责挑带战裙、手臂等物跟随在后,士兵们一般在战斗时才会穿上这些铁甲。不过,有的人戴上铁面后,被太阳晒热时会觉得不太舒服,故常常将之从面上摘掉。

这支精锐部队组建时有数千人,分别编入左、右武卫镇,左、右虎卫镇等单位中。其中,左、右虎卫镇里的一千二百人全部是铁人。而在护国岭之战中曾经与清军阿格商血拼过的陈魁与陈蟒也在虎卫镇,分别统率左虎卫镇及左虎卫后协。

他们随时准备与清朝全身披挂铁甲的八旗军在战场上重新较量，硬碰硬。

清军于 1658 年 2 月向西南的抗清根据地发动全线进攻。永历政权危在旦夕，远在福建沿海的郑成功没有袖手旁观，他为了拖住清军的后脚，打算进入长江，夺取南京，遂率领水师会合浙江沿海的张煌言部先后进行两次北征。第一次北征是在 1658 年 5 月，然而，这支兵力达到十七万的水陆大军于 8 月上旬来到距离长江口不远的羊山时，不幸被飓风刮坏了数十艘巨舰，溺没了数千将士，不得不折返。第二次北征是在 1659 年（清顺治十六年，南明永历十三年）4 月，这次行动经同样声势浩大，军中将士超过十万人，水师也拥有三千多艘战舰。

战舰的种类多种多样，大小不一。在那些适合远洋作战的巨舰中，引人注目的是高达二十多米，宽约五米，吃水四米左右的大熕船与水艍船，它们结合了国内福船与欧洲夹板船的特点，是中西结合的产物，舰上的楼橹还包裹着铁叶，以增强防御能力。另外一些比较大型的战舰还有吃水达两三米的犁缯船与沙船，它们配备的士卒从一百到数百不等，属于传统类型的船只。而适合近海作战的包括吃水两米左右的乌尾船、乌龙船与铳船，这类船配备的士卒均为数十人，显得比较灵活机动。至于适合于抢滩登陆的快哨船，航行时只需要依靠水手划动两舷旁边的十六支桨，在无风的情况下速度一样很快。

各类战舰上装备的火器有红夷大炮、大熕炮、灵熕、连环熕、百子炮、三眼铳、鸟铳、喷筒、火箭、火罐等；而装备的冷兵器则有刀、枪、长棍、弓箭、藤牌等。据《从征实录》记载，郑成功所部一门重约万斤的铜制灵熕，长约丈余，两旁有炮耳，可发射二十四斤重的弹丸，射程远达数里。这门炮的炮身刻有外国文字，由此判断是欧洲制造的炮。由于郑军在一年前于羊山外屿的海域一带不幸遇上飓风，故此炮一度沉没，后被打捞上来，重新成为军队倚重的利器。另外，郑军有一门铸造于 1655 年的铜炮流传至今，它属于欧式火炮，炮身有五道箍，还铸有郑成功的名号、督造官员的姓名以及"大明永历乙未仲秋吉日造"等字样，长约 2.1 米，口径为 11 厘米，亦是威力比较巨大的火器。

郑军水师拥有的火器不单种类繁多，而且数量惊人，这是该军长期横行海上，克敌制胜的原因之一。

郑成功这一次没有受到飓风的干扰，得以顺利进入长江，遂准备先攻取与镇江一江之隔的

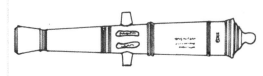

▲ 现存于世的郑军于南明永历乙未制造的铜炮

瓜洲。当时,清朝在镇江至瓜洲的长江两岸布下重兵把守,拥有谭家洲炮台与瓜洲柳堤炮台,这两个炮台在战时可以对射,夹击敌人。清朝还在江面建筑了一些"满洲木城"(又称"木坝"),这类木城是先用大杉木板钉成木栅,再组装而成,里面可容纳五百名士兵,还配有四十门火炮以及大量火药、火罐等,战时可以阻击从长江口逆流往上的敌船。清军还花费百万金钱,用铁索牵接于巨舰之上,横截长江,号称"滚江龙",以拒海舟。

郑军水师故意派出四艘战船佯攻,每一艘船只的外面都蒙上白色纺织物,里面放着黑泥,伪装成载满军人的样子,只以数人掌舵,时而扬帆而上,时而撤回,每天循环数次,专门引诱清军滥放铳炮,以消耗其弹药。沿江木城里面的清军果然中计,不断发射火器,一连五日,炮声不分昼夜断断续续响个不停,造成了不少的浪费。

6月16日,郑成功见时机成熟,强攻瓜洲。清军操江巡抚朱衣佐与游击左云龙带着数千满汉士兵扎于城外迎战。两军之间隔一道水港,一开始只是用弓箭、鸟铳互相射击。不久,郑军水师派人潜入江中,冒死截断"混江龙",打开了水上通道。接着,郑军各营部队强行游过水港,上岸与清军接战,阵斩左云龙,一路从城外打到城内,以迅猛之势拿下瓜洲,生擒朱衣佐,将俘获的八旗士卒尽行处死。在此前后,共有三座"满洲木城"遭到焚烧以及毁坏,谭家洲的数十门大炮也成了战利品。

瓜洲之战结束后,郑军跨越长江,兵锋指向镇江,在镇江城外的银山与江宁巡抚蒋国柱以及昂邦章京管效忠所率的一万五千名八旗、绿营步骑兵对峙(据《明季南略·郑成功入镇江》记载,清军当中有一半是骑兵)。23日,管效忠以骑兵打头阵,指挥步骑兵分五路向占据银山山顶的郑军发起猛攻。

打头阵的一路清军分为三批,首先向郑成功所在的中军营发起冲锋。郑军也布下叠阵应战,排列在前的铁军用长刀砍杀骑兵,阵后的步兵则用弓箭、铳、炮支援,经过顽强的阻击与堵截,迫使来犯之敌退回一箭之地。由于银山一带地形对骑兵不利,清军全部下马死战,使用各种兵器一拥而上,可是仍旧不能在声势上压倒人多势众、火力强大的郑军,最终溃败而回。清军将领及时采取应变措施,企图集中兵力攻击一点,以尽快突破郑军防线,便召集三路人马再度冲击郑成功的中军营,另以一路人马牵制其余的郑军。这一次,两军时分时合,交战良久,未分胜负。忽然,郑军阵中一员将领举起旗帜用力一挥,那些手持砍马刀、长枪以及盾牌的前排官兵马上向两边散开，来不及散开的士卒立即伏在地上，目的是让开位置，让后排的炮兵发射炮弹。清兵误以为对手将要逃遁，便大胆向前冲锋，想不到正巧碰在郑军的炮口上，在隆隆的炮声中死伤了一大片。由此可见，过于轻敌的清军实在低估了对手的战斗力，在众志成城的郑军面前多次碰壁，难以避免惨败的结局。望风披靡的逃兵们自相践踏，死伤无算。其中，蒋国柱逃往常州，管效忠则跑到了南京，其直属的四千兵力，仅剩下一百四十余人逃脱。

郑军在银山获胜之后，马上包围了镇江。6月24日，守将献城投降。作为八旗军在关内的一个驻防据点，镇江的失守，是自从遵化、永平、滦州、迁安四个驻防据点于1630年失守以来所仅见的。

镇江距离南京约有120里，相当于一两天的路程。而南京城内防务空虚，只有数千兵力，也就是说，如果郑军以迅雷不及掩耳之势疾进，胜算很大。但郑成功计不出此，他率部从水路慢吞吞地向南京开进，直到七月初七才兵临城下，两天后在仪凤门一带登陆。清朝充分利用这段时间从荆州、苏松、杭州等地调来了大批满汉援兵，致使守军的人数增加了一倍以上，在城内运筹帷幄的文武官员有总督郎廷佐、八旗将领喀喀木、噶褚哈以及绿营将领梁化凤等人，甚至连镇江败将管效忠也逃入了城里。

尽管形势起了变化，但郑军的总兵力还是比清军多，而且占据了长江沿岸不少地盘，仍然具有一定的优势，可是郑成功又一次判断失误，在调兵包围南京之后，竟然迟迟没有下令攻城，终于让清军有机可乘，抢先反攻。

7月22日，清军主动从仪凤门出击，用炮向城外猛射，郑军前线官兵猝不及防，在炮火之下几乎无处藏身，连布置在城门附近的炮架也被击毁了很多，横七竖八地堵塞在路口。不一会儿，大量清军从城内冲出，还有的从屋顶上跳下来，很快便击败郑军的前锋镇营等军事单位，蜂拥而出。

为了应付清军即将发起的新一轮攻势，郑成功也未雨绸缪，事先做好应付的准备，他重新布置军队，将主力集结于南京观音门外的观音山一带，摆出了四道阵线：第一道阵线由后提督万礼、宣毅左镇万义的部属组成，任务是负责拦截从城外大桥以及主要通道冲过来的清军；第二阵线的为部队为左武卫、左虎卫等单位，列阵于濒临长江、群峰起伏的观音山下；第三道阵线由中提督甘辉所部以及五军等单位组成，埋伏于观音山的山谷里面；第四道阵线的部队为左先锋镇、统援剿右镇、后劲镇、前锋镇等单位，驻屯于观音山上，居高临下，做出随时增援前线的态势。郑成功本人则率领右虎卫、右冲镇作为预备队，在观音城门之外来回巡视以应急。另外，在水路准备作战的有右提督马信所部以及宣毅后镇、正兵镇、左冲镇等单位。

郑成功作战布置的特点是层层设防，如果清军从正面发动攻势，要想突破四道阵线，非要付出重大代价不可，而且最后还不一定能攻得上观音山顶。但是，身经百战的清军将领们并没有依照郑成功设想的那样，用主力从正面硬攻，而是悄悄集中大批人马于23日5更时分从神策门、金川门出城，兜了个大圈子后秘密来到观音山侧后，准备首先攻击驻屯于观音山上的守军，同时分兵偷袭长江岸边的郑军营房。

登山的清军在与郑军铁人部队展开白刃战时，亮出了事先准备好的"夹连棒"，这种武器由一长一短两截棍子组成，中间系以铁链，士兵手持长棍大幅度挥舞时，短棍依靠运动惯性可以产生强劲的砸击力量，往往能在格斗中轻易击碎铁人将士手中锋利的砍马刀。郑军之中那些披着重甲的铁人将士在山地上移动缓慢，稍一失足即跌倒于地，战久了便会疲惫不堪，他们最终抵挡不住一批批猛冲上来的清军，纷纷溃退，更可叹的是在败退途中，前面的人如果不慎跌个四脚朝天，后面的人马上也跟着被绊倒在地，许多人自相踩踏，纷纷成为清军刀下鬼。由于清军登山时有意顺着风向前进，致使郑军火器部队不得不逆风发射火炮，产生的烟雾纷纷吹回，严重干扰了郑军炮手的临场发挥。恰巧在此期间，长江岸边的郑军营房被清军放火焚烧，浓烟扶摇直上，以致严重影响了山上郑军将士的斗志，当中不少人由于担心营房中家眷的安危，竟然争先恐后地离队飞奔下山。

观音山脚下的郑军以为清军会从正面发动进攻，并不怎么留意后面山上的情况，等到明白过来的时候，已经太迟了。郑成功慌忙派出右虎卫、右冲镇登山增援，但山高路远，一时难以飞越，导致败局难以挽回。

旗开得胜的清军首先击垮了郑军布置在最后的第四线部队，占据了山上的制高点，再以猛虎下山之势由上往下，从后向前一路杀过来，横扫了潜伏在山谷里的郑军第三线部队，接着，如潮水般涌向位于山脚的郑军第二线部队，他们从观音山顶、山谷、山脚一直杀到城外的大桥旁，最后与城中冲出来的清军骑兵一起夹击郑军的第一线部队，就这样，奇迹般地摧毁了层层设防的郑军所有阵线。

郑成功已经率少数亲信撤回了舰队之中，他遥望南京城外兵败如山倒的惨状，知道大势已去，此刻唯一能做的是陆续将数千名跳入江中逃命的士兵捞上船，掩护着家眷船只徐徐离开，在离开的途中还击沉了两艘追击的敌船。

当晚，郑成功匆匆撤往镇江，停驻于此检查部队的损失情况，发现一批追随自己多年的将士阵亡或失踪，不禁悲叹不已。不久，他离开镇江、瓜洲，放弃了在长江沿岸收复的一些城镇，退出长江。这时，郑成功水师的实力没有遭到多大的损失，还有两千多艘战舰，所以企图打下位于长江出海口的崇明岛，以便他日卷土重来。登岛的郑军于8月11日用红夷大炮猛烈轰击岛上的县城，将城西北角打崩了数尺。但守军死战不退，而郑军两员将领在攻城时又被火铳击伤。为了避免更多的损失，夺取县城的计划被迫撤销，郑军随后班师南下，撤回了厦门，而策应西南抗清基地的行动也以失败告终。

1660年，清朝为了报复郑成功大举进攻长江，派安南大将军达素统领部队进入福建，打算进攻厦门，部分部队与郑军于4月26日、27日分别在洋芝澳、围头等海域发生冲突，进行炮战。

大战前夕，郑成功总结过去的经验教训，向诸将领宣布了新的作战方针，他认为与清军水师对阵时，切忌拥挤向前；又充满信心地指出清军缺少大船，所以郑军只需动用中号船便可击破来犯之敌。具体的战术是：战时每镇均要摆出叠阵，挑选中号船及水艍船做第一叠（船的桅杆之上挂红旗为号），大号船做第二叠（船的桅杆之上挂黄旗为号），当遇到敌人时，先由第一叠船只撞击敌船，第二叠船只相机赴援。叠阵中的每一艘战船均要配置精兵，大号船配四十名，中号船配二十名，水艍配十五名。精兵们平时聚于舱内，不准轻举妄动，等到本船撞击敌船时，便乘机爬过敌船杀敌，如果得胜，必有赏赐。

五月初十，大规模的水战爆发了。清军水师兵分三路，分别从漳州港、安南北港与浔尾等处出发。

从漳州港开出的清军水师共有大小船只四百余艘，他们顺潮驶向厦门附近的圭屿。处于逆潮的郑军战船全部下碇不动，在水中列阵，但是第一叠的舰队在迎击顺风前进的清军时，损失了一两艘船只，这促使郑成功及时改变战法，下令全军起碇与敌人周旋，经过一个时辰的较量，暂时胜负不分。不久，海面上开始潮平风顺，郑军战船抓住有利时机乘风猛撞，同时发射正、副龙贡等火炮，冲散并打垮了清军的舰队。一些清军战船被重达十余斤的大弹丸打得支离破碎，另一些被烈焰吞没。此战郑军俘虏十三艘敌船与数百名八旗兵。

另一路从安南北港出发的清军水师因在圭屿附近受到郑军的炮击而转向牟尼

屿，在赤山坪登陆后不久便遭到郑军前冲翼、左虎卫、右虎卫、前冲镇等军事单位的阻击。两军在沙滩上大战起来。郑军长期在沿海活动，军队习惯赤足，因而可以避免陷入沙滩以及淤泥中，相反，很多穿靴的清军在泥淖中举步维艰，甚至滑倒，故被杀以及淹死者甚众。岛上郑军得到宣毅后镇等军事单位辖下战舰的有力支援，掌控了主动权，经过两个时辰的厮杀，终于迫使损失好几艘战舰的清军狼狈而撤。

从浔尾出发的那一路清军还在海上徘徊，直到三天后才被郑军的中冲镇、宣毅前锋击退。郑军经过艰苦奋战，又一次保住了金、厦根据地。

达素出师不利，只得退回福州。同年 7 月，清廷命广东的耿继茂转驻福建，并以罗托为安南将军，替换了无能的达素，准备伺机再战。然而，顺治帝在 1661 年初病死，致使清廷暂时无意在沿海地区大动干戈，遂采取了竭泽而渔的手段，盘算着要将东南各省居住于海边的民众全部迁往内陆，并禁止任何人出海，企图断绝郑军与内陆百姓的联系，以此达到从经济上困死沿海反清武装的目的。

此时，永历政权已经灭亡。刚刚颠覆西南抗清基地的清军再也没有后顾之忧，可以专心致志地对付郑氏集团。郑成功不想与敌人妥协，他酝酿着新的军事计划，意图从荷兰殖民者手中收复台湾与澎湖，并以此为根据地，誓与清廷对抗到底。

三十 曲折发展

　　永历帝被清军俘杀，意味着南明最后一个小朝廷就此灭亡。此后，活动在夔东地区的大顺军余部也于 1663 年（清康熙二年）至 1664（清康熙三年）年间被清军消灭。虽然郑成功还继续在沿海坚持斗争，但也动摇不了清朝的统治，明亡清兴已经为既成的事实。

　　回顾整个明代的火器发展史，就会发觉明朝开国之初，其军队装备的火器在世界处于领先的水平，最常用的有手铳、神枪、将军铳、碗口炮等，以国产货为主。到了明代中期，国家就需要仿制西方先进的鸟铳、佛朗机了；到了明末，在引进红夷大炮的同时还主动派人学习欧洲先进火炮的铸造与使用技术。这深刻地揭示了欧洲火器技术水平随着历史的发展，已经逐渐在中国之上。

　　那时候东西方的交往日益频繁。从 15、16 世纪起，西欧各国热衷于开辟新航路，以满足经济发展的需要，进行资本的原始积累。最早在亚、非、拉建立殖民帝国的是葡萄牙与西班牙。16 世纪前半叶，葡萄牙人在亚洲的殖民地有印度的果阿、马来半岛的马六甲及太平洋的摩鹿加群岛等。而西班牙在亚洲也不甘落后，到了 16 世纪末，几乎全部占有菲律宾的土地。两国之人在 16 世纪初叶相继来到中国东南沿海，与明朝官员以及民间百姓频繁打交道，开展贸易往来。一些欧洲人在经商的同时又经常进行武装劫掠，这种不法行为与嘉靖年间极为猖獗的倭患属于同一性质。沿海地区越演越烈的海盗活动理所当然会引起明政府的反击。例如葡萄牙人因在广东与明军爆发冲突，难以立足，只好转而前往福建与浙江，盘踞在双屿、吾屿等岛，伙同倭寇及中国海盗胡作非为，结果被浙江巡抚朱执与福建都指挥卢镗调集的兵船赶出了双屿。其后，葡萄牙人又在明军的压力下退出吾屿，不得不离开浙闽地区。

　　葡萄牙人在浙、闽从事海上不法贸易时屡遭打击，便重返广东沿海寻找商机，他们吸取了教训，通过正常渠道与地方官员商谈，终于获得了进行合法贸易的机会，在一些官员的默许下，大约于 16 世纪 50 年代开始入居澳门，使该地成为一个沟通东西方经济交流的商埠。火绳枪（鸟铳）与佛朗机就是随着葡萄牙人与西班牙人的到来而传入亚洲的。

英国、荷兰也继葡萄牙、西班牙之后开展掠夺殖民地的竞争。特别值得一提的是荷兰，它原来是西班牙的属地，但从 16 世纪中期开始，便反

▲ 17世纪初期的澳门

对西班牙的统治，并在 17 世纪初实际取得了独立的地位，成为欧洲第一个资产阶级共和国。该国大力开拓海外贸易，随着经济的迅速发展，其在海上的势力终于赶上并超越了西班牙。相反，西班牙自从"无敌舰队"在 1588 年被英国击溃之后，本国海军已一蹶不振。

荷兰的海上贸易非常活跃，大量船只远航世界各地，荷兰人于 16 世纪末到 17 世纪初来到亚洲。他们的殖民扩张势头很猛，陆续建立的殖民据点有爪哇（今"印尼"）的巴达维亚（今"雅加达"）与苏门答腊岛，还从葡萄牙人手中夺取马鲁古群岛；吞并马六甲以及侵占了锡兰（今"斯里兰卡"）。

荷兰人在巴达维亚设立殖民机构，成立东印度公司，其后于 1604 年 7 月来到澎湖列岛，企图占领该地作为贸易据点，但因遭到福建都司沈有容辖下水师的驱逐，不得不离去。不死心的荷兰人于 1622 年再次登上澎湖列岛，修建碉堡，这些军事活动惊扰了途经这个海域的商船，也对福建、台湾等地构成了威胁。福建当局很快作出反应，巡抚南居益派遣三千将士攻打澎湖，经过数月的围攻，再次将荷兰人逐走。可是过了没多久，荷兰人又窃据了台湾岛，在岛上建立起堡垒与城市，对台湾地区的人民进行殖民统治，在开展贸易活动的同时继续骚扰通过台湾海域的商船。1633 年，郑芝龙奉福建当局之命率领水师在沿海的料罗湾重创来犯的荷

▲ 17世纪初期的海战：一艘葡萄牙大船遭到荷兰与英国六只小船的攻击

兰舰队，击沉并夺取大小船只五十多艘，烧杀敌人数以千计，而明军仅伤亡二百余人。这是明朝反击荷兰殖民者的一次大胜利，但未能乘胜收复台湾岛。

真正光复台澎地区的是郑成功，他在 1659 年北伐南京失败后，退回金门、厦门一带，不久便决策准备用武力收回台湾，将其经营为新的抗清基地。

1661 年 3 月 22 日，郑成功带着二万五千余将士，乘坐四百艘战船，浩浩荡荡地从料罗湾出发，于次日抵达澎湖，其后，舰队继续前进，陆续在台湾的鹿耳门港、禾寮港等地登陆。

台湾的荷兰殖民者拥有过千的兵力，其中八百多人在四艘战舰的配合下驻于热兰遮城，为了据守此地，其他一些次要地方的驻军后来也被陆续调了过来，总数共达到一千一百多人。此外，还有四百余人进驻赤嵌城（又叫"普罗文查堡"）。

殖民军队装备了很多青铜炮与铁炮，例如有可以发射霰弹与小铳弹的野炮；发射小铳弹的穿窖炮、半卡尔托炮、八磅炮、臼炮；还有火绳枪与大量的火药、榴弹、铁弹、铅丸。荷兰人在火器研制上也有独到之处，在 16 世纪就发明了榴弹炮。榴弹炮是一种炮膛长度与射程介于加农炮与臼炮之间的火炮，可以发射球形爆炸弹及球形燃烧弹。这类球形弹一般为两个半球体组成的空心弹，里面装入火药或燃烧物，靠金属碎片或燃烧的火焰来破坏目标。榴弹炮到 1700 年已为大多数欧洲国家所使用。

荷兰人由于善于使用火器，因而具有先进的战术，他们的步兵在 16 世纪已经按照尼德兰总督莫里茨（Muritz）编写的操典进行作战训练，训练的内容是每一个一百五十至二百人的连队，都要将总数占 1/3 的火枪兵排成五至八行，第一行的火枪兵射击完毕，退到最后一行装弹，接着再轮到第二行火枪兵射击，以此类推，行与行之间循环不断，便可以达到连续射击的目的（这种战术很像二百多年前明军将领沐英在云南使用的三叠阵）。这种打法在当时的欧洲处于领先的水平，因而逐渐在各国得到推广。

荷兰人的筑城技术也很发达，殖民者在台湾的军事基地中亦建起多个棱堡。这种新式工事比起传统的圆形或方形敌台具有更强的防御能力，使敌人直射的炮弹容易打滑，产生跳弹。例如热兰遮城就有不少棱堡，这些凸出城墙的工事具有不同的名称，即叫作地亚棱堡、弗里辛根棱堡、坎普菲尔棱堡、格列德兰棱堡等等，此外在连接海岸的地方亦有新棱堡，除了棱堡之外，有的楼塔还修筑成半月形。许多火炮安放在这些堡垒中，准备随时作战。而在城外，亦建有壕沟以及中堤，以加强防御。

热兰遮城无疑属于棱堡型建筑工事。对于类似的工事，那时的中国人已经有所知晓。正如前文所言，徐光启、孙元化等明朝大臣于万历、天启年间分别提出修筑"万年台""锐角敌台"等雏形棱堡式的建筑工事，并可能在宁夏沙湃等处得到了落实。到了崇祯年间，由于受到汤若望与高一志等西方传教士的影响，韩霖、韩云（韩霖之兄）、马维城等人亦曾经在陕西绛州、蒲城与京畿地区的雄县等处建筑过新式的西洋敌台，相关记录保存于《守圉全书》《雄县乡土志》等史籍中。

▲ 热兰遮城

然而，上述雏形棱堡全部没有经历过大规模攻坚战的检验，以至未能在战争史上留下令人印象深刻的事迹。现在，郑成功所面对的热兰遮城，比起国内的雏形棱堡要完善得多，要想攻克非大费周章不可。众所周知，郑军以福建人为主，而福建作为与海外地区交流频繁的沿海省份，已经建起了不少安置火炮的新式"铳城"。这类新式工事同样是西方影响下的产物，早在万历年间，当地一些出海谋生的民间人士就见过西班牙殖民者在吕宋建筑的新式炮台，故回国后积极倡言予以效仿，逐渐引起了地方官员的注意，这样一来，沿海地区的部分要点就相继修建了样式不一的"铳城"，防止荷兰殖民者的骚扰。据余应桂的《大泥铳城记》以及《厦门志》（防海略·汛地）等史籍的记载，海澄、厦门等处就有类似的建筑，而这些地方恰恰是郑成功长期驻军的地点，因而对于"铳城"，他辖下的将士不算陌生。可是，沿海地区大大小小的"铳城"与热兰遮城这类棱堡型建筑工事相比皆相形见绌。由此可知，围绕着这个东亚地区最先进的棱堡建筑工事而即将开始的大规模较量，在中国古代战争史上是前所未有之事。

台湾的战火很快激烈燃烧起来，郑军登陆之后，赤嵌城的荷兰守军曾经出动二百多人持着火枪，以十余人为一排，连放了几排枪，企图将之驱逐下海，但没有成功，反而遭到郑军的夹击而腹背受敌，阵亡了一百一十八人，幸存的八十多人只得落荒而逃。而荷兰海军也出动赫克托号、斯格拉弗兰号等四艘吃水较浅的平底船与六十多艘郑军战舰进行炮战，结果赫克托号在硝烟弥漫中沉没，斯格拉弗兰号则中弹起火燃烧，被迫与另一艘船只逃往日本，还有一艘船只逃往巴达维亚。

初战告捷的郑成功分别组织部队围困了热兰遮城与赤嵌城。赤嵌城中的数百名荷兰人势穷力蹙，于四月初四投降，致使殖民者仅剩下热兰遮城作为负隅顽抗之地。

郑军动用二十八门大炮掩护步兵冲击热兰遮城，可是炮弹难以有效摧毁棱堡，攻城士卒在守军枪炮的阻击之下伤亡很大，因而不得不改变战法，在城的周围挖壕及筑墙，设置工事以安放火器，计划让敌人成为瓮中之鳖，陷入外援断绝的困境。

在此期间，郑成功从大陆调来更多部队，以便进行长期围困。东印度公司的荷兰人亦不打算对热兰遮城内的殖民者见死不救，派遣七百多名援军乘坐十艘战舰从巴达维亚出发，于8月间到达了台湾，并将两千多磅火药以及大量物资运入了热兰遮城。信心大增的殖民者决定同时在水陆两路发动突击，出动三四百名守军向城外猛攻，但未能如愿以偿地打破包围圈。海战的结果同样糟糕，尽管荷兰海军的五桅甲板船厚达二尺，共有三层，长约三十丈，高约六丈，还配备了多门巨炮以及用来侦察军情的照海镜，可他们的三艘甲板船、两艘双桅船与十五只水艇在与郑军十几条战船进行炮战时竟纷纷失利，共有两艘甲板船与三只水艇被俘，还伤亡了数百人。受到重挫的荷兰援军连忙逃往远海，由于丧失了再战的信心，这些家伙便以袭击郑成功的后方基地为借口，离开战场而返回了巴达维亚。

经过 8 个月的围困，城内荷兰殖民者伤亡不少，患病者亦与日俱增，一些人为了保命而出城投降，使郑成功对敌情进一步加深了解，他认为夺城的时机日渐成熟，便下令强攻。到了这年 12 月，布置在城外大员沙洲三座炮台上的大炮已达二十八门，炮兵奉命对热兰遮城进行长时间的猛烈轰击，参战的青铜炮、铁炮在围城期间大约发射了两千五百发炮弹，以致荷兰人事后在现场拾到不少十二磅、十八磅与二十四磅的炮弹。①

炮击令热兰遮城的胸墙受到严重损坏，并摧毁了热兰遮城外围地势险要的乌特利支圆堡，随后，隐蔽在战壕中的数千郑军官兵冲出来,于十二月初六晚上占领该地。此时，堡内大部分殖民者在长期围困之下已经失去了战斗力，他们已对形势彻底绝望，遂于农历十二月十三日宣告投降。

郑成功收复台湾之后，于 1662 年（清康熙元年）5 月病死，其子郑经继续以台湾为根据地抗清，直到 1683 年（康熙二十二年），其孙子郑克塽才在清朝的军事压力之下投降。

清朝的康熙帝是一位雄才大略的君主，他

▲ 收复台湾的郑成功军队

① 欧洲区分火炮种类的标准之一是，按照火炮发射炮弹的磅数来对该炮进行命名。例如能够发射十二磅炮弹的火炮叫作十二磅炮。另外，英制1磅等于0.454公斤或0.907市斤。

除了攻取台湾等地，完成统一大业之外，还捍卫领土的完整，并因此与东进的沙俄军队发生冲突。

17世纪的俄国，经过彼得大帝的改革之后，工场手工业、商业与农业都得到了很大的发展，随着经济、军事实力不断增强，对外的军事扩张也在紧锣密鼓地进行。沙俄逐步吞并西伯利亚，还派出远征军入侵中国的黑龙江与乌苏里江流域，为此多次与清军开战。其中影响最大的一次战斗发生于1686年（清康熙二十五年），地点是黑龙江中游的交通枢纽雅克萨。此前，入侵此地并建筑城堡的沙俄军队已经在1685年（康熙二十四年）5月被清朝出兵驱逐，可是这些家伙仍不死心，不久又卷土重来。根据苏联谢·弗·马赫鲁申教授所著的《哥萨克在黑龙江上》的记载，俄军装备了五门大炮和二支扎金式火绳枪，还有一百支火绳枪、八百五十支燧发枪以及相应的火药与铅弹，并配备了五十把钺斧。经过一番忙碌，一座"合乎当时工程技术一切规则"的城堡耸立在原来城堡的旧址上，城堡里面有粮仓、火药库、军需仓库以及近十所居民住所，四面围以土墙。这座土墙用草土、黏土和植物根修成，底宽四俄丈，高三俄丈，相当于棱堡筑城体系中的'堤'。四周都筑有"四棱凸出的炮垒"，同时，土墙之外还掘有壕沟，而从陆地的另一侧直抵江边，又竖起了一道木栅，显得易守难攻。书中用"合乎当时工程技术一切规则""四棱凸出的炮垒"等语句来描述这座新城堡，可见作者认为这类工事属于棱堡筑城体系，虽然并非尽善尽美。

于是，继郑成功在台湾攻打热兰遮城之后，中国军队即将又一次对西式棱堡筑城工事展开强攻。1686年5月，雅克萨反击战开始，清朝黑龙江将军率领两千多人，凭着兵力上的优势把八百多名沙俄军人包围在城堡之内，为下一步的攻城行动做好准备。

参战清军主要装备的枪械为火绳枪，官兵在攻城时动用的大、中、小各型火炮有：

神威无敌大将军炮，此炮与红衣大炮相似，共有铜、铁两种，均长七尺以上，是欧洲传教士南怀仁为清廷所铸。铜炮重两千二百七十余斤，可发射八斤重的铁弹。铁炮重一千六百余斤，可发射六斤重的铁弹。

金龙炮，此炮样式不一，多为铜制，一般长约五至六尺，重约二三百斤，可发射十三至十六两的铁弹。

子母炮，为后装炮。炮长五尺以上，重达八九十斤，要先将重约数斤的子炮装入炮膛后面的装药室,才可发射。

西式棱堡筑城工事并非轻易能够攻克,清兵尽管多次进攻,但均无功而返,只好改而采取长期围困的战法,在雅克萨周围挖掘壕沟、修起城垒,准备和对手消耗时间。这一招非常有效,到了年底的时候,城里的俄军死亡了大部分,仅剩一百五十多人还活着。雅克萨失利的消息传到沙皇耳中,沙皇迫于形势不得不考虑停战,派使者与清朝谈判,签订了《尼布楚条约》。

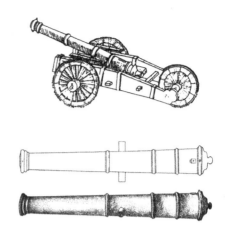

▲ 神威无敌大将军炮

总而言之,明末清初隶属于不同阵营的中国军队,分别在台湾与雅克萨等处参与过涉外战争,从这些军事行动中可以知道,尽管那时的亚洲与欧洲在军事技术上存在着某些差距,然而这种差距还是有限的。

清廷并非总是故步自封,曾经于1691年(清康熙三十年)成立了满蒙八旗火器营,还在汉军中增设

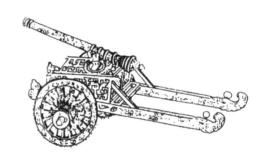

▲ 金龙炮,采自《大清会典》之《武备》

了鸟枪营,各省的绿营军队对火器的倚重亦有增无减。此后,火器研制方面有所进步,特出的例子是明确区分了枪与炮,《大清会典》称:"大者曰炮,小者曰枪",就是将口径与重量比较大的管形射击火器称之为炮,比较小的则称之为枪。乾隆年间,朝廷推进了对枪炮的一些改革措施,将八十五种火炮以及枪列为制式火器,由国家统一标准样式。不过,其中先进的仍旧是红衣炮,甚至还有从元末明初流传下来的碗口炮、将军炮等。而在火炮制造技术方面,清人将过去铸炮时的一次性土模改为可以反复使用的铁模,大大缩短了铸炮时间,改善了火炮的质量;而铸造铜铁两层炮管的技术也更成熟,有利于预防爆膛,增加了火炮的使用寿命;同时,还设计出了可以调整火炮射角的旋转炮架,提高了机动性。至于火药、炮

▲子母炮，采自《大清会典》之《武备》

弹与地雷等军用品的研制方面亦有所改进。但是，有些创新与进步却没有及时在军队中得到推广，例如尽管在明朝末年中国人已经知道了燧发枪，但直到清代，军队中主要装备的还是落后的火绳枪。此外，清朝统治者受到以往作战经验的局限，曾多次强调军队不能专习火器而疏忽传统的骑射，从某种程度上也拖慢了火器发展的步伐。种种原因慢慢令中国的火器技术与西方的差距逐渐拉大。

欧洲的资本主义国家在 17 世纪之后，工业发展速度进一步加快，大量工场手工业转变成为机器工业，而各种先进的科学技术也层出不穷。到了 18 世纪中期，随着蒸汽机的发明，又发生了工业革命。与此同时，各种枪炮的研制也不断取得突破，与之配套的战术以及军事编制也日新月异。在此期间，一度掌控世界商业，成为国际贸易中心的荷兰，在 17 世纪后期与海上劲敌英国为了争夺殖民霸权而进行了三次战争；到了 18 世纪，又遭到法国的侵犯，经济受到破坏，因而国际地位一日不如一日。英国则后来居上，通过一系列争夺殖民霸权的战争而成功奠定了殖民地大国的地位，分别在亚洲的印度、美洲的北部、西印度群岛以及非洲等地陆续建立起庞大的殖民帝国，号称"日不落帝国"。

与欧洲的蓬勃发展相反，东亚显得暮气沉沉。清朝在 17、18 世纪仍旧是一个农业大国，国内缺乏西方那样的机器工业，火器发展速度也比较慢。而清军在这段时间里的一系列

▲ 清代的火器部队

内外战争中，作战对象均为装备落后的少数民族、农民起义军或者周边的封建政权，所以在屡次胜利的虚假表象之下，难免出现安于现状的心理，直到1840年（道光二十年）的第一次鸦片战争中与英国作战时才发觉彼此的差距。

英国作为一个老牌殖民大国，从17世纪起进行了更为实用的炮制改革，将火炮分为野战炮、轻型野战炮、攻城炮与海岸炮等几大类，简化了炮种，统一了炮弹，后来又研制出了多种新型火炮，组建了炮兵旅与炮兵连等；在铸炮技术方面使用了先进的车床、镟床与镗床等工业机器，制造出来的火炮更加精良，比如先用金属熔液浇成实心炮体，再用镗床加工成炮管，虽然仍然属于前装滑膛炮，但其重量比起同一口径的由炮模制成的旧式火炮要更轻更耐用，质量也更好。英军普遍装备的枪是枪端有刺刀的燧发枪，这种枪比火绳枪更方便，还具有长矛与火枪的优点，提高了作战效率。

在第一次鸦片战争的头一年，英国一些舰艇已经采用蒸气动力，集结在中国沿海地区的十七艘各级战舰中，包括排水量在一千吨以上的战列舰，该舰总共装备各类火炮五百四十门，主炮可发射56至68磅的炮弹，此外还有可发射32磅炮弹的舷炮，实力雄厚。而清军水师的战船与兵器，虽然比起明军水师有所发展，但进步不大，难以在海上正面拦截入侵的英舰。

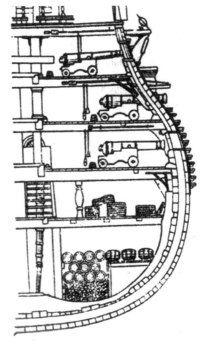

清朝在沿海设置了很多炮台，每一个地区的海岸炮台全部火炮数量从三十门至二百七十门不等。这些炮台大多数为固定式炮架，分散布置，难以机动。因而训练有素的英军能够集中多艘战舰专门打击清军孤立在海岸的单个炮台，往往凭借火力优势而获胜。

总之，清朝水陆部队装备的枪炮无论是射程、射速、威力以及质量方面，比起鸦片战争中的英国同类军械都落后了一大截，再加上清军将兵力、火力平均地分布于沿海口岸，处处防守，给了

▲ 英军舰炮配置，《世界火器史》第362页

英军可乘之机，让其能够集中力量，各个击破。上述种种弊端都成了清军在第一次鸦片战争中战败的重要因素。清朝也由此被迫签订了中国近代史上的第一个不平等条约——《南京条约》。

第一次鸦片战争标志着西方列强用"坚船利炮"敲开了清王朝封闭的大门，历史从此翻开了新的一页。国人从隆隆的炮声中惊醒过来，有识之士喊出了"师夷长技以制夷"的口号，大力发展军事工业，仿制西方的先进武器，但百年积弱，绝非一朝一夕可以从后面赶上。一直到清朝灭亡之后，多少仁人志士仍旧为了国家的独立与自强而殚精竭虑，奋斗不已，正是"路漫漫其修远兮，吾将上下而求索"。

参考书目

[1] 明实录.台北:中研院历史语言研究所,1962 年校勘本.

[2] 大明会典.台北:新文丰出版社,1976.

[3] 谈迁.国榷.北京:中华书局,1958.

[4] 焦竑.焦太史编辑国朝献征录.上海:上海古籍出版社,2002.

[5] 戚继光.戚少保奏议.北京:中华书局,2001.

[6] 戚祚国.戚少保年谱耆编.北京:中华书局,2003.

[7] 陈子龙,徐孚远,宋徵璧等.明经世文编.北京:中华书局,1962.

[8] 王圻.续文献通考.济南:齐鲁书社,1996.

[9] 程开祜.筹辽硕画.台北:台联国风出版社,1969.

[10] 刘效祖.四镇三关志.北京:北京出版社,2000.

[11] 何良臣.阵纪注释.北京:解放军出版社,1993.

[12] 王世贞.弇山堂别集.北京:中华书局,1985.

[13] 徐光启集.北京:中华书局,1963.

[14] 韩霖.慎守要录.北京:中华书局,1991.

[15] 方以智.物理小识.北京:商务印书馆,1936.

[16] 吴伟业.梅村家藏稿.上海:上海书店出版社,1989.

[17] 谷应泰.明史纪事本末.北京:中华书局,1977.

[18] 张廷玉.明史.北京:中华书局,1962.

[19] 杨英撰,陈碧笙校注.先王实录校注.福州:福建人民出版社,1981.

[20] 阮旻锡.海上见闻录.福州:福建人民出版社,1982.

[21] 中国兵书集成编委会编.中国兵书集成:第十四册—四十册.北京:解放军出版社,沈阳:辽沈书社,1994.

[22] 黄宗羲等.南明史料(江苏地方文献丛书).南京:江苏人民出版社,1999.

[23] 中国第一历史档案馆,中国社会科学院历史研究所译注.满文老档.北京:中华书局,1990.

[24] 清实录.北京:中华书局,2008.

[25] 大清会典.长春:吉林出版集团,2005.

[26] 杨讷,陈高华主编.元代农民战争史料汇编.北京:中华书局,1985.

[27] 李光涛主编. 朝鲜壬辰倭祸史料. 台北: "中央研究院" 历史语言研究所, 1970.

[28] 北京大学朝鲜文化研究所, 中国社会科学院中国边疆史地研究中心主编. 壬辰之役史料汇编. 全国图书馆文献缩微复制中心, 1990.

[29] 郑天挺主编. 明末农民起义史料. 北京: 中华书局, 1954.

[30] 厦门大学郑成功历史调查研究组主编. 郑成功收复台湾史料选编. 福州: 福建人民出版社, 1982.

[31] 王兆春. 中国火器史. 北京: 军事科学出版社, 1991.

[32] 王兆春. 世界火器史. 北京: 军事科学出版社, 2007.

[33] 王兆春. 中国科学技术史. 军事工程卷. 北京: 科学出版社出版, 1998.

[34] 王兆春. 中国古代军事工程技术史: 宋元明清. 太原: 山西教育出版社, 2007.

[35] 刘旭. 中国古代火炮史. 北京: 军事谊文出版社, 2003. 上海: 上海人民出版社, 1989.

[36] 刘旭. 中国古代火器火药史. 郑州: 大象出版社, 2004.

[37] 徐新照. 中国兵器科学思想探索. 北京: 军事谊文出版社, 2003.

[38] 中国军事史编写组编. 中国军事史第一卷兵器. 北京: 解放军出版社, 1994.

[39] 中国军事史编写组编. 中国军事史第六卷兵垒. 北京: 解放军出版社, 1994.

[40] 黄一农. 明清之际红夷大炮在东南沿海的流布及其影响. 台北: "中央研究院" 历史语言研究所集刊第 81 本, 2010.

[41] 黄一农. 明清独特复合金属炮的兴衰. 新竹: 清华学报新 41 卷第 1 期, 2011.

[42] 黄一农. 红夷大炮与明清战争: 以火炮测准技术之演变为例. 新竹: 清华学报新 26 卷第 1 期, 1996.

[43] 黄一农. 欧洲沉船与明末传华的西洋大炮. 台北: "中央研究院" 历史语言研究所集刊第 75 本, 2004.

[44] 黄一农. 天主教徒孙元化与明末传的西洋火炮. 台北: "中央研究院"

历史语言研究所集刊第 67 本，1996.

[45] 黄一农 . 崇祯年间招募葡兵新考 . 北京：历史研究第五期，2009.

[46] 黄一农 . 两头蛇——明末清初的第一代天主教徒 . 上海：上海世纪出版股份有限公司，上海古籍出版社，2006.

[47] 顾诚 . 明末农民战争史 . 北京：光明日报出版社，2012.

[48] 顾诚 . 南明史 . 北京：中国青年出版社，2003.

[49] 周维强 . 明代战车研究 . 台北：国产清华大学历史研究所博士论文，2008.

[50] 马楚坚 . 明清边政与治乱 . 天津：天津人民出版社，1994.

[51] 唐志拔 . 中国舰船史 . 北京：中国海军出版社，1989.

[52] 张铁牛，高晓星 . 中国古代海军战史 . 北京：解放军出版社，1993.

[53] 刘永华 . 中国古代军戎服饰 . 上海：上海古籍出版社，2006.

[54] 工程兵工程学院《中国筑城史研究》课题组 . 中国筑城史研究 . 北京：军事谊文出版社，1999.

[55] 尚智丛 . 明末清初（1582—1687）的格物穷理之学 . 成都：四川教育出版社，2003.

[56] 方豪 . 中国天主教史人物传 . 北京：中华书局，1988.

[57]（意）利玛窦，（法）金尼阁 . 利玛窦中国札记 . 北京：中华书局，2010.

[58] 中国科学技术典籍通汇：第五卷 . 郑州：大象出版社，1994.

[59]（日）赖山阳，久保天随 . 重订日本外史 . 北京大学出版社，2015.

[60]（德）马克思，恩格斯 . 马克思恩格斯全集 . 第十四卷 . 北京：人民出版社，2006.

[61]（苏联）谢·弗·马赫鲁申 . 哥萨克在黑龙江上 . 北京：商务印书馆，1975.

[62]（美）杰弗里·帕克 . 剑桥战争史 . 长春：吉林人民出版社，1999.

[63]（法）布罗代尔 . 15 至 18 世纪的物质文明、经济与资本主义 . 北京：生活·读书·新知三联书店，2002.

附录：古代与世界接轨的筑城体系——

明末雏形棱堡初探

中国冷兵器时期，在全国范围内广泛耸立的大大小小的城池是军事防御的主要支柱之一。最初的城池基本是由城门与城墙组成。城墙，是古人用土木、砖石等材料，在聚居点四周建起的与外界相隔的围墙。围墙之中用以交通的出入口则叫城门。后来，随着攻城武器及战术的发展，城池又出现了敌台（马面）与角楼。敌台与角楼都是凸出城墙之外的墩台，它们能够实施侧射，相互之间形成交叉火力点，掩护城墙。一般在城墙的周围，每隔数十米至数百米便筑起一座敌台，而角楼则建在城池的四隅，用以保护容易受到两面夹击的城角。

中国古代的敌台（马面）与角楼，以方形为主，这在设计上是有缺陷的。以间隔不远的两座敌台为例，它们的侧射的火力点除了互相掩护自身的侧面之外，还能掩护处在两台之间的那一段城墙。但是，每一台敌台的正面都是没有交叉火力掩护的死角，往往成为敌人的突破口。更为严重的是，随着火器出现在战场上——特别是各类精良火炮的大量使用，对敌台构成了致命的威胁。那些凸出城墙之外的敌台成了炮弹打击的焦点，很容易被击毁。

那么，怎样改进敌台，使之提高在火炮打击之下的生存能力呢？这便成了一个难题。这不止困扰着中国人，也是世界性的难题。例如古代西欧城堡的凸出城墙之外的楼塔（相当于中国的敌台），也是以圆形、方形为主的，它们在攻城火炮面前，同样面临着与中国方形敌台一样的困境。

防御火炮的楼塔最早出现在欧洲。恩格斯在《棱堡》一文中指出："大约在16世纪初（明代中叶），意大利的工程师终于将圆形楼塔或者方形楼塔改为多角形楼塔，这就建成了'棱堡'。"[1]棱堡是一种不等边的五角形（棱形）工事，这种最初的筑城体系还很简单，并不完善，意大利人刚开始发明的棱堡"还带有前身古代楼塔的痕迹"，例如凸角很钝、正面短小等等，或许只能称之为"雏形棱堡"。不久之后，楼塔的各个正面除了五角形之外，还产生了三角形、皇冠形等，它们的共同特点是正面都为角形。总之，雏形棱堡最基本的两个条件是：第一，楼塔的正面是角形，而不是传统的方形与圆形，没有射击死角。第二，凸出城墙的角形楼塔，使敌人直射的炮火容易打滑，产生跳弹。

现在探讨雏形棱堡是什么时候传入中国的问题。这要从西方的传教士说起，自从明代嘉靖年间开始，西方的传教士就想方设法进入中国传教。著名的有意大利籍的耶稣会传教士利玛窦，他于明朝万历年间来到中国的北京居住，在传播天主教的同时也带来了西方文化。以徐光启、李之藻等人为代表的一些明朝士大夫对西方的文明与先进的科学技术非常感兴趣。特别是徐光启，在拜利玛窦为师后，皈依了天主教，陆续翻译了西方的一些天文、算法、农学、水利著作。当时，女真（后来的满族）政权后金已经在东北地区崛起，正在到处攻城略池，而辽东的明军屡战屡败。这种背景之下，热衷于军事的徐光启肯定不会忘记向西方教士请教西方的先进火器以及筑城体系，并将其介绍给国人。棱堡，大约就是在这时传入中国的。

辽东明军守城时经常使用的战术是在城外挖壕布阵，安放各类火器阻击敌人。当时任詹事府少詹事的徐光启不赞同这种做法，他认为放在城外的铳炮一旦落入敌手，就会被敌人转用于攻城，后患无穷。天启元年4月26日，他向天启帝呈上的一篇疏文中，指出要将铳炮放在城内打击敌人。他提议建立"附城敌台，以台护铳，以铳护城，以城护民。万全无害之策，莫过于此。若能多造大铳，如法建

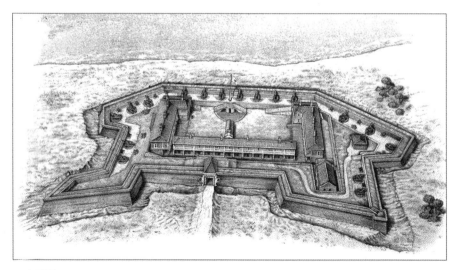

▲ 欧洲棱堡

台，数里之内贼不敢近，何乎仰攻乎？一台之强可当雄兵数万，此非臣私智所及，亦与蓟镇诸台不同，盖其法即西洋诸国所谓'铳城'也。臣昔闻之陪臣利玛窦，后来诸陪臣皆能造作，闽广商民亦能言之。而刑部尚书黄克缵、浙江按察使陈亮采，知之尤悉"。徐光启还强调："今日之事若尽用臣言，造台造炮，悉皆合法，而他日有一城一马横行城外者，臣请以身执其咎矣。都城既安，就用此法行于边境各处。"天启帝于 29 日回复："这城守台铳，既确任有济捍卫，着该部（工部）会同议行……"[2]

从上述的这篇奏文来看，徐光启对西洋诸国的"铳城"推崇备至，而了解这种新式筑城体系的朝臣还有刑部尚书黄克缵、浙江按察使陈亮采、兵部尚书崔景荣、侍郎邹元标等人，甚至连南方的一些闽广商民亦对此亦有所知。

那么，这种名叫"铳城"的新式敌台是不是在西欧流行的雏形棱堡呢？徐光启在此之前于万历四十七年六月的一篇奏文早已解释清楚了。他在文中提到京城急需制造"万年台"时，声称："臣再四思，惟独有铸造大炮，建立敌台一节，可保无虞。造台之法，于都城四面，切附门垣，用大石叠砌，其墙极坚极厚，高与城等，分为三层，下层安置极大铳炮，中层、上层以渐差小。台径可数丈，每台约用惯习精兵五百人。其最大炮位平时收藏内府，第二三等藏之戎政衙门，间有警急，即行修整安置。贼寇攻围，相机施放，虽有大众，一时歼灭矣。台大铳大，周城只须十二座，形载或小，量应加添。再将旧制敌台改为三角三层空心式样，暗通内城，如法置放。再于城中建置大台五六座，即千百万年，永无可拔之理。"[3] 很明显，文中所谓的"三角三层空心式"敌台，就是一种雏形棱堡。

是不是所有的雏形棱堡都必须依附城池呢？徐光启不这样认为。他说："敌台果如法，不附城无害，即四面受敌无害，第难为虑始者言，故累疏皆云切附门垣，而远计者皆恐台为敌有，不思得台即得城也。"[4] 这里提出了不依附城池而单独存在的新式敌台，也是一个创举。

这种新式敌台，除了计划在京城建立之外，同时还企图在辽左、蓟镇等沿边其他地方修筑[5]，其中引人注目的是，徐光启在同一年（万历四十七年）的十月又上奏的一篇《时事极迫极窘疏》说道："臣前疏条陈建造敌台，设置大炮一事，无论蓟镇已有成验，即宁夏沙湃地方，全藉此台，虏不敢窥。枢臣黄嘉善、杨应聘所亲试，各为臣言。"[6] 宁夏的沙湃一带，与蒙古诸部接壤，形势比较复杂，历史上曾经多次修筑防御工事。中枢大臣黄嘉善、杨应聘等人曾经到该地考察。

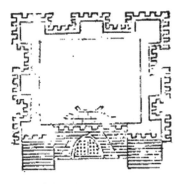

▲ 城堡（敌台，指城墙中央凸出部分，四角凸出部分为角台）

根据徐光启的疏文，很可能在万历年间就建起了新式的西式敌台。

不过，三角形敌台尚未能在当时的筑城体系取得绝对优势。徐光启后来在天启元年六月提出要在京城规划"离城角十丈筑址"，建立"台形正圆"的敌台。圆形敌台在明代之前就有，它存在着射击死角，比不上角形敌台。按照恩格斯的说法：棱堡筑城体系可按一些国家来分类。而"意大利"派建造的雏形棱堡除了一些多角形的楼塔之外，还有"圆台堡"。[7]前文已经提到过，徐光启的西式筑城技术是跟意大利人利玛窦学的，所以他同时提出建立角形敌台与圆形敌台，都不是偶然。

从徐光启的著作来看，一些圆形的附城敌台用砖块、石料等砌成，墙一般厚达一丈以上，分为三层，仅仅高度就达到了三十米左右。[8]这与西式棱堡降低高度，以避免火炮打击的发展趋势不同。原因可能是那时的后金军队还未能拥有威力巨大的攻坚利器——红衣大炮（明人叫"红夷大炮"）。

然而，徐光启积极筹备的西式筑城体系没有受到应有的重视。例如那个京城万年台就没有成为现实，他后来在崇祯三年回顾道："臣于万历四十七年议造京城万年台，以为永久无虞之计，至天启元年奏旨充行，业同道臣王佐及都科道之臣，躬行相度，程工估料，卷在缮司，可考也。此功若就，即可渐致大小炮位，充物其中，纵有敌骑数万，必将歼灭无遗。若不近城，即小者亦可用为战锋，使前无横敌。奈臣孤立寡援，而东帅臣委曲旁午，事乃中止。蹉跎至今，遂使闻敌仓皇，茫无定策，有识者不能不痛恨于阻议之臣也。"[9]

徐光启的仕途多舛，天启帝在位时，他因为经常郁郁不得志，以病辞归，不久复出，先是与兵部尚书崔景荣意见不合，其后担任礼部右侍郎时更与魏忠贤的阉党发生摩擦，长期"落职闲住"，才华得不到充分的施展。

幸运的是，徐光启注意培养人才，所以后继有人。他认为制造新式敌台，"多有巧法，毫厘有差，关系甚大，须于前项荐举人才中，求其深心巧思、精通数理者，信任专管，斟酌指授"。[10]他的杰出学生孙元化就是这样的人才。

孙元化精通西学，对筑城技术深有研究。天启二年，他以举人的身份上疏朝廷，称"用兵莫如火器，急守莫如铳台"。《明实录》记载天启二年二月，吏科给事中侯震旸在疏文中推荐孙元化时称："'中国长技在火器，然火器用以临敌必藉车，用以守城必藉台。造车已奉旨，有谭谦益等可期实济。其'锐台'之法，宜讲精之者，现有举人孙元化，急宜留用。照法建制一台，既就，各台齐筑，推之山海、蓟门各关隘，各行建筑，以成金汤之固。'疏下兵部题覆言：'锐台近在郊坼者，恐敌及踞高以薄城，僻在旷野者，巩敌趋间道轶我。若山海、桃林、喜峰口、一片石等处，得一铳台，便可当万人之敌，令孙元化相度地形，扼虏必繇之路，各建一台，即以一台之费为诸台式隘口，有金汤之固矣。其教练大器之法，即令孙元化指授方略于将领，惟造铳之人，方习用铳之法也。命依议速行。'"[11]

侯震旸请求孙元化负责制造的"锐台"抵抗敌人，得到了兵部的支持。这种"锐台"，徐光启将其称之为"锐角台"，他后来曾经在一篇提及首都城防的疏文中称："都城万全计，必赖大小炮位，其铳台必须大者，只于城台两旁各造一'锐角台'，以备城门，内城西北，外城西南，各城一台，以备纡曲……"[12]文中的"锐角台"，也许就是徐光启在天启元年所说的"三角三层空心式"敌台，徐光启后来于崇祯三年正月的一篇疏文中还将其称之为"空心三层锐角台"，应该就是一种雏形棱堡。[13]

可见，孙元化的筑城技术与徐光启一脉相承。于是，孙元化运用从老师那里学到的知识，在山海关、桃林、喜峰口、一片石等沿边要地建筑铳台。

《明史》记载孙元化受到兵部尚书孙承宗的邀请，"得赞画经略军前。主建炮台教练法，因请据宁远、前屯，以策干王在晋，在晋不能用。承宗行边，还奏，授兵部司务。承宗代在晋，遂破重关之非，筑台制炮，一如元化言。已，元化赞画袁崇焕宁远。还朝，寻罢"。[14]

根据史书的记载，当时王在晋继熊廷弼之后经略辽东，此人为了加强山海关的防御，企图在距山海关不远的八里铺一带圈地筑墙，再修筑一道关口，从而形成前后二道防线，这就是所谓的"重关"。但这个计划遭到了孙承宗、孙元化以及宁前兵备佥事袁崇焕等人的反对，故此，孙元化没有得到王在晋的重用。天启二年八月，孙承宗取代王在晋任辽东经略后，孙元化重新受到重用，在边关"筑台制炮"，并一度协助袁崇焕防守宁远。

后金首领努尔哈赤曾经在天启六年正月率大军围攻宁远。明将袁崇焕、满桂等人婴城固守，用西式红夷大炮取胜，史称"宁远大捷"。《明实录》记载此战明军"城上铳炮迭发，每用西洋炮（红夷大炮），则（后金军队的）牌车如拉朽"，当后金军接近城池时，"门角两台攒对横击，然止小炮也，不能远及，故门角两台之间，贼遂凿城高二丈余三四处。于是，火球、火把争乱发下，更以铁索垂火烧之，牌始焚，穴城之人始毙，贼稍却……"[15]

因为明军在两台之间侧射的小炮其射程过近，致使后金军队能够在炮弹射不到的地方凿城，最后要靠守军抛下火球、火把等物焚烧进攻的敌人。

这一战似乎打得不是十全十美。然而，时刻关注战局的徐光启仍对宁远之战给予了很高的评价，他说："近岁宁远被攻，穴城至六十余窦，垂破矣。大炮一击，歼贼至一万七千人，老酋宵遁。岂有大台贮铳，百倍坚城，遽以委贼乎？"[16]

孙元化在边关数年，一直积极提倡建立雏形棱堡，这可以在《明实录》天启六年正月条中找到线索："兵部主事孙元化疏请用西洋铳台法，谓弓矢远于刀枪，故敌尝胜。我铳炮不能远于敌之弓矢，故不能胜敌。中国之铳惟恐不近西洋之铳。惟恐不远，故必用西洋铳法。若用之平地，万一不守，反籍寇兵，自当设台。然前队挨梯、拥牌以薄城，而后队强弓劲矢继之，虽有远铳，谁为照放？此非方角之城、空心之台所可御敌，必用西洋台法。请将现在西洋铳作速料理，车弹药物安设城上，及时教练，俟贼稍缓，地冻既开，于现在城墙修改如式，既不特建而兹多费，亦非离城而虞反攻，都城既固，随议边口。"[17]

孙元化在天启六年再次呼吁用西洋铳台法，取代传统的"方角之城、空心之台"。这或许是他受到后金军与明军正在辽东对峙的紧张局势的刺激所致。可见，这种西洋铳台法绝非是"方角之城"，而是正面为角形的雏形棱堡。但是，由于明廷财政紧张等原因，雏形棱堡不可能在边关得到广泛的推广。

《明实录》接着记载了孙元化在天启六年二月发表的一番言论，他说："守关，宜在关外。守城，宜在城外。有离城之城，外则东倚首山、北当诸口，特建二堡，势如鼎足，以互相救。有在城之城，外则本城之马面台、四角台皆照西洋法改之，形以长爪，以自相救。"明帝完全同意他的看法，尽管宁远之战刚刚结束，还是命令他迅速"赴宁远与袁崇焕料理造铳建台之策"。[18]宁远城的马面、角台是否真的被改造成了西洋铳台法呢？这是一个疑问。因为现存的宁远古城，角台仍旧是传统的方形。实际上，袁崇焕原先设定的城高是"三丈二尺，雉高六尺，址广三丈，顶部二丈四尺"。[19]而现存的城无论是高度，还是底面与顶面的宽度，都与史籍记载的不同。因为《明清战争史略》的作者曾经到过宁远，他自称"近年曾去兴城（即宁远）考察，所见城墙完整，四门俱在，仍保持着古朴雄姿。据测量，城周长为3200米，合六里200米。平均高度为6米，底宽6.5米，顶宽5米"。[20]另有学者认为此城在清代重修过，与明朝时期有异。"宁远卫城北墙有一块石碑记载：'北面自西北角起，至东北角，长二百六十五丈六尺六寸，乾隆十四年八月，佐领伊林保、宣州伊汤修。'从记载知道卫城北边墙到乾隆年间时的长度，与实地勘察的长度基本相符；同时说明宁远卫城在清代乾隆十四年（1749年）重修过。"[21]

　　光阴似箭，日月如梭。当崇祯帝继位后，在天启年间一度因受到阉党排挤而致仕返乡的袁崇焕被重新起用，升为辽东经略。而孙元化则改任山东右参议，在袁崇焕的领导之下整顿宁前兵备。崇祯三年，皮岛副将刘兴治作乱，朝廷决议在山东沿海设立登莱巡抚，加强海防。孙元化经徐光启的荐举，调任登莱巡抚，驻登州。他聘请葡萄牙炮师到登莱铸炮及训练士卒。不料，部属孔有德、耿仲明在两年后叛变，攻克了登莱。虽然叛军念旧，将孙元化释放，但他还是在次年被朝廷处死。

　　孙元化留下了《西法神机》这本著作，此书在崇祯五年写成。其中《铳台图说》一章在涉及西式筑城法时，写道："凡敌至城下，则铳不及矣。有棚梯。则抛石、滚木无用矣。是以出为马面台，使我兵从马面台横击也。然敌又以棚梯薄台，安从横击？故法宜出为'铳角'。"[22]

　　什么叫"铳角"呢？孙元化解释道："'铳角'者，犹推敌于角外，以就我击，故铳无不到，而敌无得近也。"[23]也就是说，铳角与马面台不同，它是没有射击死角的。

　　第一图，在凸出城墙的方形马面的两角之上分别筑起两个棱形（近似棱形）小铳角，用来保护马面。

　　第二图，在方形城池的四

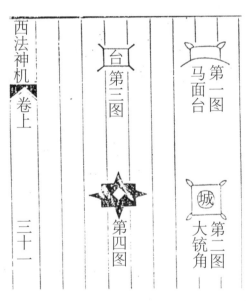

▲《西法神机》收录了四幅图，描述了四种铳角的形状

隅分别筑起四个梭形（近似棱形）大铳角，用来保护城池。

第三图，在单独的炮台（或敌台）的四隅分别筑起四个大铳角，用来保护炮台（或敌台）。

第四图，在单独的炮台（或敌台）的四边分别筑起四个三角形的小铳角，用来保护炮台（或敌台）。

从图中可见，孙元化笔下的铳角，有梭形（近似于棱形）、三角形等不同形状，为我们留下了真实的第一手资料。这些铳角几乎都以锐角为主，或许与前文侯震阳提到的"锐台"以及徐光启提到的"锐角台"都属于同一类型的锐角棱堡。这表明，那时雏形棱堡的棱角模式还很单一，后来经过发展，又产生了钝角棱堡，甚至可能还有直角棱堡等等。

孙元化非常看重铳角的防御能力，他认为，"城虚而铳角皆实，故城体薄而铳角皆厚。城用大铳于角，而鸟枪、弓矢助之于墙；台用大铳于中，而鸟枪、弓矢助之于角，用大铳之处，傍出土筐，一以防铳；二以代堵。盖铳最为害器，虽精，犹恐裂也，故防之于筐，隐之于后，既隔铳，亦捍敌矣。堵薄，故易震。既设筐，遂不设堵矣"。[24]

这里的所说的"堵"，是指城上的墙垛，也就是城墙上面那一排用来掩护士兵的凹凸状矮墙，如果厚度不够，很容易被火炮轰得粉碎，这样就会致使城墙上的士兵失去掩护，完全暴露在敌人各种远程兵器的打击之下，难以立足。孙元化主张用土筐代替那些薄城堵。又或者将城堵改建成房屋，以堵口为窗，用来观察敌人。他在书中说："城之上设堵于墙，即为营房，台之上设堵于角，即为望房，便其饮食坐卧于斯，用志不纷矣。角之铳者，西法也，堵之即为营房者，闽粤秦晋皆有之也。"[25]

铳角的台阶也要做足安全措施，"其台之向内一面设级以登，更以矮墙护之，铁门扃之。矮墙一门，由门登级，由级入房，通级之房，亦以铁门扃之，虞墙之破也"。另外，台上"宜为药窨，宜为水库，别有法度，必蓄二十人受围十日之需而可矣"。[26]

孙元化在书中最后总结道："铳以强兵，台以强铳，台有一定之形势，面角有一定之周径广狭，其直、其折、其平、有绳矩；其虚、其实、其屯营、其更舍、有方位，稍合法，不可以用铳也……"[27]

徐光启在此期间也不遗余力地推广西式筑城法，他于崇祯三年六月的《钦奉明旨条画屯田疏》中称："边方紧急去处，于栽种地所造如式'吊角空心敌台'

一座"，"其所造敌台，平时与本官居住，仍令于台上各备大小火铳、药弩等件，遇有虏警，集户下丁壮，于台上射打"，"卫边要地，人人惮往"。徐光启建议如果那里的读书人"独能筑治台堡，开垦地亩者，与内地难易迥绝"，应该参照辽东诸生的例子，在乡试时予以优待。[28]

徐光启与孙元化的西式筑城法源自意大利人利玛窦，而明末来华的另一位欧洲传教士——德国人汤若望，也将棱堡筑城体系带来了中国。由汤若望传授，明人焦勖写作的《火攻挈要》，与《西法神机》一样，也是记载西方火器技术的著作，但要晚出十多年，其中的《守城说略》一篇中说道："西洋城守所用火攻无甚奇异，但凡城之突处，必造铳台。其制'捏腰三角尖形'，比城高六尺，安大铳三门或五门，以便循环迭击，外设铳以备近发，设练弹以御云梯，合上另筑瞭台二层，高三丈，上设'视远镜'，以备瞭望。且各台远近左右，彼此相救，不惟可顾城脚，抑可顾台脚。是以台可保铳、铳可保城，兵少守固，力省而功巨也。"[29]

谁能否认书中所说的"捏腰三角尖形"铳台不是雏形棱堡呢？

焦勖的生卒年月不详，他很可能是一名铸炮工匠，协助奉帝命督造火炮的汤若望开展工作。由此可以认为，棱堡筑城体系不但在朝廷士大夫中散播，亦已经流传到了民间。经验丰富的民间工匠，建筑出棱堡筑城体系的城防工事，也不足为怪。

明代的金山岭长城有棱形墩台。[30]山海关一片石的九龙口水关，城墙上凸出九个三角形敌台，这种敌台与孙元化在《西法神机·铳台图说》一章中第四图记录的三角形敌台非常相似。

北方的知识分子留下了很多关于棱堡筑城体系的文献资料，南方也有这样的史籍。明朝灭亡之后，在江南抗清而死的钱旖生前编撰了一本名叫《城守筹略》的著作。其中《敌台》涉及棱堡筑城体系，原文比较长，现抄录如下：

"城墙正面不便俯视，恐矢弹正面对攻，不敢眺望，故贼得攻逼城下，任意施为。如今之城，不必矢弹对攻，虽枪笆亦上刺有余矣，全仗高台两边顾视夹击，贼不得直至城下，又不能屈矢斜弹以伤我台上之人，故我得以放心肆力敌贼也。有城无台，亦如无城。台非其制，亦如无台，城以卫人，敌台又以卫城。敌台之制，紧靠城之外，身贵于长出，不贵横阔，台脚基长出二丈五尺，则收顶止有一丈一二尺矣。台基横阔一丈二尺，则收面止有八九尺矣。原城有二丈高者，台比城身再高三四尺。城无二丈高者，台比城身再高五六尺。台上左右垛墙，平腰之半，

▲ 九龙口水关

各开三垛口，每口要阔一尺四寸，以便抛打砖石，放发矢弹，墙脚下中夹各开一孔，方圆八寸，以便打放佛朗机、百子铳。正面垛墙比左右墙更高二尺，不宜开垛口，恐正面矢弹打入，伤台上人，又不能站立矣。止于人头高处，开方圆六寸阔四孔，墙下置垫脚石，备不时观视。上盖瓦屋，檐各出墙二尺，许使兵夫得以安身，火器得以敝风雨。各台相去二三百步，或一百余步，或七八十步，随其城之屈直回折，以为远近，不必拘泥。"【31】

　　书中记载，这种敌台高约九至十米。台基长七八米，阔三四米。台顶部长约三四米，阔约三米。各个敌台之间，有相距七八十步、一百余步或者二三百步，都在铳炮的射程之内。仅就高度而言，比起徐光启的圆形敌台差不多降低了三分之二，更有利于避免火炮的打击。

　　《城守筹略》认为："筑实敌台不如筑虚敌台，其空用砖砌三面而空其中，中有二层，以木板为楼，用木梯上下。每层多置空眼，以便窥观及放鸟铳、弩箭之类。敌台亦有三类，造于城角，一也；或于城墙居中造之，二也；或于城外另作，三也。城角上者，谓之'正敌台'，此必不可无者，墙居中者，因其角钝，谓之'扁敌台'，另作于城外者，谓之'独敌台'。扁敌台之为用，盖缘城墙太长，二台相去甚远，彼此难以救援，故于其中再立一台以为掎角，其台之'颐''鼻''眉''眼'，以及铳所皆与正台同，但二额所交之角为极钝之形，取其便于用也。独敌台若筑城门外，建以掩门，以更为固守难攻计也。盖欲攻他台，必先攻此，即使攻破，尚在城外，何损于守乎？其形皆如他台，但此不作'吭'，用桥从城上达之。又有'双敌台'，其左右各有铳眼，用以守山谷或湖海之夹洲，则建之。又有'双鼻之台'，此乃建于极锐角式之城者，其鼻分作二角，便于相救。"[32]

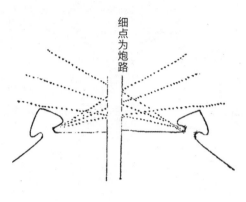

▲ 正敌台

记录在《城守筹略》这本书中的各类棱堡名目繁多，有"正敌台""独敌台""扁敌台""双敌台""双鼻之台"等。敌台中央突出的那个台角称为"鼻"；由台角延伸而出的两边叫作"颐"；敌台背后伸向城墙的两条边叫作"眉"；两眉之间的凹入处叫作"眼"；敌台与城墙的通道叫作"吭"。扁敌台是向后凹入的，而独敌台则凸出在城墙之外。此外，两个敌台可以纵向叠成"双敌台"（又叫"双眉双眼敌台"）；还可以横向紧挨在一起，组成"双鼻之台"。

书中的"正敌台"一图中写着"细点为炮路"这几个字。所谓"炮路"，按照现代的说法，也就是枪炮的"弹道"。从图中看出，守军隐蔽在正敌台背后的"吭"，利用铳炮掩护另一个敌台的"鼻"与"颐"，使城墙完全不留任何射击死角。这种棱形敌台中间横突的两"眉"对隐蔽在背后的作战人员多了一层保护作用，比起孙元化设计的棱形（近似于棱形）与角形的铳台更加先进。而"独敌台""扁敌台""双眉双眼敌台""双鼻之台"都有上述优点。从附图中还可以看出，这些敌台大多数是钝角的（只有"双鼻之台"由两个锐角组成），它们与孙元化设计的那些锐角棱堡不同，根据恩格斯的观点，锐角棱堡效果的确不好，但是"实际上钝角形凸角非常有利，而且是多边的多角形要塞所不可避免的"。[33]

就这样，各种敌台互相配合，协同作战，这符合16世纪欧洲工程师丹尼尔·斯佩克尔提出的棱堡工事体系的一些原则："构成要塞围墙的多角形的边越多，要塞越坚固，因为边多了，要塞的各个正面就可以更多地互相支援……"[34]

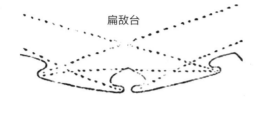

扁敌台

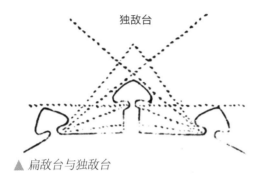

独敌台

▲ 扁敌台与独敌台

双眉双眼敌台

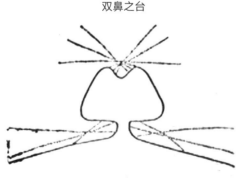

双鼻之台

▲ 双眉双眼敌台与双鼻之台

《城守筹略》中的《卫城铳台》篇还称："城有不可用铳者三，一曰'圆城'，谓铳能直放，不能绕放也；二曰'直城'，谓铳能仰前，不能俯下也；三曰'方形马面台'，谓方城只能顾城脚，不能顾台脚也。似此三种，以致虏贼临城，我铳不及，故得填壕。思逞筑土，内窥主客，胜负事未可定。若卫城之台，不可筑于城正面处，当筑于城之四隅、城委角处。城有五角、六角者，台亦宜有五座、六座，盖城委角处，左右顾盼，历历分明，角角有台，则彼此又互相照应。台式作三角形，每台厝大铳六门。台基系以石砧、木杵，垫以大石。台墙砌以砖，用沙、瓦屑、石灰、三和土[①]，筑之……许以糯米汁沃之，或以片糖汁沃之。日久，坚硬如铁。送发猛铳，可保无虞。台之中，筑一砖窑以藏火药。若城门正面有月城者，恐左右铳台又为月城所间，宜于城角外又筑方台而斜形，广袤十五尺，务必远过月城，

① 大概指"三合土"，这是中国古代建筑工程的优良材料，各个地区有不同的三合土，但其中必须包括石灰。

俾左右得相应援，即月城亦在所协护也。每台之铳，编成字号，镌以平仰俯放，得至某地成法，不致临期慌迫失措。"[35]

钱�的著作中指出了圆城的缺陷，这比起当初提议修筑圆形敌台的徐光启，又是一个进步。

《城守筹略》中的《缮葺旧城》篇涉及改造传统的旧式敌台的问题。书中写有"如先有敌台，为正方形，人守于内，亦可御外。即以此台为新法之'吭'，而别加'眉''颐'等类，或旧台相去太近，不及一箭之地，当去其一，改作稍远，如先有台，或大小，或圆形，预如法帮筑广大，盖圆而小不便用铳，其原有瓮城在城外者当改为城内，庶使台铳彼此救援"。[36]

此篇教导人们如何将正方形敌台以及圆形的小敌台改作棱堡。两个敌台相距太近则要改远。原在城外的瓮城也要改为城内。

综上所述，棱堡这种西式筑城体系在明末传入中国之后，产生了多种称号，分别有："三角三层空心式"敌台、"锐台"、"锐角台"、"空心三层锐角台"、"铳角"、"吊角空心敌台"、"捏腰三角尖形"铳台、"正敌台"、"独敌台"、"扁敌台"、"双敌台"、"双鼻之台"等等。这也没有什么奇怪之处，西方的火绳枪在明代中期传入中国时，不也是产生了"鸟铳""鸟嘴铳""噜密铳"等多种称号吗？

无可讳言，雏形棱堡是一种不完善的筑城体系，所以它的面世必然会受到守旧者的抨击。《武备志》收录有尹耕写的《堡约》十二章，叙述西北边境地区的城堡建制，其中谈到有的城堡城门两旁的角台与城墙不是九十度的直角，所以被作者批评为"矢道皆斜"，影响从侧面射击敌人。[37]其实，这种缺点，欧洲的一些雏形棱堡也有，而在意大利派棱堡筑城体系中，这种现象尤其突出。直到十六世纪"完全摆脱意大利派影响"的工程师丹尼尔·斯佩克尔在阐述关于棱堡工事体系的一些原则中才指出："需要互相掩护的各个工事配置得越近直线越好"，"棱堡的侧面——至少是部分侧面，最好是整个侧面——应同防守线垂直……"[38]

尹耕还继续抨击说："堡有垂角而出，缩腹而入者，亦须量势为台，必使相及，今一面止筑一台，不论远近出入，矢石纵及，亦弱而无力，倏忽之间，为虏所乘。"[39]这里批评的对象与孙元化在《西法神机·铳台图说》一章中第四图所记录的三角形敌台何其相像。

雏形棱堡从雏形走向成熟需要一个过程。恩格斯指出，西方的棱堡新式筑城体系，经过意大利、德国、法国等数学家、军事家、工程师们长期不懈的努力，"直

壕墙图

开垛口　　　不开垛口

▲《武备志》中的城堡

到大约 1740 年，科尔蒙太涅发表的'科尔蒙太涅的棱堡筑城法'才通常被认为是棱堡筑城体系中最完善的"。[40]

成熟的棱堡筑城体系比较复杂，它攻防兼备，可以包括实心与空心的两种棱形要塞、三角堡，以及相当于内堡的封垛，也有壕沟、中堤、斜堤，提供给守军掩蔽集结进行反击的掩蔽路、屯兵场等。这东西出现在世界上已经是 18 世纪中期的事了。而在 17 世纪的明清交替时期，长途跋涉来到东亚的欧洲人，他们建立的棱堡还没有那么先进。

在 1661 年，郑成功为收复台澎地区与荷兰人兵戎相见。荷兰人在占领区内建有多个棱堡。但是在乘坐着数百艘战船的二万五千多郑军咄咄逼人的攻势下，荷兰人弃守了很多据点。其中最激烈的战斗发生在热兰遮城。

热兰遮城有多个凸出城墙的棱堡。例如地亚棱堡、连接海岸的新棱堡、弗里辛根棱堡、坎普菲尔棱堡、格列德兰棱堡等等，城外筑有壕沟及中堤。但是并非所有楼塔都是棱堡，还有半月形堡等。[41]一些堡垒放着"大铳"，而中国人按照自己的习惯称之为"附城铳城"。[42]

郑军的青铜炮、铁炮等火器猛烈轰击，在围城期间"约发射了两千五百发炮弹"[43]，其中有十二磅、十八磅与二十四磅的炮弹[44]，令热兰遮城的胸墙受到严重损坏，驻防台湾的一千多名荷兰军人在多次战斗中伤亡惨重。尽管如此，郑军还是未能迅速攻克该城，最后通过长期围困的办法迫使守军投降。

到了 17 世纪，沙俄军队来到黑龙江上游的雅克萨，他们在那里筑起城堡，不断向黑龙江内地渗透。1685 年正月，清朝出兵驱逐沙俄军队，收复了雅克萨。但不久沙俄军队又卷土重来，他们"在原来城堡的旧址上，耸立起一座合乎当时工

▲ 热兰遮城

程技术的一切规则的城堡，四面围以底宽四俄丈、高三俄丈的土墙（相当于'堤'）。土墙系用草土、黏土和植物根修成，异常坚固，四周都筑有四棱突出的炮垒，围绕土墙掘有壕沟。此外，在陆地一侧，还竖起一道直抵江边的木栅。堡内修建了粮仓、火药库、军需仓库和近十所居民住所"。[45]

从书中描述的"一座合乎当时工程技术的一切规则的城堡"、"四棱突出的炮垒"等语句来看，至少苏联人认为这种东西算是棱堡筑城体系。

康熙二十五年（1686年）5月，清军又发起了雅克萨反击战，黑龙江将军率两千多人将八百多名沙俄军人包围在城堡之内，在攻城时动用了神威无敌大将军炮、金龙炮、子母炮等大、中、小各型火炮，但未能攻陷，只好在周围挖壕修垒，进行长期围困。至年底，城中俄军大部死亡，仅剩下一百五十多人。沙皇得知了雅克萨失利的消息后，不得不接受停战谈判，与清朝签订了《尼布楚条约》。

从上面两个战例看出，无论是荷兰人在台湾修建的热兰遮城，还是沙俄军队在雅克萨筑起的城堡，都属于

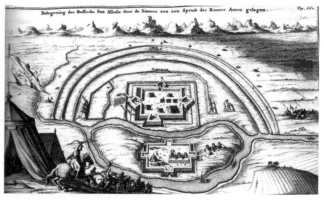

▲ 雅克萨之战中沙俄军队的城堡

并不完善的棱堡筑城体系。但是，中国军队还是难以在火炮的支援下直接克城，显示了这种棱堡筑城体系具备的坚固防御能力。

明末清初，国内的雏形棱堡算是与世界接轨的产物。然而，传入中国的棱堡并没有得到普

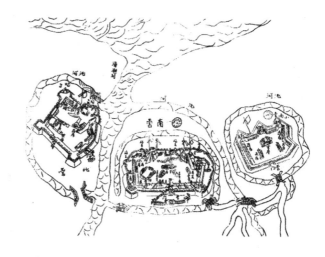

▲ 北塘炮台

遍采用。修建传统城池仍然是全国各地的主流。但是在火炮的威胁下，那些城池城墙的高度也相应降低，并增加了厚度，还逐渐将城上的角楼、战棚等不足以抵御炮弹的设施拆掉搬走。

顺便一提，当雏形棱堡再次受到国人瞩目时，已经是第一次鸦片战争之后的事了。

19世纪以来，西方资本主义国家的军事技术突飞猛进，不断从海陆入侵中国。清朝为了加强海陆疆域的防御，在境内修筑了大量炮台。当时的沿海地区有很多炮台式要塞，分别有曲折形炮台、圆形炮台、润土形炮台（以沙囊为墙筑成）等[46]，设置在入海口、海岸、内陆沿江险要地段。不过，第一次鸦片战争失败后，一批爱国知识分子提出"为夷为师"，学习西方先进的技术。在这种背景之下，有人又建议用西方发明的棱堡筑城体系来改造炮台。例如郑观生在《盛世危言》中认为炮台的护墙"必须成交角，不可成正角，斜至五分之一，敌炮若来，自可斜指而过"。而佚名的《海国图说》中论及"连环活动炮台"时，认为"连环活动炮台，竹木兼用……环以铁索，固以皮条，有纵有横，联络成阵，或斜或直，运动最灵，周围竹笆，斜溜以软炮力，性柔而势便捷，中空其心以容炮子"。

这两本书均认为修筑角形护墙、角形炮台可使敌人直射的炮火容易打滑，这实际就是一种雏形棱堡，历史兜了一个大圈，似乎又回到明朝末年的起点。

清朝亦有炮台修筑成雏形棱堡的样式。从描绘晚清的《北塘炮台图》可以看出，

左边的北营有三个棱形敌台（炮台），右边的小南营则有三四个三角形敌台。

晚清时国内出现的雏形棱堡，已经远远落后于西方了。更重要的是，因为火炮的发展以及攻坚战术的更新，即使是西方完善的棱堡筑城体系，其防御能力亦大打折扣，已经日渐式微。基于上述原因，对于棱堡在晚清期间未能在中国普及，也就不难理解了。

参考资料

[1]（德）马克思，恩格斯．马克思恩格斯全集：第十四卷上册．北京：人民出版社，2006：88.

[2] 练兵疏稿二：谨申一得以保万全疏 // 徐光启．徐光启集：上册．卷四．北京：中华书局，1963：175-177.

[3] 练兵疏稿一：辽左阽危已甚疏 // 徐光启．徐光启集：上册．卷三．北京：中华书局，1963：111.

[4] 练兵疏稿一：辽左阽危已甚疏 // 徐光启．徐光启集：上册．卷三．北京：中华书局，1963：116.

[5] 练兵疏稿一：辽左阽危已甚疏 // 徐光启．徐光启集：上册．卷三．北京：中华书局，1963：111-112.

[6] 练兵疏稿一：时事极迫极窘疏 // 徐光启．徐光启集：上册．卷四．北京：中华书局，1963：138.

[7]（德）马克思，恩格斯．马克思恩格斯全集：第十四卷上册．北京：人民出版社，2006：333.

[8] 练兵疏稿二：移工部揭贴 // 徐光启．徐光启集：上册．卷四．北京：中华书局，1963：193-202.

[9] 守城制器疏稿：丑虏皆东绸缪宜亟谨述初言以备战守疏 // 徐光启．徐光启集：上册．卷四．北京：中华书局，1963：285.

[10] 练兵疏稿一：辽左阽危已甚疏 // 徐光启．徐光启集：上册．卷三．北京：中华书局，1963：111.

[11] 明熹宗实录：卷十九．台北：中研院历史语言研究所，1962 年校勘本：991-992.

[12] 守城制器疏稿：继行事宜 // 徐光启．徐光启集：上册．卷六．北京：中华书局，1963：277.

[13] 守城制器疏稿：丑虏皆东绸缪宜亟谨述初言以备战守疏 // 徐光启．徐光启集：上册．卷六．北京：中华书局，1963：285.

[14] 徐从治传（附孙元化传）// 张廷玉．明史．北京：中华书局，1962：6423-6424.

[15] 明熹宗实录：卷七十．台北："中研院"历史语言研究所，1962年校勘本：3370.

[16] 练兵疏稿一：辽左阽危已甚疏 // 徐光启．徐光启集：上册．卷三．北京：中华书局，1963：116.

[17] 明熹宗实录：卷六十七．台北："中研院"历史语言研究所，1962年校勘本：3203.

[18] 明熹宗实录：卷十六七．台北："中研院"历史语言研究所，1962年校勘本：3270-3271.

[19] 袁崇焕传 // 张廷玉．明史．北京：中华书局，1962：6708.

[20] 孙文良，李治亭．明清战争史略．南京：江苏教育出版社，2005：167.

[21] 刘谦．明辽东镇长城及防御考．北京：文物出版社，1989：58.

[22] 西法神机 // 中国科学技术典籍通汇：第五卷．郑州：大象出版社，1994：1249.

[23] 西法神机 // 中国科学技术典籍通汇：第五卷．郑州：大象出版社，1994：1249.

[24] 西法神机 // 中国科学技术典籍通汇：第五卷．郑州：大象出版社，1994：1249-1250.

[25] 西法神机 // 中国科学技术典籍通汇：第五卷．郑州：大象出版社，1994：1250.

[26] 西法神机 // 中国科学技术典籍通汇：第五卷．郑州：大象出版社，1994：1250.

[27] 西法神机 // 中国科学技术典籍通汇：第五卷．郑州：大象出版社，1994：1250.

[28] 屯田疏稿：钦奉明旨条画屯田疏 // 徐光启．徐光启集：上册．卷五．北

京：中华书局，1963：232-233.

[29] 火攻挈要 // 中国兵书集成编委会编．中国兵书集成：第40册．北京：解放军出版社，沈阳：辽沈书社，1994：646.

[30] 兵垒 // 中国军事史编写组编．中国军事史：第六卷．北京：解放军出版社，1994：265.

[31] 城守筹略 // 中国兵书集成编委会编．中国兵书集成：第37册．北京：解放军出版社，沈阳：辽沈书社，1994：431-433.

[32] 城守筹略 // 中国兵书集成编委会编．中国兵书集成：第37册．北京：解放军出版社，沈阳：辽沈书社，1994：433-435.

[33] （德）马克思，恩格斯．马克思恩格斯全集：第十四卷上册．北京：人民出版社，2006：336.

[34] （德）马克思，恩格斯．马克思恩格斯全集：第十四卷上册．北京：人民出版社，2006：336、338.

[35] 城守筹略 // 中国兵书集成编委会编．中国兵书集成：第37册．北京：解放军出版社，沈阳：辽沈书社，1994：435-436.

[36] 城守筹略 // 中国兵书集成编委会编．中国兵书集成：第37册．北京：解放军出版社，沈阳：辽沈书社，1994：443-444.

[37] 茅元仪．武备志．台北：华世出版社，1984：4677.

[38] （德）马克思，恩格斯．马克思恩格斯全集：第十四卷上册．北京：人民出版社，2006：336，338.

[39] 茅元仪．武备志．台北：华世出版社，1984：4678.

[40] （德）马克思，恩格斯．马克思恩格斯全集：第十四卷上册．北京：人民出版社，2006：88.

[41] 厦门大学郑成功历史调查研究组．郑成功收复台湾史料选编．福州：福建人民出版社，1982：283.

[42] 阮旻锡．海上见闻录．福州：福建人民出版社，1982：45.

[43] 厦门大学郑成功历史调查研究组．郑成功收复台湾史料选编．福州：福建人民出版社，1982：181.

[44] 厦门大学郑成功历史调查研究组．郑成功收复台湾史料选编．福州：福建人民出版社，1982：270.

[45]（苏联）谢·弗·马赫鲁申.哥萨克在黑龙江.北京：商务印书馆，1975：67.

[46] 王兆春.中国火器史.北京：军事科学出版社，1991：314.

后记

《明帝国的新技术战争》至此已经结束。崛起于 14 世纪中叶，立国将近三百年的明朝，与世界上许多国家进行过空前频繁与密切的联系，因而其火器发展史也带有鲜明的时代特征。

本来明朝创立之初，由于国力强盛，无论是火器的品种、数量，还是使用的技术都处于世界领先水平。然而，当西方从黑暗的"中世纪"步入政治、经济与文化都朝气蓬勃的资本主义社会时，西式火器的品种日益增加，制造技术也突飞猛进。这些先进的火器带动了军事制度的一系列改革，因而使欧洲脱颖而出，确立了世界军事变革的中心地位。在此期间，随着沟通欧亚大陆的新航线的开辟以及海外贸易的兴起，东西方摆脱了过去各自的闭塞状态而走向前所未有的交流，同时，西方的佛朗机、火绳枪、加农炮等精良的铳炮与制造技术也适时地传到了东方，流入了中国，产生了深远的影响。

也就是说，从明代中后期起，世界已经由原先的分散状态慢慢地变成了一个整体。不同国家与地区之间的政治、经济、文化上的交流已经从昔日的涓涓细水汇成了汪洋大海。如果哪一个国家的执政者继续奉行闭关锁国的政策，那么这种违逆历史潮流的行为以及拒绝开放的态度必将让该国难以与世界融为一体，不利于进一步的发展。可是，当清朝在 17 世纪后期取代明朝而成为中国历史上又一个新的大一统帝国时，上层统治者一方面重视内陆疆土的巩固与扩张，另一方面却出现了忽视向海外发展的倾向。保守的清朝统治阶级长期墨守成规，没有进一步积极地与西方先进国家进行交流，一直到 19 世纪中期，仍旧对外采取种种闭塞的僵化措施，这无疑极大地延缓了社会各方面的发展，亦令火器技术更加滞后，最终酿成了严重的后果，在 1840 年的鸦片战争中被英国用"坚船利炮"强行打开了国门。

对火器技术的忽略亦与清朝统治阶级某些故步自封的思想有关，正如顾诚先生指出："清朝统治者虽然继承了明代的部分火器，但总的来说是开倒车，更重视传统的骑马射箭。"由于八旗军中的弓箭手与骑兵在开国战争中表现出色，长期以来受到清朝统治者的推崇备至，以致造成了深远的影响。甚至被后世的一些学者提升到"种族与文化"的高度进行吹捧。涉及种族方面的：主要认为满人的先辈女真人生活于关外苦寒之地，过惯了渔猎生涯，故具有强悍的血统，战斗力远胜于关内的汉人农民，最令人耳熟能详的提法当然是"女真满万不可敌"了。涉及文化方面：主要认为满人的传统特长是"骑射"，正好是汉人步卒的克星。事实上，清代满族统治者也是将"骑射"与"国语"（指满语）一起，视为本民族的传统习俗文化而刻意保持。不过，这类传统的看法值得商榷，所谓的"女真满万不可敌"的说法，最早源于女真族在12世纪起兵反抗直至攻灭辽王朝的战争（详见《金史·太祖本纪》），却不符合后世的情况，比如在17世纪爆发的明清战争中，女真军队即使人数过万时亦打了不少败仗，著名的有宁远之战、宁锦之战等，足以证明"女真满万不可敌"的荒谬。那么，清朝统治者津津乐道的"骑射"是否名实相副呢？如果把这个词拆开来，分别理解为"骑马"或"射箭"，似乎总有自圆其说的时候，可惜的是清朝统治者口中的"骑射"经常是指"骑着马射箭"，由此难免与事实相悖，因为大量的战例已经证明，这支军队赖以取胜的常常是"步射"而并非"骑射"，无论是努尔哈赤统一女真诸部期间，还是萨尔浒与松锦这两次大决战，发挥关键作用常常是擅长山地战的步兵弓箭手；就算战场转移到平原地区，依靠冷兵器近战的重装骑兵的表现也比射击弓箭的轻装骑兵更要加引人注目。所谓满人长于"骑射"的说法，很可能是受历史上"胡服骑射"典故的影响所致。由此可知，把满人的战绩归功于"种族与文化"的观点是站不住脚的，八旗军的胜利在很大程度上得益于领导者因时制宜而实施的政策，同时也与其善于利用对手的一系列错误有关。然而，当受到传统思维束缚的清朝统治者沉湎于过往的辉煌战果中，难免会对日新月异的新技术不够重视，故令火器的总体水平迟迟未能获得应有的进展，等到19世纪中期面对英国殖民者时，便显得猝不及防。

　　以史为鉴，可以知兴替——本书企图通过明代火器的发展历程及其在战史中的表现，阐述这一个历久常新的道理。当然，书中内容很难做到巨细无遗地收录所有与明代火器有关的战史，比如长达数十年的明清战争，几乎大大小小的每一战都与火器有着密切的关系，如果全部详细一一叙述，那么连篇累牍，主次不分的内容叙述恐怕也会使读者产生审美疲惫。作者写作的原则是选用具有典型意义的战例，以达到窥一斑而知全豹的目的。就拿武功显赫的明成祖时代来说，书中选用的是五次北征，而弃用同时期的南伐交趾，主要是因为神机营全程参与了北征，而这一标志性的事件最能代表火器发展的杰出成就，从而更具有典型的意义。基于同样的原因，有关农民起义的战例，选用了在崇祯年间颠覆了明朝统治的那场大起义，而弃用正统年间邓茂七、叶宗留的起义，也没有选用万历年间的徐鸿儒起义。总之，选题要尽量避免发生内容重复、情节雷同的现象。

值得一提的是，本书是在《大明帝国战争史》的基础上修订而成，原书一些多余的情节在被删除的同时，还补充了不少新的内容，显得更加紧凑。至于图片则超过228幅，比原书多了一倍，最大限度地达到图文并茂的效果。

鉴于旧作初版时，陆陆续续有读者通过各种渠道向作者询问书中一些内容的具体出处，因而新书吸取了教训，在很多章节上标明了史料的来源，以方便同好扩展阅读。

其中，不少读者对明军使用火门枪轮流射击的内容格外感兴趣，因而在此要声明一点，即明成祖朱棣首次北征时，其部属所使用的轮射战术并没有直接的史料依据，而是作者独具匠心地根据《明实录》（景泰元年六月间的王淳疏文）、朝鲜《李朝实录》（世宗二十三年六月戊辰条）与丘濬的《大学衍义补》等间接史料推断而成的，这次重版已在有关章节作了解释。

还有的读者对雏形棱堡问题感兴趣。所谓"雏形棱堡"，最早见于1991年2月出版的《中国军事史》，遗憾的是书中对此的描述异常简略，容易遭人忽视。作者曾经在2010年1月写过一篇叫作《古代与世界接轨的筑城体系——明末雏形棱堡初探》的帖子，署名"大好河山"，发在了天涯等论坛，想不到其中关于孙元化修筑九龙口有关的内容竟然引起了中国科学院自然科学史研究所博士研究生郑诚先生的注意，被他在《宁围增壮——明末西洋筑城术之引进》这篇论文中引用（发表于2011年第二期的《自然科学史研究》）。此前，南开大学历史学院副教授庞乃明先生的《欧洲势力东渐与晚明军事工程改良》亦论及棱堡（收入2010年10月出版的《明代蓟镇文化学术研讨会论文集》），显示此类问题已经越来越引起学者们的重视。虽然，旧作《古代与世界接轨的筑城体系——明末雏形棱堡初探》并不完善，但为了方便查阅，现也附录于书后，以飨读者。而作者也在2010年11月出版的《大明帝国战争史》中对雏形棱堡问题作了进一步探讨，这次重版，相关章节得到了保留。希望未来，在雏形棱堡的问题上会有更细致、深刻的作品出现。